at home

abroad

Spanish

Practical Phrases for
Conversational Spanish

PASSPORT BOOKS

NTC/Contemporary Publishing Group

Acknowledgments
Grateful thanks to Luis Buitrago, Soraya Sanchez-Tirado,
Rosemary Watts, Ed Leonard, and Ana Rojas
for their assistance with this book.
MONOPOLY®GAME is a trademark of Hasboro, Inc.
@2000 Hasbro, Inc. All rights reserved. Used with permission.

Cover design by Jennifer Locke
Interior design by Point West, Inc.

Originally published by Yarker Publishing, Oxford, U.K.
This edition first published in 2000 by Passport Books
A division of NTC/Contemporary Publishing Group, Inc.
4255 West Touhy Avenue, Lincolnwood (Chicago), Illinois 60712-1975 U.S.A.
Copyright © 1997 by Helen and Nigel Harrison
North American adaptation © 2000 by NTC/Contemporary Publishing
Group, Inc.

International Standard Book Number: 0-658-00295-3
00   01   02   03   04   VP   15   14   13   12   11   10   9   8   7   6   5   4   3   2   1

Contents

Introduction

At Home Abroad Spanish provides its users with language assistance for a wide
range of conversational situations. It is primarily intended for those who
have some knowledge of Spanish but who may need help with additional
vocabulary and expressions for specific circumstances in order to communicate
and interact more effectively with Spanish speakers.

At Home Abroad Spanish attempts to cover many of the everyday situations
encountered while living in a Spanish-speaking environment. From helping
around the house to engaging in leisure activities and discussing personal
matters, the scope of this guide goes well beyond that of traditional phrase
books. In addition, *At Home Abroad Spanish* provides expressions required in
more formal contexts, such as renting a car, reporting a theft, or explaining
ailments to a doctor.

Students on study abroad programs, whether living in a homestay or in
other accommodations, will find the coverage of "School and College"
particularly useful. For those spending an extended period of time in the
Spanish-speaking world, the topics relating to playing games or talking about
family and friends will assist in developing closer personal relationships.
Certain subjects, for example hockey and skiing, are included to enable
explanation of aspects of life back home. And independent travelers will
benefit from the sections on "Travel" and "Sightseeing."

Quick reference

At Home Abroad Spanish is thematically arranged to present useful terms and
phrases conveniently grouped together. The fastest way to look up a particular
subject is via the extensive index. In addition to the main Contents, some
chapters have sectional contents that offer guidance to select from larger
topics. Cross-references are also provided throughout the book.

Language notes

Pronunciation

It is assumed that users of this book have a basic grasp of Spanish. However, for those unsure of how certain sounds in Spanish are pronounced, a brief "Guide to Spanish Pronunciation" is included.

Regional use

Spanish is an international language that exhibits regional variations. To reflect this, *At Home Abroad Spanish* occasionally includes alternative Spanish expressions in case the first term listed is not understood. The language variants provided should allow users to be understood fully in both Mexico and Spain.

You

Regional differences also influence the use of the "you" form: in Latin America, the use of *usted* is standard for formal situations and addressing all but close friends and children, whereas in Spain the informal *tú* form is more readily adopted. This book tries to provide the form most suitable for the context; occasionally, both forms are listed.

Gender

Where the article is not included, the gender of nouns is indicated: (*m*) for masculine, (*f*) for feminine. Feminine forms are also given for adjectives.

Suggestions

Of necessity, this book is unable to provide an exhaustive list of expressions and terms for every situation. However, if in using this guide you find an area of conversation that is not covered, the Editors would appreciate your suggestions. Please address your comments to:

Foreign Language Editor
Passport Books
NTC/Contemporary Publishing Group, Inc.
4255 W. Touhy Avenue
Lincolnwood, IL 60712-1975, U.S.A.

Guide to Spanish Pronunciation

Consonants

b, v like *b* sound in boy

c before a, o, u, or a consonant, like *c* sound in cat;
before e or i, like *c* sound in city;
in many parts of Spain, like *th* sound in think

ch like *ch* sound in child

d between vowels or at the end of a word, like *th* sound in than;
otherwise, like *d* sound in dog, with tongue placed at base of
the upper teeth, near the gums

g before a, o, u, or a consonant, like *g* sound in go;
before e or i, like *h* sound in here

h always silent

j like *h* sound in here

ll like *y* sound in beyond;
in many parts of Spain, like *lli* sound in million

ñ like *ny* sound in canyon

q like *k* sound in kind

r lightly trilled

rr strongly trilled

s before b, d, g, l, m, and n, somewhat like the *s* (z) sound in rose;
otherwise, like *s* sound in sand

x between vowels, like *x* sound in tax;
before a consonant, like *s* sound in sand

y at the beginning of or within a word, like *y* sound in yet;
at the end of a word or standing alone, like *ee* sound in seen

z like *s* sound in sand;
in many parts of Spain, like *th* sound in think

The following letters are pronounced as in English: **f, k, l, m, n, p, t, w**

Vowels

a like *a* sound in father

e like *ey* sound in they;
when followed by a consonant in the same syllable, like *e* sound in tell

i like *ee* sound in seen

o like *o* sound in note;
when followed by a consonant in the same syllable, like *o* sound in or

u like *u* sound in rule

1

Making Yourself at Home
Sintiéndose en Casa

Arrival

Meeting the family

Hello!
I'm . . .
Are you Señor/Señora . . . ?
Thank you for coming to meet me.
I recognized you from the photos
   you sent me.
I'm very pleased to meet you.
This is a present for you from
   my family.
It's really good to see you again.

Meeting your contact

I'm on an overseas studies
   program.
Are you a representative of the
   language school?
Where can I contact you?

At what times can I contact you?

What is your telephone number?
only in an emergency

They may say to you

Did you have a good trip?
What was the flight like?
Would you like to go to the
   bathroom?
Would you like something to eat
   or drink?
Are you hungry/thirsty?
Are you tired?
I'll show you around the house.
I'll show you your room.
Do you want to unpack now
   or later?
Would you like to call your family
   to say you have arrived safely?

Llegada

Conociendo a la familia

¿Hola!
Me llamo/soy . . .
¿Eres el Señor o la Señora . . .
Gracias por venir a recogerme.
Te reconocì por la foto que me
   enviaste.
Encantado de conocerte.
Este regalo es para tí de parte de
   mi familia.
Me alegro de verte de nuevo.

Conociendo a su contacto

Estoy en un programa de
   estudios en el exterior.
¿Es usted un representante de la
   escuela de idiomas?
¿Dónde puedo ponerme en
   contacto con usted?
¿Cuándo puedo ponerme en
   contacto con usted?
¿Cuál es su número de teléfono?
sólo en una emergencia

Pueden preguntar/preguntarte

¿Has tenido un buen viaje?
¿Cómo fue el vuelo?
¿Quieres/quiere ir a los
   servicios/al baño?
¿Te/le gustaría comer o beber
   algo?
¿Tienes/tiene hambre/sed?
¿Estás/está cansado(a)?
Te voy a enseñar la casa.
Te voy a mostrar tu habitación.
¿Quieres/quiere deshacer las
   maletas ahora o más tarde?
¿Te gustaría llamar a tu familia
   para decir que has llegado bien?

Shall I dial the number for you?

¿Quieres que marque el número por tí?

You might want to say

Si quieres decir

Yes, the trip was fine, thank you.
El viaje fue bien, gracias.

No, it was a dreadful trip.
No, fue un viaje horrible.

We got delayed.
Nos retrasamos.

The flight was very late leaving.
El vuelo salió con retraso.

The flight was bumpy.
El vuelo estuvo movido.

I was sick.
Me dieron naúseas.

Could I call my parents, please?
¿Podría llamar a mis padres, por favor?

I like your house/your room.
Me gusta tu casa/habitación.

Where is the restroom/ the bathroom?
¿Dónde están los servicios/ el baño?

Could I wash up, please?
¿Podría lavarme, por favor?

Could I have a drink of water, please?
¿Podría beber un vaso de agua, por favor?

Types of accommodations

Tipos de alojamiento/ hospedaje

a dormitory
un dormitorio

on campus
en el campus

a hostel
una residencia de estudiantes

a private room
un cuarto privado

a hotel
un hotel

an apartment
un apartamento

a private bathroom
un baño privado

a shared room
un cuarto compartido

a shared bathroom
un baño compartido

full room and board
pensión y alojamiento completo

This is where you'll be staying.
Aquí es donde se va a quedar.

Will I be staying with a family?
¿Estaré viviendo con una familia?

Can you help me find a homestay arrangement?
Puede ayudarme a encontrar un programa de estadía en un hogar particular?

I need to see the representative to discuss this.
Necesito ver al representante para hablar de esto.

An apartment

Un apartamento

Can you help me find an apartment?
¿Puede ayudarme a encontrar un apartamento?

I need an apartment for the duration of my course.	Necesito un apartamento mientras dure mi curso.
What is the monthly rent?	¿Cuánto es el arriendo al mes?
Do you require a security deposit?	¿Requiere un depósito de garantía?
Are there cooking facilities/ privileges?	¿Hay facilidades/privilegios para cocinar?
Are kitchen utensils and cookware provided?	¿Se suministran utensilios y artículos para cocinar?
I'd like to have the rental agreement translated before I sign it.	Quisiera traducir el contrato del arriendo/alquiler antes de firmarlo.

Dormitory—Hostel

El dormitorio—La residencia de estudiantes

the canteen	el comedor/la cantina
the showers	las duchas
for men	para los hombres/caballeros
for women	para las mujeres/damas
the common room	la sala común
the student lounge	el salón de estudiantes
the cafeteria	la cafetería
a fire extinguisher	un extinguidor/un extintor de incendios
a fire alarm	una alarma de incendios
the front door/gate	la puerta de entrada
When are meals served?	¿Cuándo se sirven las comidas?
Can I have a key?	¿Puedo tener una llave?
Is there a time by when I must be in?	¿A qué hora debo llegar?
The doors are locked every night at midnight.	Las puertas se cierran todas las noches a la medianoche.

Program arrangements

La programa/los arreglos

My fees cover . . .	Mis cuotas cubren . . .
double-occupancy room	el cuarto doble
full board	la pensión completa
laundry fees	los cuotas de lavandería
cleaning	la limpieza
study visits	las visitas de estudio
field trips	las excursiones de estudio
health insurance	el seguro médico
orientation	la orientación

enrollment	la matrícula
activities fees	las cuotas de actividades
security deposit	el depósito de garantía
Tuition is covered by my fees.	Mis cuotas cubren la enseñanza.
Do I have to provide my own towels and linens?	Tengo que suministrar mis propias toallas y sábanas?
You can confirm that with the course representative.	Puede confirmar eso con el representante del curso.

Unpacking

Deshaciendo el equipaje

Shall I unpack my suitcase now?	¿Deshago las maletas ahora?
Where shall I put my clothes?	¿Dónde puedo poner mi ropa?
You can use this half of the wardrobe/closet.	Puedes utilizar la mitad del armario/closet.
These drawers are for you.	Estos cajones son tuyos.

Sleeping arrangements

Preparándose para dormir

I hope you don't mind sharing a room with me.	Espero que no te importe compartir la habitación conmigo.
Do you prefer to have a room on your own or be with me?	¿Prefieres una habitación para tí solo o conmigo?
This is your bed.	Ésta es tu cama.
Do you prefer a comforter or blankets?	¿Prefieres un cobertor o unas mantas?
Would you like another pillow?	¿Quieres otra almohada?
Would you like the window open?	¿Quieres que deje la ventana abierta?
Do you prefer the window shut?	¿Quieres que deje la ventana cerrada?

Needing something

Necesitando algo

Do you need anything?	¿Necesitas algo?
Do you want something?	¿Quieres algo?
Do you have . . . ?	¿Tienes/tiene . . . ?
any more hangers	más perchas
a towel	una toalla
I forgot to bring . . .	Me olvidé traer . . .
an alarm clock	un despertador
a hairdryer	un secador de pelo
a comb	un peine/una peineta
my toothbrush	mi cepillo de dientes

Could I borrow . . . ?

¿Podría prestarme . . . ?

Daily routine

La rutina diaria

What time do you usually get up?

¿A qué hora te levantas/se levanta normalmente?

Will you wake me when you get up?

¿Me puedes/puede despertar cuando te levantes/se levante?

What time shall I set my alarm for?

¿A qué hora pongo el despertador?

Would you like to sleep late tomorrow?

¿Quieres quedarte/Quiere quedarse en la cama hasta tarde mañana?

I'm really tired. Could I sleep late tomorrow?

Estoy muy cansado(a). ¿Podría dormir hasta tarde mañana?

We have to get up early tomorrow because we are going out.

Tenemos que levantarnos temprano mañana porque vamos a salir.

What time do you have breakfast?

¿A qué hora desayunas/desayuna?

What do you like for breakfast?

¿Qué tomas/toma para desayunar?

I usually have toast and cereal.

Normalmente tomo tostadas y cereales.

What time do you have dinner?

¿A qué hora cenas?

Nighttime

Por la noche

What time do you usually go to bed?

¿A qué hora te vas a la cama?

You look tired.

Pareces cansado(a).

Would you like to go to bed?

¿Te gustaría irte a la cama?

I am really tired.

Estoy muy cansado(a).

I would like to go to bed now.

Me gustaría irme a la cama ahora.

Can I stay up a little longer, please?

¿Puedo quedarme levantada un poco más, por favor?

Can I read in bed for a while, please?

Puedo leer en la cama un poco, por favor?

Lights on or off?

¿Las luces encendidas o apagadas?

Could you leave the light on, please?

¿Podría dejar las luces encendidas, por favor?

Do you like a light on at night?

¿Quieres dejar un luz encendida por la noche?

I prefer to sleep in the dark.

Prefiero dormir con la luz apagada.

Would you like this nightlight left on all night?

¿Quieres que deje esta luz encendida toda la noche?

Too hot or too cold?

Are you warm enough?

Would you like an extra blanket?

Yes, please/No thank you.

Are you too hot?

Would you like a thinner blanket?

Would you like a hot water bottle?

Could I have a hot water bottle, please?

Could I have an electric fan in my room, please?

Would you like me to put the electric blanket on before you go to bed?

Don't forget to turn the electric blanket off before you get into bed.

Problems at night

Call me if you want anything during the night.

I had a nightmare.

I had a dream.

I can't get to sleep.

I heard a noise.

I don't want to be on my own.

I miss home.

Could I have a drink of water, please?

Making plans

Deciding where to go for a day out

What would you like to do today?

We thought we would go out somewhere.

Would you like to do some sightseeing?

¿Demasiado calor o frío?

¿Estás bastante abrigado?

¿Quieres una manta/frazada extra?

Sí, por favor/No, gracias.

¿Tienes demasiado calor?

¿Quieres un cobertor más delgado?

¿Quieres una bolsa de agua caliente?

¿Quisiera una bolsa de agua caliente, por favor?

¿Quisiera un ventilador eléctrico en mi habitación, por favor?

¿Quieres que conecte/enchufe la manta eléctrica antes de que te vayas a la cama?

No olvides desconectar/ desenchufar la manta eléctrica antes de irte a dormir.

Problemas por la noche

Llámame si quieres algo por la noche.

Tuve una pesadilla.

Tuve un sueño.

No puedo dormirme.

Oí un ruido.

No quiero quedarme solo(a).

Echo de menos mi casa.

¿Podría beber agua, por favor?

Haciendo planes

Decidiendo dónde pasar un día fuera de casa

¿Qué te gustaría hacer hoy?

Pensamos que podríamos ir a alguna parte/algún lugar.

¿Te gustaría hacer turismo?

Would you like to go to . . . ?	¿Te gustaría ir a . . . ?
Have you ever been there before?	¿Has estado/ido allí antes?
Would you like to visit . . . ?	¿Te gustaría visitar . . . ?
It will be a long day.	Va a ser un día muy largo/completo.
How long will it take?	¿Cuánto se tarda?
What time would we have to get up?	¿A qué hora nos tendríamos que levantar?
What time will we need to leave?	¿A qué hora tendríamos que salir?
What time would we get back?	¿A qué hora estaremos de vuelta?
Do you feel up to doing that?	¿Tienes ganas de hacer eso?
We thought we would go out for a meal.	Pensamos que ibamos a salir a comer.
Would you like to go shopping?	¿Te gustaría ir de compras?
Is there anything you need to buy?	¿Necesitas comprar algo?

What to take with you   *Qué llevar contigo*

Bring your camera, if you have one.	Trae tu cámara, si tienes una.
What should I wear?	¿Qué debo ponerme?
Wear old clothes/dressy clothes.	Lleva ropa vieja/ropa de vestir.
Wear walking shoes.	Lleva zapatos para andar.
Wear comfortable shoes.	Lleva zapatos cómodos.
Wear boots.	Lleva botas.
Bring a raincoat or a coat.	Trae un impermeable o un abrigo.
Bring money.	Lleva/trae dinero.

Communication problems

Problemas de comunicación

Can you speak more slowly, please?	¿Puedes hablar más despacio, por favor?
I don't understand what you said.	No entiendo lo que dices.
Can you repeat that, please?	¿Puedes repetirlo, por favor?
Pardon?	¿Cómo?
Can you talk really slowly, please?	¿Puedes hablar mucho más despacio, por favor?
How do you spell that?	¿Cómo se deletrea?
Can you write that down for me, please?	¿Puedes escribirlo, por favor?
How do you pronounce this word?	¿Cómo se pronuncia esta palabra?

Lack of vocabulary

I do not know the word in Spanish.
I've forgotten the Spanish word.
What's that called in Spanish?
Do you have a dictionary?
I need to look a word up in
the dictionary.
What does that mean?
I can only say a few words.
You are really fluent.
I am beginning to understand more.
I am nervous about speaking.

Asking to be corrected

Will you correct my mistakes,
please?
Was that right?
What was wrong?
Was my pronunciation wrong?

Not getting enough practice at speaking Spanish

Can we speak in English for an
hour and then in Spanish
for an hour?
Shall we play this game in
Spanish?
We could play it in English next
time.
Can you teach me how to play a
card game in Spanish?
I know I am rather slow but I
would like to practice my
Spanish a bit more.
I know it's annoying for you
when I try to speak Spanish,
but I won't get any better
unless I try.

La falta de vocabulario

No sé la palabra en español.
He olvidado la palabra en español.
¿Cómo se llama eso en español?
¿Tienes un diccionario?
Necesito buscar una palabra en el
diccionario.
¿Qué significa?
Sólo puedo hablar un poquito.
Hablas perfectamente.
Empiezo a entender más.
Me pongo nervioso cuando hablo.

Para que te corrijan los errores

¿Puedes corregir mis errores,
por favor?
¿Es correcto?/ ¿Está bien?
¿Es incorrecto?/ ¿Está mal dicho?
¿Estuvo mal mi pronunciación?

Si no practicas español suficientemente

¿Podemos hablar en inglés por
una hora y otra hora en
español?
¿Jugamos en español?

¿Podemos jugar a esto en inglés la
próxima vez?
¿Puedes enseñarme un juego de
cartas en español?
Sé que aprendo lentamente, pero
me gustaría practicar me
español un poco más.
Sé que es aburrido para tí cuando
intento hablar en español,
pero no voy a mejorar si no lo
intento.

General problems
Homesickness

You are very kind but I am
    feeling homesick.
I miss home.
I miss my parents—could I
    possibly call them?
If I phone them, they will call
    me right back.
I'm sorry, I am happy really. It's
    just a bit of a strain speaking
    Spanish.
I will be OK in a minute.

Wanting to be alone

Do you mind if I go to my room
    to write some letters?
I would really like to write to my
    family to tell them what I have
    been doing.
I am in the middle of a good book
    at the moment and would like
    to read for a while, if that's OK.
Could I go to sleep for half an
    hour? I am feeling tired.

Tiredness

I feel tired and would prefer to have
    a quiet day, if you don't mind.
Could we just stay at home and
    watch a video or something?

Finding the food strange

Could I try just a tiny bit, please?

What's this made of?
I am not very hungry at the
    moment.
I don't usually eat very much.
Could I possibly have my meat
    cooked a bit longer, please?

Problemas generales
Echar de menos el hogar

Eres muy amable pero echo de
    menos mi casa.
Echo de menos me casa.
Echo de menos a mis padres.
    ¿Podría llamarles?
Si les llamo, ellos me llamarán
    aquí inmediatamente.
Perdone, estoy feliz, sólo un
    poco agobiado hablando en
    español.
Estaré bien en un momento.

Cuando quieres estar solo(a)

¿Te importa si voy a mi habitación
    a escribir unas cartas?
Me gustaría escribir a mi familia
    para decirles lo que he estado
    haciendo.
Estoy en el medio de un libro muy
    bueno ahora y me gustaría leer
    por un rato, si no te importa.
¿Podría ir a dormir por media
    hora? Estoy cansado(a).

La cansancio

Me siento cansado(a) y preferiría pasar
    un dia tranquilo, si no te importa.
¿Qué te parece si nos quedamos
    en casa y vemos un vídeo o algo?

Si la comida es extraña

¿Puedo probar un poquito, por
    favor?
¿Dé qué se hace esto?
No tengo mucha hambre en este
    momento.
Normalmente, no como mucho.
¿Podría cicubar más la carne,
    por favor?

Do you have any . . . that I could eat?

¿Tiene algo de . . . que pueda comer?

(See "Food," pages 106–122.)

Leaving

Saying your thanks

Thank you.
Thank you for letting me stay.
I've had a lovely time.
I will have wonderful memories of my stay.
You have been very kind.
Thank you for taking me to see so much.
I particularly enjoyed going to . . .
You really helped me to improve my Spanish.

Despedida

Dando gracias

¡Gracias!
Gracias por invitarme.
Lo he pasado fenomenal.
Tendré lindos recuerdos de mi estadía.
Han sido muy amables.
Gracias por llevarme a ver tantas cosas.
Particularmente me encanto ir a . . .
Me han ayudado muchísimo a mejorar mi español.

Future plans

I will phone you when I get home.
Write to me.
I hope I'll see you next year.
Would you like to come to stay in the United States?

Los planes para el futuro

Te llamaré cuando llegue a casa.
Escríbeme.
Espero verte el próximo año.
¿Te gustaría ir y quedarte en los Estados Unidos?

2

The Home
La Casa

Houses and apartments

Types of houses

an apartment	un piso/un apartamento
a condo	un condominio
a detached house	una casa
townhouses	casas adosadas
a duplex	una casa adosada/un duplex
a cottage	una casa de campo
old	viejo(a)
eighteenth/nineteenth century	del siglo dieciocho/diecinueve
modern	moderno(a)
ultra-modern	ultramoderno(a)
homey	casero(a)
smart	elegante
stylish	con estilo
charming	encantador(a)

The outside of the house

the gate	la verja
the entrance	la entrada
the drive	el camino/la entrada
the path	el camino
the front/back door	la puerta principal/la puerta de atrás
the front/backyard	la parte de delante/de atrás del jardín
the chimney	la chimenea
the roof	el tejado
the windows	las ventanas
the shutters	los postigos/las persianas

Inside the house

the basement	el sótano
a cellar	una bodega
the rooms	las habitaciones/los cuartos

The first floor

the porch	el porche
the lobby	el recibidor
the hall	el hall
the living room	el cuarto de estar/la sala
the dining room	el comedor
the study	el estudio
the kitchen	la cocina

Casas y pisos

Tipos de casas

El exterior de la casa

El interior de la casa

El piso de abajo

the utility room	el trastero
the downstairs bathroom	el cuarto de baño de abajo
the cloakroom/coat closet	el vestíbulo

The stairs	***Las escaleras***
the staircase	la escalera
downstairs	abajo
upstairs	arriba
to go downstairs/upstairs	bajar/y subir las escaleras
the elevator	el ascensor
to press the button	apretar el botón
Which floor do you want?	¿Qué piso quiere?
The second/third/fourth/fifth floor, please.	El primero/segundo/tercero/cuarto piso, por favor.
The sixth/seventh/eighth/ninth floor, please.	El quinto/sexto/séptimo/octavo piso, por favor.

The bedrooms	**Los cuartos/las habitaciones**
the main bedroom	el cuarto principal/el dormitorio principal
the spare bedroom	el cuarto de invitados
my parents' room	el cuarto de mis padres
my room	mi dormitorio/mi cuarto
your room	tu dormitorio/tu cuarto
the toilet	el servicio
the bathroom/the shower	el baño/la ducha

The attic	***El ático***
the playroom	el cuarto de los juguetes
the junk room	el trastero
the game room/recreation room	el cuarto para jugar/la sala de juegos

The living room   *El cuarto de estar/la sala*

For comprehensive details on using the equipment, see "Television and Video" (pages 89–93), "Music" (pages 94–99), "By telephone" (pages 248–250), and "Reading" (pages 100–105).

Furniture	***Las muebles***
An armchair	***Un sillón***
to sit in	sentarse
to relax	relajarse

to get up from	levantarse de
to plump up the cushion	ahuecar/almohadillar el cojín
a sofa	un sofá
to put your feet up	poner los pies encima
a rocking chair	una mecedora
to rock	mecer

A bookcase *Una estantería/una librería*

a shelf	el estante/el anaquel
to read	leer

(See "Reading," pages 100–105.)

A table *Una mesa*

an occasional table	una mesa auxiliar
a vase of flowers	un florero
a card table	una mesa de juego
to play cards	jugar a las cartas

(See "Card games," pages 60–63.)

Clocks — *Los relojes*

a grandfather clock	un reloj de caja
to wind up	dar cuerda
to strike the hour	marcar las horas
a cuckoo clock	un reloj de cuco
a digital clock	un reloj digital
What time is it?	¿Qué hora es?
Is the clock fast/slow?	¿Está el reloj adelantado/atrasado?
It's ten minutes fast/slow.	Está diez minutos adelantado/atrasado.

Lighting — *La iluminación/las luces*

Lamps *Las lámparas*

to turn on/off	encender/apagar
a standard lamp	una lámpara
a lampshade	una pantalla
a ceiling light	la luz central
wall lights	la luz de la pared/los apliqués
a dimmer switch	un regulador de intensidad
to dim the lights	regular la intensidad de la luz

A candlestick

a candle	una vela
to light	encender
a match	una cerilla/un fósforo
by candlelight	a la luz de las velas
to blow out	apagar/soplar

Equipment

Un candelabro/un candelero

Los aparatos

the radio	la radio
to listen to	escuchar/oír (la radio)
to turn on/off	encender/apagar
the television	la television
to watch	ver

The VCR

La máquina de vídeo

to record a program	grabar un programa
to rent a video	alquilar un vídeo
to watch a video	ver un vídeo

(See "Television and Video," pages 89–93.)

The stereo

El equipo de alta frecuencia

the record player/turntable	el tocadiscos
a record	un disco
the cassette player	el casset/el grabador
a cassette	un casete/una cinta de musica
the CD player	el equipo de compact disc
a CD	un disco compacto/CD
to listen to	escuchar
to turn up/to turn down	subir/bajar el volumen

(See "Music," pages 94–99.)

The telephone

El teléfono

to call (on the telephone)	llamar
to answer	contestar
to pick up	levantar
to use	usar
an extension	una extension
an answering machine	el contestador automático
a message	un mensaje
to listen	escuchar

to play back   volver a escuchar/rebobinar

(For detailed expressions to do with telephones, see pages 248–250.)

Furnishing and decoration   *Amoblando y decorando*

a rug	una alfombrilla/una carpeta
a carpet	una alfombra/una tapete
the wallpaper	papel (*m*) para la pared
the color of the paint	el color de la pintura
the curtains	las cortinas
the blinds	las persianas

The heating   *La calefacción*

Central heating   *La calefacción central/ centralizada*

to turn the heating on/off	poner/quitar la calefacción
to turn the thermostat up/down	subir/bajar el termostato
Is the heating on?	¿Está la calefacción puesta/encendida?
to feel the radiator	tocar el radiador
Do you mind if we turn the heating on/off/up/down?	¿Te importa si enciendo/apago/subo/ bajo la calefacción?

The fireplace   *La chimenea/el hogar*

to light the fire	encender el fuego
a match	un fósforo/una cerilla
to strike	encender/golpear
a real fire	un fuego real
to get it going well	hacer que prenda bien
kindling/firelighters	la leña menuda/la astillas
old newspapers	los periódicos viejos (usados)
logs/coal	los leños/el carbón
a pair of tongs	un par de tenazas
a poker	un atizador
to sit by the fire	sentarse cerca del fuego
to toast marshmallows	tostar malvaviscos
a toasting fork	un tenedor largo para tostar/ un pincho
to burn	quemar
an electric fire	un fuego eléctrico/una calefacción electrica

a gas fire

un fuego de gas/una calefacción de gas

to turn on/off

encender/apagar

The air-conditioning

El aire acondicionado

the air conditioner

el unidad de aire acondicionado

the central air-conditioning

el aire acondicionado central

an electric fan

un ventilador eléctrico

a ceiling fan

un ventilador de techo

I'm sweltering. Could you turn the air-conditioning on?

Me estoy asando. ¿Podría poner el aire acondicionado?

Please point the fan toward/away from me.

Por favor, vuelva el ventilador hacia/lejos de mí.

The dining room

El comedor

Setting the table

Poniendo la mesa

Would you like me to set the table for you?

¿Quieres/quiere que ponga la mesa?

How many people shall I set it for?

¿Para cuánta gente tengo que ponerla?

the dining table

La mesa de comer

the chairs

las sillas

Where do you keep . . . ?

¿Donde tienes/tiene . . . ?

the placemats

los mantelitos individuales/ los salvamanteles

a tablecloth

un mantel

napkins

las servilletas

What flatware do we need?

¿Qué cubiertos necesitamos?

knives

los cuchillos

forks

los tenedores

soup spoons

las cucharas soperas

fish knives and forks

los cuchillos y los tenedores para pescado

dessert spoons and forks

las cucharillas y los tenedores

teaspoons

las cucharitas/cucharillas

serving spoons

los cucharones

What plates shall I put out?

¿Qué platos pongo?

dinner plates

la porcelana

side plates

los platos pequeños

saucers

los platillos

serving platters	las bandejas

What glasses do we need? *¿Qué vasos necesitamos?*

water glasses	los vasos de agua
a water jug	una jarra para el agua
red wine glasses	las copas para el vino tinto
white wine glasses	las copas para el vino blanco
champagne glasses	las copas de champán

Do you want . . .? *¿Quieres/quiere . . . ?*

salt and pepper	sal (*f*) y pimienta (*f*)
mustard	la mostaza
ketchup	la salsa de tomate/el catsup
salsa	la salsa
butter	la mantequilla
preserves	las conservas
marmalade	la mermelada
cereals	los cereales
fruit juice	el zumo/jugo de fruta
sugar	el/la azúcar
milk	la leche
cream	la crema

Seating arrangements *Donde sentar*

Would you like to sit there?	¿Te gustaría sentarte aquí?
Sit next to me.	Siéntate junto a mí.
Sit opposite me.	Siéntate en frente de mí.
Sit anywhere.	Siéntate en cualquier sitio.

Clearing the table *Recogiendo/limpiando la mesa*

Would you like me to clear the table?	¿Quieres/quiere que recoja la mesa?
Where shall I put . . . ?	¿Dónde pongo . . . ?
Where do you keep . . . ?	¿Dónde guardas . . . ?

The study *El estudio*

For comprehensive details on using the equipment, see "Computers" (pages 78–88), "Computer games" (pages 84–88), and "By telephone" (pages 248–250).

a desk	un escritorio/una mesa de estudio
a drawer	un cajón
the desk top	la sobremesa, el tapete
a desk lamp	una lámpara de oficina

an elbow lamp	una lámpara de estudio
a calculator	una calculadora
a daily planner	un diario
an address book	una agenda/una libreta de direcciones
a blotter	un secante
a pen holder	un portaplumas
a paperweight	un pisapapeles
a chair	una silla
to sit down	sentarse
to get up	levantarse
a bookcase	una estantería
a bookshelf	un estante/un anaquel
a book	un libro
to read *(See pages 100–105.)*	leer
a typewriter	una máquina de escribir
a computer *(See pages 78–88.)*	una computadora/un ordenador
a telephone *(See pages 248–250.)*	un teléfono

The kitchen
La cocina

The range
Gas

La cocina/La estufa
El gas

to turn on/off	encender/apagar
to turn up/down	subir/bajar
to light	encender
a match	un fósforo/una cerilla
automatic	automático(a)

Electricity

El electricidad

halogen	halógeno
fluorescent	fluorescente

The microwave

El microondas

to microwave	pasar por el microondas
to heat up	calentar
to defrost	descongelar
to set the timer for five minutes	ajustar/programar el reloj para cinco minutos

The oven
The oven door

El horno
La puerta del horno

to open	abrir
to shut	cerrar

The temperature	*La temperatura*
to adjust	ajustar
high/medium/low	alta/media/baja
degrees	grados (*m*)
Fahrenheit	Fahrenheit
centigrade	centígrados
A shelf	*Una estantería*
top/middle/bottom	un estante/anaquel
a glass door	una puerta de cristal
an oven light	una luz del horno
a grill	una parrilla
Cooking time	*El tiempo de cocción/ preparación*
an auto-timer	un marcador de tiempo automático
a minute timer	un marcador de minutos
to set	ajustar/programar
A hot plate	*Un hornillo/un calentador portátil*
front/back	delantero/trasero
left/right	izquierdo/derecho
Oven utensils	*Los utensilios para el horno*
a casserole	una cacerola
a roasting dish	una bandeja para asados
an oven pan	un molde para hornos
a round pan	un molde redondo para hornos
an oblong pan	un molde oblongo
a cake pan	un molde para pasteles
a muffin tray	un bandeja de buñuelos
a loaf pan	un molde para pan
a deep pan	una lata
an oven mitt	un guante de horno
Cooking verbs	*Verbos para cocinar*
to bake	cocer al horno
to be nearly ready	estar casi a punto
to boil	hervir
to broil	asar
to casserole	hacer a la cacerola
to check	comprobar
to cook	cocinar
to cover	cubrir

to heat gently/quickly	calentar a fuego lento/a mucha temperatura
to put on	poner
to roast	tostar/asar
to see if it's done	ver si está hecho
to simmer	hacer que hierva un poco
to take off	apartar

Kitchen equipment   *Los utensilios*

a saucepan	una olla/una cacerola con tapa
large/medium/small	grande/mediana/pequeña
a lid	una tapa
to cover partially	cubrir parcialmente
to cover/to uncover	cubrir/descubrir
a frying pan	una sartén
a spatula	una espumadera/espátula
a wooden spoon	una cuchara de madera
to stir	mover/agitar
a wok	una sartén china
to stir-fry	freír moviendo/sofreír

The sink   *El fregadero*

the bowl	la palangana
the draining board	el escurreplatos

The faucets   *Los grifos*

hot/cold	caliente/frío
a mixer faucet	el grifo de agua templada
to turn on/off	abrir/cerrar
too hot	demasiado caliente
not hot enough	no es demasiado caliente
to fill the sink with water	llenar el fregadero

Dish washing liquid   *El detergente para platos*

to squirt	mojar/poner en remojo
bubbles	burbujas (*f*)
grease/greasy	grasa/grasoso(a)
clean/dirty	limpio(a)/sucio(a)
to rinse off	enjuagar

Sink equipment   *Los utensilios para el fregadero*

a brush/a sponge	un cepillo/una esponja
a steel wool pad	un estropajo de aluminio

a dishcloth	un estropajo/un trapo para platos
to brush/to rub	cepillar/raspar
to scour	fregar/restregar
to wash	lavar

Drying dishes

Secar los platos

to drain	escurrir
a rack	un escurreplatos
a cutlery basket	un escurrecubiertos
to leave to dry	dejar que se sequen
to dry	secar
a dish towel	una toalla/un trapo para secar
to put away	recoger/poner en su sitio
to stack	amontonar

The refrigerator

El frigorífico/el refrigerador

to refrigerate	poner en el frigorífico/refrigerador
the refrigerator door	la puerta del frigorífico/refrigerador
a bottle rack	un estante para botellas
an egg rack	una huevera
a salad drawer	un cajón para las verduras
an ice compartment	un compartimiento para hielo
an ice cube tray	una bandeja de cubitos de hielo/una cubitera
ice cubes	los cubitos de hielo
a shelf	un estante/un anaquel

The freezer

El congelador

to freeze	congelar
to defrost	descongelar
to thaw out	descongelar/deshelar
to melt	derretir
the fast freeze button	el botón para congelar rápidamente
maximum	máximo
minimum	mínimo

The dishwasher

El lavaplatos/el lavavajillas

to load	cargar
to unload	vaciar
to stack	amontonar/apilar
to turn on	encender
to turn off	apagar

a drawer	un cajón
a cutlery basket	una cesta para cubiertos
to need	necesitar
dishwasher powder	le detergente para lavaplatos/ lavavajillas
salt	la sal
rinse-aid	el enjuage de lavaplatos/lavavajillas

Dishwasher settings — *Las programas de lavado*

a normal wash	un lavado normal
a quick wash	un lavado rápido
a delicate setting	un programa para cosas delicadas
a long wash	un lavado de larga duración
rinse and hold	enjuagar y secar

Kitchen waste — *La basura en la cocina*

the wastebasket	el cubo de basura
to empty	vaciar
to be full	estar lleno
a trash basket	un basuero
a waste disposal unit	una unidad trituradora de desperdicios

Kitchen cupboards — *Los armarios de la cocina*

a wall unit	un armario
a base unit	una unidad de cocina
a carousel	un carrusel

The work surfaces — *La superficie de trabajo*

paper towels	las toallas de papel
a knife rack	un cuchillero
an herb rack	una estante para especias

The china cabinet — *El armario de la vajilla*

a dinner plate	un plato grande llano
a side plate	un plato pequeño llano
a cup	una taza
a saucer	un platillo para taza
a soup bowl	un plato sopero
a dish	un plato
an egg cup	una huevera
a serving dish	una bandeja
a milk jug	una jarra para leche

a sugar bowl	un azucarero
a butter dish	una mantequillera/un plato para la mantequilla

The glass cupboard/case   *La vitrina*

a glass	un vaso
a whiskey glass	un vaso de whisky
a wineglass	una copa
a glass jug	una jarra de cristal

The cutlery drawer   *El cajón de los cubiertos*

a knife	un cuchillo
a fork	un tenedor
a spoon	una cuchara
a teaspoon	una cucharita/una cucharilla
a dessert spoon	una cucharita de postres
a tablespoon	una cuchara de servir
a serving spoon	un cucharón
a soup ladle	un cucharón sopero
a measuring spoon	una cuchara de medidas

The kitchen utensils drawer   *El cajón de utensilios para la cocina*

a can opener	un abrelatas
a bottle opener	un sacacorchos
a potato peeler	un pelador
a sharp knife	un cuchillo afilado
a bread knife	un cuchillo para el pan
a potato masher	un amasador de papas
a lemon peeler	un pelador de limones
a spatula	una espumadera/una espátula
kitchen tongs	tenacillas (*f*) de cocina
a whisk	un batidor/una batidora
a balloon whisk	un levantanatas
a spatula	una espátula
a garlic press	un triturador de ajo/un almirez
a skewer	un pincho/una broqueta/una brocheta

Other kitchen equipment   *Los utensilios de cocina*
The kettle   *La tetera para hervir agua/el hervidor*

an electric kettle	una tetera para hervir agua eléctrico
to turn on	encender
to turn off	apagar

to boil	hervir
to pour	echar

The bread box   *La panera*

the bread board	la tabla de cortar el pan
the bread knife	el cuchillo de cortar el pan
to cut	cortar
to butter	poner mantequilla (*f*)
to soften	ablandar
too hard	demasiado duro(a)
a butter dish	un plato para la mantequilla
a butter knife	un cuchillo para la mantequilla
to melt	derretir
a loaf of bread	una hogaza de pan
a slice of bread	un trozo/una tajada de pan
crumbs	migajas (*f*)

The toaster   *La tostadora*

to make toast	hacer una tostada
to set the toaster	poner la tostadora

The pastry board   *El tabla de amasar*

a rolling pin	el uslero/el amasador
cutters	los cortadores

The coffee grinder   *El molinillo de café*

coffee beans	los granos de cafe
to grind	moler
a coffeemaker	una cafetera
filter paper	el filtro de papel
a plunger	un émbolo

Scales   *Las pesas/las balanzas*

to weigh	pesar
to measure	medir
to balance	equilibrar
weights	las pesas

The food processor   *El procesador de comida*

a goblet	una copa
a lid	una tapa/una tapadera
to liquify	pasar por la licuadora
fast	rápido
slow	lento

to purée	hacer puré (f)
to chop	cortar/picar
to mix	mezclar
to blend	combinar/mezclar

Smaller equipment
Los utensilios más pequeños

an electric hand mixer	una batidora eléctrica
a salt shaker	un salero
a pepper mill	un molinillo de pimienta
a lemon squeezer	un esprimidor de limones
a sieve	un tamiz
a colander	un colador
a steamer	un vaporizador
a salad spinner	un escurridor de lechuga
a measuring cup	una taza para medir
a pestle and mortar	una mano y un mortero

The bedroom
El dormitorio

Types of beds
Tipos de cama

a single bed	una cama individual
a double bed	una cama doble
bunk beds	las literas
to climb the ladder	subir la escalera
to get down	bajar
to choose	elegir
the top/bottom bunk	la litera de arriba/de abajo
a camping cot	un catre de campaña/una cama plegable
an inflatable mattress	un colchón de aire

The bed linen
La ropa blanca/la ropa para la cama

to make the beds	hacer las camas
to throw over	extender/cubrir
to put on	poner
to straighten	estirar
to tuck	meter/plegar
to turn down	doblar
to change the bed	cambiar las sábanas

A sheet
Una sábana

the bottom sheet	la sábana de abajo

the top sheet	la sábana de arriba
a single sheet	una sábana simple
a double sheet	una sábana doble
a mattress cover	una sábana protectora

A pillow — ***La almohada***

a pillowcase	la funda
to plump up	mullir

Bed covers — ***Los cobertores para las camas***

a duvet/comforter	un cobertor/un edredón
a duvet cover	una funda para el edredón
a blanket	una cobija/una manta/una frazada
How many blankets do you like?	¿Cuántas cobijas/mantas/frazadas quieres?

Bedroom furniture — ***El mobiliario en la habitación/el dormitorio***

The bedside table — *La mesita de noche*

a bedside lamp	la lámpara de la mesita de noche
to turn on	encender
to turn off	apagar
to need a new bulb	necesitar una nueva bombilla

An alarm clock — *Un despertador*

to set the alarm	poner el despertador
to go off	sonar la alarma
to switch off the alarm	apagar/parar la alarma
What time shall I set the alarm?	¿A qué hora pongo la alarma?
What time do you want to get up tomorrow?	¿A qué hora quieres levantarte mañana?
Will you wake me, please?	¿Puedes despertarme, por favor?
to wind the clock	dar cuerda al reloj
to sleep through the alarm	no escuchar la alarma/quedarse dormido

The wardrobe — *El armario/el guardaropas*

a clothes closet	un closet para la ropa
a single wardrobe	un guardaropas
a double wardrobe	un guardaropas de dos puertas
a hanger	una percha
a skirt hanger	una percha para falda
a coat hanger	una percha para abrigos
a rod	una barra

to hang up	colgar

A chest of drawers — *Una cómoda*

the top/middle/bottom drawer	el cajón de arriba/del medio/de abajo
to open	abrir
to shut	cerrar

A dressing table — *Un tocador*

a stool	un taburete
to sit	sentarse
a mirror	un espejo
to look at one's reflection	mirarse
to look good	estar bien/verse bien
to look terrible	tener mal aspecto

Doing one's hair — *Peinarse*

a hairbrush	un cepillo
to do one's hair	cepillarse/peinarse
to brush one's hair	cepillarse
a comb	un peine
to comb one's hair	peinarse

The window — *La ventana*

to open the window	abrir la ventana
to shut the window	cerrar la ventana
to air the room	airear la habitación
to draw the curtains	correr las cortinas
to open the curtains	abrir las cortinas
to lower the blind	bajar la persiana
to raise the blind	subir la persiana

The bathroom — *El cuarto de baño*

Bathing — *Darse un baño/bañarse*

to get undressed	desvestirse
to take a bath	bañarse
to put the plug in	poner el tapón
to run the bath	llenar el baño
to turn on the faucets	abrir los grifos
a hot/cold faucet	un grifo de agua caliente/fría
a mixer faucet	un mezclador
to add bubble bath	poner burbujas (*f*)
bath oil	el aceite de baño

bath salts	las sales de baño
essential oil	el aceite de esencias (*f*)
to get in the bath	meterse en el baño
to use a shower cap	usar un gorro de baño
to sit down	sentarse
to lie down	tumbarse
to immerse oneself	meterse en el agua

Washing oneself   *Lavándose*

soap	el jabón
a washcloth	una toallita de baño
a loofah	una esponja de luffa
a pumice stone	una piedra pomez
a back brush	un cepillo para la espalda
to take a long bath	darse un buen remojón

Staying in the bath too long   *Quedándose en el baño mucho tiempo*

to hurry up	darse prisa
How long are you going to be?	¿Cuánto vas a tardar?
I would like to use the bathroom soon.	Me gustaría utilizar el baño pronto.

Getting out   *Saliendo*

to stand up	levantarse
to get out	salir
to pull out the plug	quitar el tapón
to wash out the bath	limpiar el baño
a bath mat	una alfombrilla de baño

Drying oneself   *Secándose*

to dry oneself	secarse
a towel	una toalla
a towel rack	un toallero
a heated towel rack	un toallero eléctrico
a bath towel	una toalla de baño
a hand towel	una toallita
dry	seco
wet	mojado
clean	limpio
dirty	sucio

Talcum powder and deodorant   *Polvos de talco y desodorante*

a powder puff	una borla
to put on	ponerse

deodorant	el desodorante
a spray	un atomizador
a roll-on	un roll-on
a gel	un gel

Getting dressed   *Vistiéndose*

to get dressed	vestirse
a bathrobe	una bata de baño
a dressing gown	una bata

Using the sink/basin *Usando el lavabo*

to wash one's hands	lavarse las manos
to wash one's face	lavarse la cara
to open one's toiletry bag	abrir el bolso de aseo
to look in the mirror	mirarse en el espejo

Cleaning one's teeth   *Limpiarse los dientes*

to clean one's teeth	limpiarse los dientes
a tube of toothpaste	un tubo de pasta de dientes
to squeeze	presionar/apretar
a toothbrush	un cepillo de dientes
soft	suave
medium	medio(a)
hard	duro(a)
natural bristle	las cerdas
nylon	el nailon/nylon
to floss	limpiar con hilo dental
to brush	cepillar
to rinse out the mouth	enjuagarse
to gargle	hacer gárgaras
to use mouthwash	usar enjuague/elixir dentífrico

Shaving   *Afeitándose*

to shave	afeitarse
an electric razor	una máquina eléctrica
to plug in	enchufar
to turn on	encender
to turn off	apagar
a razor	una rasuradora/una maquinilla de afeitar
a razor blade	una hoja de afeitar
shaving soap	el jabón de afeitar
cream	la crema de afeitar

brush	la brocha de afeitar
to lather	enjabonar
to nick	rasguñar
to bleed	sangrar
to stop bleeding	parar de sangrar
to rinse off	enjuagar
to use aftershave	usar loción para después del afeitado
to splash on	echarse/salpicar
to trim one's beard	recortarse la barba

Taking a shower   *Duchándose*

the shower	la ducha
to take a shower	darse una ducha
to shut the curtain	cerrar la cortina
to shut the shower door	cerrar la puerta de la ducha
to turn on the shower	abrir la ducha
to adjust the temperature	ajustar la temperatura
to wash oneself	lavarse

Washing one's hair   *Lavándose el pelo*

to wash one's hair	lavarse el pelo
shampoo	el champú
for dry/normal/oily hair	para cabellos secos/normales/grasosos
dandruff shampoo	champú anticaspa/para la caspa
to apply	aplicar
to rub in	frotar
to lather	enjabonar
to rinse	enjuagar
conditioner	el acondicionador

Drying one's hair   *Secándose el pelo*

to dry one's hair	secarse el pelo
to rub with a towel	restregar con la toalla/frotar con la toalla
to put one's hair in a turban	ponerse un turbante
to use a hairdryer	usar el secador
to borrow a hairdryer	tomar prestado el secador
to put on mousse/spray	poner espuma (*f*)/atomizador (*m*)
firm control	duro(a)/fuerte
medium/light control	medio(a)/ligero(a)
to blow-dry	secar
to straighten	alisar

to curl · rizar

Using the toilet · *Usando el servicio*

the bathroom · el baño
to need the bathroom · necesitar el baño
to go to the toilet · ir al servicio
to put the seat up · levantar el asiento
to put the seat down · bajar el asiento
toilet paper/bathroom tissue · papel (*m*) higiénico/rollo (*m*) de papel
We have run out of toilet paper. · Nos hemos quedado sin papel higiénico.

Is there any more toilet paper, please? · ¿Hay más papel higiénico, por favor?
to flush the toilet · tirar de la cadena
the bidet · el bidet

For women · *Para la mujer*

Perfume · *El perfume*

to put on · ponerse/echarse
cologne · el agua (*f*) de colonia
a spray · un atomizador
an atomizer · un vaporizador
a bottle · una botella

Personal hygiene · *La higiene personal*

sanitary napkins · las toallitas higiénicas/compresas
tampons · los tampones
depilatory cream · la crema depilatoria

Makeup/cosmetics · *El maquillaje/los cosméticos*

a makeup bag · una bolsa de maquillaje
to put on makeup · ponerse maquillaje

Makeup for the face · *El maquillaje para la cara*

foundation · el maquillaje
blusher · la colorete
concealer · el corrector/el borrador
powder · los polvos
to dot · repartir
to spread evenly · extender uniformemente
to smooth · suavizar

For the lips / *Para los labios*

lipstick	el lápiz labial
a tube of lipstick	una barra de labios
a lip brush	un pincel para los labios
lip outliner	un delineador para los labios
lip gloss	el abrillantador
a lip salve	una manteca de cacao
a pencil	un perfilador
to outline	perfilar
to fill in	rellenar

For the eyes / *Para los ojos*

eyeliner	el delineador
eyeshadow	la sombra de ojos
mascara	la mascarilla rímel

For the eyebrows / *Para las cejas*

a pair of tweezers	unas pinzas de depilar
to pluck	depilarse (las cejas)
to shape	dar forma
to brush	cepillar

Taking makeup off / *Desmaquillándose*

to apply	aplicar/ponerse
makeup remover	la crema desmaquilladora
absorbent cotton	el algodón
to wipe	restregar
to remove	remover
eye makeup remover pads	los algodones para remover maquillaje de los ojos
to cleanse	limpiar
cleansing lotion	el loción tonificante
to tone	tonificar
to nourish	nutrir
cream	la crema
a night/day cream	la crema de noche/de día

Other objects on the bathroom shelf / *Otros objetos en el estante del baño*

absorbent cotton	el algodón
tissues	los pañuelos
cotton balls	los algodones
cotton swabs	los bastoncillos de algodón

3

Helping Around the House
Ayudando en la Casa

Offering to help
Can I help you with . . . ?
The cooking *(See pages 106–117.)*

Shall we get a snack?

Shall I cook my favorite recipe?
Shall I make a cake?
Shall I make some cookies?

The housework *(See pages 38–40.)*

Can I help you with the cleaning?

The ironing *(See pages 36–37.)*

Would you like me to do the ironing?

The shopping

Is there anything you want from
the stores?
Do you want to give me a list?

Can I help you . . . ?

wash the dishes *(See pages 22–23.)*
do the dusting *(See pages 39–40.)*
Shall I dust the living room?

Would you like me to . . . ?

mail your letters *(See pages 245–247.)*
dry the dishes *(See page 23.)*

Ofrecerse para ayudar
¿Puedo ayudar con . . . ?
La comida

¿Tomamos un aperitivo/
un refrigerio?

¿Hago/cocino mi plato favorito?
¿Hago un pastel?
¿Hago galletas (f)?

Los quehaceres de la casa

¿Puedo ayudarte con la limpieza?

El planchado

¿Quieres/quiere que haga el
planchado?

La compra

¿Quieres algo de las tiendas?

¿ Puedes darme una lista?

¿Puedo ayudar . . . ?

lavar los platos
quitar el polvo
¿Quito el polvo en el cuarto
de estar?

¿Quieres que . . . ?

eche sus cartas al buzón
seque los platos

set/clear the table *(See pages 18–19.)*	ponga/limpie la mesa
load the dishwasher *(See pages 23–24.)*	carge/llene el lavaplatos
unload the dishwasher	descarge/vacíe el lavaplatos
make some toast *(See page 26.)*	haga más tostadas
make the beds *(See pages 27–28.)*	haga las camas
put the kettle on *(See pages 25–26.)*	ponga a hervir la tetera
tidy up	recoja
vacuum *(See pages 38–39.)*	pase la aspiradora
do the laundry *(See pages 36–37.)*	lave la ropa
walk the dog *(See page 165.)*	pasee al perro
mow the lawn *(See page 46.)*	corte el césped

Washing, drying, and ironing clothes
Dirty clothes

Lavado, secado, y planchado de la ropa
La ropa sucia

soiled	manchado(a)/sucio(a)
a stain	una mancha
stain remover	la quita manchas
to treat quickly	limpiar rápidamente
to presoak	poner en remojo
to bleach	blanquear
to scrub	restregar
clean clothes	limpiar ropa (*f*)

The washing machine

La lavadora

to open the door	abrir la puerta
to put the clothes in	poner la ropa dentro
to put the detergent in	poner el detergente
biological powder	el detergente verde/ecológico
non-biological powder	el detergente no ecológico
washing liquid	el detergente líquido
prewash spray	el spray/el riego de pre-lavado
to add conditioner	añadir acondicionador (*m*)/ suavizante (*m*)

To choose a cycle

Elegir un programa

to press a button	pulsar un botón
to turn a dial	dar la vuelta al botón

Type of wash

Tipo de lavado

colored	de color
cold	temperatura fría

hot	temperatura caliente
rinse	enjuagar
white	ropa blanca
cottons	algodón (*m*)
woolens	géneros (*m*) de lana

Type of spin   *Tipo de secado*

short	en corto
long	de larga duración

Drying clothes   *Secando la ropa*

Outside   *Fuera*

a clothesline/rack	un tendedero
to pin up	pinzar/colgar/poner pinzas
a clothespin	una pinza
a clothespin bag	una bolsa para las pinzas
a linen basket	un cesto/canasto para ropa sucia
to dry	secar
to put out	sacar
to take in	meter
It's raining.	Está lloviendo.

Inside   *Dentro*

a clothes rack	un colgador de ropa
by the fire	cerca del fuego
on a radiator	sobre el radiador

In the drier   *En la secadora*

to put the clothes in	poner la ropa dentro
to take them out	sacar la ropa
to set the timer	programar el tiempo
hot/cool	caliente/templado
a conditioning sheet	un suavizante
to prevent static	prevenir la fuerza estática
to clean the filter	limpiar el filtro
to remove the lint	remover la pelusa

Ironing clothes   *Planchar la ropa*

The ironing board   *La tabla de planchar*

to put up	montar
to take down	desarmar
the iron	la plancha
to iron	planchar
to do the ironing	hacer la plancha

A steam iron	*Una plancha de vapor*
to fill with water	echar agua (*f*)
to run out of water	acabarse el agua
to squirt	rociar con agua
to steam	echar vapor (*m*)

The temperature of the iron	*La temperatura de la plancha*
a warm/hot iron	una plancha templada/caliente
too cold	demasiado frío(a)
too hot	demasiado caliente
to scorch	chamuscar/quemar
a burn	una quemadura

The ironing	*La plancha*
a crease	la raya bien planchada
crumpled	arrugado(a)
to fold	doblar
to smooth out	alisar
to turn the clothes the right way	poner la ropa al derecho
inside out	al revés
to air	sacudir

Cleaning
Vacuuming

Hacer la limpieza
Pasar el aspirador

a vacuum cleaner	una aspiradora
to unwind the cord	desenrollar el cable
to plug in	enchufar
a power switch	un enchufe
to switch on	enchufar
a carpet	una alfombra
a solid floor	un suelo sólido
an upright cleaner	una aspiradora vertical
a canister cleaner	una aspiradora con ruedas (de tambor)
to empty the dustbag	vaciar las bolsas

Cleaning tools for the vacuum	*Las herramientas para limpiar de una aspiradora*
a thin nozzle	una boquilla fina
a soft brush	un cepillo blando (de cerdas blanda)
a hard brush	un cepillo duro (de cerdas duras)
a wide brush	un cepillo ancho

the hose	el tubo/el fuelle
to suck up	aspirar/succionar
poor/good suction	mala/buena succión

Brushing

El cepillado

a broom	un cepillo
a soft brush	un cepillo de cerdas blandas
a hard brush	un cepillo de cerdas duras
a dustpan	un recogedor
to sweep up	barrer
a pile	un montón
to collect	recoger
to throw away	tirar
dust	el polvo
dirt	la suciedad

Washing surfaces

Lavar/fregar suelos

a bucket	un cubo
water	el agua
cleanser	el detergente
disinfectant	el desinfectante
to disinfect	desinfectar
a spray	un spray/un pulverizador/un atomizador
to spray	pulverizar/atomizar
a sponge	una esponja
to soak	mojar/empapar
to squeeze	estrujar
to wring out	escurrir/retorcer
to wipe	pasar un paño
to rub	restregar
a mop	un trapeador/una fregona
a scrub brush	un cepillo de restregar
to scrub	restregar/raspar

Polishing

Abrillantar

a duster	un plumero
to dust	pasar el paño/quitar el polvo
the dust	el polvo
a cobweb	una telaraña
to polish	abrillantar
polish	el abrillantador

spray polish	el abrillantador en sprai
a can of polish	la lata de abrillantador
furniture polish	abrillantador para muebles
floor polish	abrillantador para el suelo
beeswax	la cera de abeja
to apply lightly	aplicar ligeramente
to make something shine	sacar brillo a algo
to buff up	restregar
to clean the silver/the brass	limpiar la plata/el bronce

Cleaning the bathroom
Cleaning the toilet

Limpiando el baño
Limpiando la taza del baño

a toilet brush	un cepillo de lavabo
toilet bowl cleaner	el detergente para la taza
to squirt	rociar
to wipe	restregar
to flush the toilet	tirar de la cadena
to put out more toilet paper	poner rollos de papel higiénico

Cleaning . . .

Limpiando . . .

the basin	el lavabo
the bath	el baño
the mirrors	los espejos
the shelves	los estantes

Removing garbage
To empty . . .

Sacar la basura
Vaciar . . .

the ashtrays	los ceniceros
the wastebaskets	el cubo de la basura
to put the wastebaskets out	sacar los cubos de basura
to take the bottles to a bottle depository	llevar las botellas a un contenedor de cristales
to recycle	reciclar

4

The Yard
El Jardín

In the garden

Types of garden

a cottage garden
an herb garden
a kitchen garden
an orchard
a wildflower garden
a public garden
a park

Describing gardens

large
small
formal
wild
pretty
untidy
overgrown

Common garden contents

A flower bed

a flower
a bud
a plant
a weed

A lawn

a border
a path

En el jardín

Tipos de jardín

un jardín de casa de campo
un jardín de hierbas aromáticos
un jardín de hortalizas o verduras
un huerto
un jardín de flores salvajes
un jardín público
un parque

Describiendo jardines

grande
pequeño(a)
formal
silvestre
bonito(a)
desordenado(a)/descuidado(a)
descuidado(a)

Cosas comunes en el jardín

Una jardinera

una flor
un brote/un capullo
una planta
una mala hierba

Un césped

un borde
un camino

a seat	un asiento
a deck	una terraza

Trees   *Los árboles*

a tree	un árbol
a trunk	un tronco
a branch	una rama
a twig	una ramita
a leaf	una hoja
a bush	un arbusto

Garden furniture   *Los muebles de jardín*

a garden seat	una silla de jardín
a sunbed	una cama solar
a deckchair	una silla de playa
a hammock	una hamaca
a statue	una escultura/una estatua
an urn	una urna
a birdfeeder	una plataforma para dar de comer a los pájaros
a birdfeeder	una pila para pájaros

Other garden features   *Otros rasgos del jardín*

a greenhouse	un invernadero
a conservatory	un conservatorio
a pond	un estanque
a fountain	una fuente
a wall	una pared
a fence	una reja
a hedge	un seto

Garden wildlife   *La flora y la fauna del jardín*

Common flowers   *Las flores más comunes*

daffodil	el narciso
geranium	el geranio
lavender	la lavanda
lily of the valley	el lirio
narcissus	el narciso
rose	la rosa
snowdrop	el campanilla de invierno
tulip	el tulipán

Common wild plants

Las plantas silvestres más comunes

bluebell	la campanátula azul
buttercup	el ranúnculo
cowslip	la prímula
daisy	la margarita
dandelion	el diente de león
dock leaf	la acedera/la ramaza
nettle	la ortiga

Common trees and bushes

Los árboles y arbustos más comunes

ash	el fresno
beech	la haya
birch	el abedul
chestnut	el castaño
elm	el olmo
fir	el abeto
hawthorn	el espino
holly	el acebo
oak	el roble
privet	la alheña
sycamore	el sicomoro
yew	el tejo

Common animals

Los animales más comunes

a bat	un murciélago
a hedgehog	un erizo
a mole	un topo (topillo)
a molehill	una topera
a rabbit	un conejo
a squirrel	una ardilla

Common insects

Los insectos más comunes

an ant	una hormiga
a bee	una abeja
a butterfly	una mariposa
a caterpillar	un gusano
a fly	una mosca
a mosquito	un zancudo
a moth	una polilla

a spider	una araña
a wasp	una avispa

Common birds	*Los pájaros más comunes*
a blackbird	un mirlo
a blue tit	un alionín
a crow	un cuervo
a dove	una paloma
a magpie	una urraca
an owl	una lechuza
a pigeon	una paloma
a robin	un petirrojo
a rook	un grajo
a starling	un estornino
a thrush	un zorzal/un tordo
a bird's nest	un nido de pájaro

Garden entertainment

Los entretenimientos para el jardín

Making a bonfire

Haciendo una hoguera

to gather wood	reunir leña (*f*)
to find kindling	encontrar astillas (*f*)
to light	encender
to smoke	echar humo/hacer humo
smoke	el humo
flames	las llamas
sparks	las chispas
to roast potatoes	asar papas al fuego
the direction of the wind	la dirección del viento
to change	cambiar
to get out of control	perder el control
to put out	apagar
a bucket of water	un cubo de agua
a hose	una mangera

Fireworks

Los fuegos artificiales

to stand clear	estar en un buen sitio
to watch from over there	ver desde allá lejos
to light	encender
a fuse	una chispa
a match	una cerilla

to go out	subir/lanzar
to leave it alone	dejarlo tranquilo
to have another	tener otro
a fireworks display	un espectáculo de fuegos artificiales
the Fifth of May	el cinco de mayo
the Fourth of July	el cuatro de julio
a box of fireworks	una traca
a firecracker	un petardo
a sparkler	una bengala
a catherine wheel	una rueda/una girándula
a rocket	un cohete
a Roman candle	un candelabro romano

Barbecues   *Las barbacoas*

(See "Food," pages 120–121.)

Garden games   *Los juegos de jardín*

Playing miniature golf   *Jugando al mini-golf*

a golf club	un palo de golf
a golf ball	una pelota de golf
a hole	un agujero
to get a hole in one	meterla a la primera
to strike	golpear

Lawn bowling   *Jugando a los bolos*

to throw	lanzar/bolear
to roll	rodar
to hit	golpear
to miss	no atinar
to be the nearest	ser el más cercano/estar más cerca que los demás
to be hit out of the way	eliminar

Trampolining   *Tirándose desde el trampolín*

a trampoline	un trampolín
to bounce	rebotar/dar un salto

Gardening   *El jardinería*

The equipment   *El equipo*

the garden shed	la caseta
a wheelbarrow	una carretilla

a spade	una pala
a fork	un pincho
a trowel	una paletilla
a hoe	una azada
a rake	un rastrillo
a pair of clippers	un par de tijeras
a hedge trimmer	una cortadora de seto
a broom	un cepillo de cerdas para el jardín
a dustbin	un recogedor de basura

Mowing the lawn

Cortando el césped

a lawn mower	un corta césped
an electric mower	una cortadora de césped eléctrica
a hand mower	una cortadora de césped manual
a gas mower	una cortadora de gasolina
to cut the grass	cortar el césped
to push	empujar
to pull	traer
to alter the setting	alterar la organización
to turn the corner	dar la vuelta a la esquina
straight lines	lineas (f) rectas
to empty the box	vaciar la cubeta/caja
grass cuttings	briznas (f) de césped
The grass needs cutting.	El césped necesita un corte.

Doing the weeding

Preparando el jardín/quitando las malas hierbas

a weed	una mala hierba
to pull out	arrancar
to uproot	arrancar de raíz/desarraigar

Watering the garden

Regando el jardín

The garden needs watering.	El jardín necesita agua.
a watering can	una regadera
to fill	llenar
to spray	regar/atomizar
a garden hose	una mangera de jardín
a sprinkler	un aspersor/un rociador
an automatic sprinkler	un rociador automático
to turn on	poner
to turn off	quitar

Pets

A cat

a kitten
a cat basket

A dog

a puppy
a dog kennel
to take the dog for a walk
   (See page 165.)
to go to dog training classes

A goldfish

a goldfish bowl
water
to swim around
weeds
pebbles
to clean out the tank

A parakeet

a cage
a perch
a swing
to swing
a mirror
to admire himself
a bell
to ring

Other pets

a dove
a guinea pig
a hamster
a mouse
a parrot

Useful expressions

Does it bite?
Don't put your finger in the cage.
I have to take it to the veterinarian.

Animales de compañia

Un gato

un gatillo/gatito
una cesta

Un perro

el cachorro
la perrera
pasear al perro

llevar a entrenar al perro

Un pez dorado/un pez de colores

una pecera
agua
nadar en círculos
las plantas acuáticas
la grava/las piedras (*f*)
limpiar el tanque

Un periquito

una jaula
una barra
un columpio
columpiarse
un espejo
mirarse a sí mismo
una campana
tocar

Otros animales de compañía

una paloma
un conejillo de indias
un hámster
un ratón/un ratonillo
un loro

Expresiones útiles

¿Muerde?
No pongas el dedo en la jaula.
Tengo que llevarlo al veterinario.

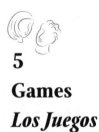

5

Games
Los Juegos

Common expressions

Before the game

Would you like to play?

What would you like to play?
Do you like playing . . . ?
Shall we play . . .?

How many can play?

It's a game for two people.
You need four people to play.
We don't have enough people.
We have too many people.

You play in teams.

How many are on each team?
Will you be on my team?
I'll be on the other team.

What do you need to be able to play?

You need paper and a pencil.
This pencil is blunt.
My lead has broken.
Do you have another pencil?
Could I have more paper, please?

Starting games

Where shall we play?

Shall we play in . . . ?
my/your room
the living room
on this table
on the floor

How long does a game take?

This game doesn't take long.
This game takes too long.
It takes at least an hour.
This is a quick game.

How do you play it?

You have to . . .
The object of the game is to . . .
You start here.

Expresiones comunes

Antes del juego

¿Quieres jugar?

¿A qué quieres jugar?
¿Te gustar jugar al . . . ?
¿Echamos una partida de . . . ?

¿Cuántos juegan?

Es un juego para dos personas.
Se necesitan cuatro personas.
No hay gente suficiente.
Hay demasiada gente.

Se juega en grupos/en equipos.

¿Cuántos hay en cada equipo?
Estarás en mi equipo?
Voy con el otro equipo.

¿Qué se necesita para jugar?

Se necesita un papel y lápiz.
Este lápiz no tiene punta.
La mina se ha roto.
¿Tienes otro lápiz?
¿Tienes más papel, por favor?

Empezar los juegos

¿Dónde jugamos?

¿Jugamos en . . . ?
mi habitación/tu habitación
en la sala de estar
en esta mesa
en el suelo

¿Cuánto dura el juego?

No es muy largo.
Es muy largo.
Se tarda al menos una hora.
Es muy rápido.

¿Cómo se juega?

Tienes que . . .
El objetivo del juego es . . .
Se empieza aquí.

You go this way around the board.	Se va en esta dirección sobre el tablero.

Choose a token

Elige una ficha

Which token would you like?	¿Que ficha quieres ser?
Which color would you like to be?	¿Que color te gustaría ser?

What happens if you land here?

¿Qué pasa si caes aquí?

You get another turn.	Tiras otra vez.
You lose a turn.	Pierdes un turno.
You go back three spaces.	Retrocedes tres espacios/casillas.
You go forward two spaces.	Avanzas dos espacios/casillas.
You have to go back to the beginning.	Tienes que volver a empezar.

Where is the finish?

¿Dónde está la meta?

You finish here.	La meta está aquí.
The first person to finish wins.	La primera persona en terminar gana.

Pick up a card.

Coge una carta/tarjeta.

What does the card say?	¿Que dice la carta?
I can't read what's on the card.	No puedo leer lo que dice la tarjeta.
What does that mean?	¿Qué significa?
Show me what I have to do now.	Dime lo que tengo que hacer ahora.
You can keep the card till later.	Puedes quedarte con la carta hasta luego.

Money

El dinero

Who's going to be banker?	¿Quién va a ser la banca?
Can I be banker?	¿Puedo ser la banca?
Will you be banker?	¿Quieres ser la banca?
How much money do you start with?	¿Con cuánto se empieza?
You have twenty thousand dollars to start with.	Tienes veinte mil dólares para empezar.
Each time you go around you are given . . .	Cada vez que das una vuelta te dan . . .

Buying and selling

Comprando y vendiendo

You can buy a . . .	Puedes comprar un/una . . .
Do you want to buy it?	¿Quieres comprarlo?
I'd like to buy . . .	Me gustaría comprar . . .
I haven't got enough money.	No tengo dinero suficiente.
How much money do I have to pay?	¿Cuánto dinero tengo que pagar?
You have to pay . . .	Tienes que pagar . . .

Do you have change for a fifty dollar bill?	¿Tienes cambio de cincuenta dólares?
You didn't give me my change.	No me diste el cambio.
You have to give me/all the other players . . .	Me tienes que dar/tienes que dar a todos los jugadores . . .
You have to pay a fine.	Tienes que pagar una multa.
You pay ten times what's on the dice.	Tienes que pagar diez veces lo que marque el dado.

The rules / *Las reglas*

Can I read the rules, please?	¿Puedo leer las reglas?
It's against the rules.	No está en las reglas.
That's cheating.	Estás haciendo trampas.
You can't do that.	No puedes hacerlo.

Who starts? / *¿Quién empieza?*

The highest starts.	El número más alto.
The lowest starts.	El número más bajo.
You need a six to start.	Necesitas un seis para salir.
You need a double to start.	Necesitas un doble para empezar/salir.
Shall we toss a coin to see who starts?	¿Tiramos una moneda para ver quién empieza?
Heads or tails? It's heads.	¿Cara o cruz? Cara.

Throw the dice. / *Lanza el dado.*

How many dice do you use?	¿Cuántos dados se necesitan?
You use two dice.	Se necesitan dos dados.
You only use one.	Sólo se usa uno.
Do you have a shaker?	¿Tienes un cubilete?
The dice rolled off the table.	El dado se ha salido del tablero.
The dice fell on the floor.	El dado se ha caído al suelo.
Shake again.	Tira otra vez.

What did you throw? / *¿Qué sacaste?*

I threw a . . .	Saque/tengo un . . .
one/two/three	uno/dos/tres
four/five/six	cuatro/cinco/seis
You have to throw a six.	Tienes que sacar un seis.
You have to throw a double.	Tienes que sacar dobles.
Throw again.	Tira otra vez.

Do you like this game?

¿Te gusta este juego?

This game is . . .
too difficult
too easy
rather boring
excellent

Este juego es . . .
demasiado difícil
demasiado fácil
muy aburrido
estupendo

How do you win?

¿Cómo se gana?

The winner is the first person to finish.
The winner is the person with the most . . .

El ganador es la primera persona en finalizar.
El ganador es la persona con más . . .

money
points
Shall we see who's won?
Count up your money.
How much money do you have?
Add up your points.
How many points do you have?

dinero
puntos
¿Veamos quién ganó?
Cuenta tu dinero.
¿Cuánto dinero tienes?
Suma tus puntos.
¿Cuántos puntos tienes?

Who's won?

¿Quién ha ganado?

I've won.
You've won.
He's won.
She's won.
We've won.
They've won.
Our team won.
Their team won.
Well played!
Bad luck!

Yo gané.
Tu ganaste.
El ganó.
Ella ganó.
Nosotros ganamos.
Ellos ganaron.
Nuestro equipo ganó.
Su equipo ganó.
¡Genial! ¡Bien hecho!
¡Mala suerte!

Shall we stop now?

¿Lo dejamos ya?

Shall we have one more game?
Is there time for another game?
Shall we play the best of three?
Shall we play something else?
It's time to stop.
We'd better put it away.

¿Echamos otra partida?
¿Tenemos tiempo para otra partida?
¿El mejor de tres?
¿Jugamos a otra cosa?
Tiempo de parar. Se acabo.
Vamos a guardarlo/vamos a dejarlo ya.

Monopoly®

The board

"Go"

to pass "Go"

I just passed "Go."

Collect two hundred dollars salary
  as you pass "Go."

Can I have my salary, please?

In jail

just visiting

I am just visiting.

In jail.

I am in jail.

I've been sent to jail.

I have/haven't a card to "get out
  of jail free."

I threw doubles three times in a
  row so I have to go to jail.

You need to throw a double to
  get out.

Will you sell me your "get out of
  jail free" card?

How much do you want for your
  "get out of jail free" card?

I will pay the fifty dollar fine now.

I have to pay the fifty dollar
  fine now.

I've missed three turns so I can
  come out now.

Income tax

Pay two hundred dollars.

You pay all taxes to the Bank.

super tax

Pay one hundred dollars.

Other squares

free parking

Monopoly/Monopoli®

El tablero

"Salida"

pasar "Salida"

Acabo de pasar la "Salida."

Pague doscientos dólares al pasar
  por la casilla de "Salida."

¿Puedes darme mi dinero, por favor?

En la cárcel

de visita

Estoy de visita.

En la cárcel.

Estoy en la cárcel.

Me manda a la cárcel/tengo que ir
  a la cárcel.

Tengo/No tengo una tarjeta para
  "salir de la cárcel."

Saqué tres dobles seguidos así es
  que tengo que ir a la cárcel.

Tienes que sacar dobles para salir.

¿Me vendes tu tarjeta para "salir de
  la cárcel"?

¿Cuánto quieres por tu tarjeta para
  "salir de la cárcel"?

Pago la multa de cincuenta dólares
  para salir.

Tengo que pagar la multa de
  cincuenta dólares ahora.

He perdido tres turnos, puedo
  salir ahora.

Impuestos/tasas

Paga doscientas dólares

Paga todos los impuestos al Banco.

super tasa/impuesto

Paga cien dólares.

Otras casillas

no paga

go to jail

ve a la cárcel

The properties

Las propiedades

a street

una calle

a road

una carretera

a square

una plaza

The railroads

Las estaciones

rent

La renta

If two/three/four railroads
  are owned . . .

Si se posee dos/tres/ cuatro
  estaciones . . .

The utilities

Las compañías

the waterworks

La compañía de aguas

the electric company

La compañía de electricidad

If one utility is owned, rent is four
  times the amount shown on
  one dice.

Si se posee una compañía se
  multiplica por cuatro el número
  del dado.

If both utilities are owned, rent is
  ten times the amount shown
  on one dice.

Si se posee ambas compañías, la renta
  se multiplica por diez veces el
  número que marque el dado.

Property cards

Las cartas/las tarjeta de
propietario

a site

una propiedad

a title deed

un titulo de propietario

rent—site only

propiedad

rent with one/two/three/
  four houses

alquiler de la propiedad con
  una/dos/tres/cuatro casas

rent with a hotel

propiedad con un hotel

If a player owns all the sites of any
  color group, the rent is doubled
  on unimproved sites in that group.

Si un jugador posee todas las
  propiedades de un mismo color,
  el alquiler se duplica en propiedades
  sin edificar dentro del grupo.

cost of houses: one hundred
  dollars each

el precio por casa: cien dólares
  cada una

cost of hotels: one hundred dollars
  plus four houses

el precio por hotel: cien dólares más
  cuatro casas

mortgage value of site

valor de la hipoteca de una propiedad

Chance

La suerte

Pick up a chance card.

Coge una tarjeta de suerte.

Take the top card.

Coge la carta de arriba.

Put the used card at the bottom of the pile.

What does it say?

It says . . .

Advance to "Go."

Advance to Marvin Gardens.

Advance to Park Place: If you pass "Go" collect two hundred dollars.

Bank pays you a dividend of fifty dollars.

Drunk driving charge: fine twenty dollars

Get out of jail free: this card may be kept until needed or sold.

Go back three spaces.

Go to jail. Move directly to jail. Do not pass "Go." Do not collect two hundred dollars.

Make general repairs on your houses: for each house pay twenty-five dollars.

Speeding fine: fifteen dollars

Take a trip to Maryland Station, and if you pass "Go" collect two hundred dollars.

You are assessed for street repairs: forty dollars per house, one hundred and fifteen dollars per hotel.

Your building loan matures: receive one hundred and fifty dollars.

You have won a crossword competition: collect one hundred dollars.

Community chest

What does it say? It says . . .

Advance to "Go."

Pon la carta usada abajo del montón.

¿Qué dice?

Dice . . .

Ve a la "Salida."

Ve a Marvin Gardens.

Ve a Park Place: si pasas la casilla de "Salida" cobra doscientos dólares.

La banca arroja un dividendo de cincuenta dólares a tu favor.

Multa por conducir borracho: veinte dólares de multa

Sal de la cárcel directamente: guarda esta tarjeta hasta que puedas utilizarla o venderla.

Retrocede tres casillas.

Ve a la cárcel. Ve directamente a la cárcel sin pasar por la casilla de "Salida" y sin cobrar las docientas dólares.

Reparaciones en casas: por cada casa paga veinticinco dólares.

Multa por exceso de velocidad: paga quince dólares

Ve a la estación de Maryland y si pasas por la casilla de "Salida" cobra doscientos dólares.

Reparaciones en tu propiedades: cuarenta dólares por casa, ciento quince dólares por hotel.

Intereses de préstamos en tus propiedades: recibe ciento cincuenta dólares.

Premio de palabra cruzadas: cobra cien dólares.

Tarjetas de comunidad

¿Qué dice? Dice . . .

Ve a la "Salida."

Annuity matures: Collect one hundred dollars.

Bank error in your favor: collect two hundred dollars.

Doctor's fee: pay fifty dollars.

From sale of stock: you get fifty dollars.

"Get out of jail free": this card may be kept until needed or sold.

Go back to Mediterranean Avenue.

Go to jail. Move directly to jail. Do not pass "Go." Do not collect two hundred dollars.

Income tax refund: collect twenty dollars.

It is your birthday: collect ten dollars from each player.

Pay a ten dollar fine or take a "Chance."

Pay hospital one hundred dollars.

Pay your insurance premium: fifty dollars.

Receive interest on seven percent Preference Shares: twenty-five dollars.

You have won second prize in a beauty contest: collect ten dollars.

You inherit one hundred dollars.

Intereses anuales: cobra cien dólares.

Error del banco a tu favor: cobra doscientos dólares.

Factura del doctor: paga cincuenta dólares.

Por inmueble: recibe cincuenta dólares.

"Sal de la cárcel directamente": esta tarjeta puede ser guardada hasta que sea necesitada o vendida.

Retrocede a la Plaza de Lavapiés.

Ve a la cárcel. Ve directamente sin pasar por la casilla de "Salida" y sin cobrar los doscientos dólares.

Devolución de impuestos/tasas: cobra veinte dólares.

Es tu cumpleaños: cobra diez dólares de cada jugador.

Paga una multa de diez dólares o toma una "tarjeta de suerte."

Paga al hospital cien dólares.

Paga tu seguro: cincuenta dólares.

Recibe un interés de siete por ciento en tus acciones: veinticinco dólares.

Has ganado el segundo premio de belleza: cobra diez dólares.

Has heredado cien dólares.

The play
Choosing the pieces

Which piece do you want to be?
What color do you want to be?

Starting a game

Roll two dice to start.
The player with the highest total starts.
I start.

El juego
Eligiendo la piezas/fichas

¿Qué ficha quieres?
¿Qué color quieres?

Empezando a jugar

Tira dos dados para empezar.
El jugador con el total más alto empieza.
Yo empiezo.

You start.
He/She starts.

Tu empiezas.
Él/Ella empieza.

Whose turn is it now?

¿De quién es el turno ahora?

It's my/your/his/her turn.
We are playing clockwise/
   counterclockwise.

Es mi/tu/su turno.
Jugamos en la dirección de las
   manillas del reloj/en dirección
   contraria a las manillas del reloj.

It's not your turn.
You went out of turn.
You'd better miss your next turn.

No es tu turno.
Se te ha pasado el turno.
Tienes que esperarte un turno.

Throwing the dice

Tirando los dados

to throw a double
I threw a double so I throw again.
I threw three doubles so I have to
   go to jail.
to throw two sixes

tirar un doble/doblete/doblarse
Saqué doble luego tiro otra vez.
Saqué tres dobles luego tengo que ir
   a la cárcel.
tirar a sacar la mayor puntuación
   posible

Moving the tokens

Mover las fichas

I rolled a three so I move
   three places.
We can both be on that space at the
   same time.
I have to advance to "Go."
I have to go directly to jail.

Saqué un tres así que me muevo tres
   espacios.
Podemos estar en el mismo sitio a
   la vez.
Tengo que ir a la "Salida."
Tengo que ir directamente a la cárcel.

Landing on squares

Cayendo en las casillas

I hope you land on my property.

Espero que caigas en mi
   casilla/propiedad.

Oh no! I just landed on your
   property.
Does anyone own the property
   I just landed on?
It's mine, so you owe me . . .
How much do I have to pay you?
You have to pay me twenty-two
   dollars rent—site only.

¡Oh no! He caído en tu propiedad.

¿Tiene alguien esta propiedad en que
   he caído?
Es mia, dame/me debes . . .
¿Cuánto te tengo que pagar?
Me tienes que dar/pagar veintidos
   dólares de alquiler—sin edificar
   solo.

I have three houses, so that's nine
   hundred dollars you owe me.
You have landed on my hotel.

Tengo tres casas, así que son
   novecientos dólares a pagar.
Has caído en mi hotel.

Buying property

Do you want to buy that?
Yes, I'll buy it, please.
No, I don't think I'll buy it.
No, I haven't enough money.
Have you any change?

Selling property

Would you like to sell me . . . ?
I want to sell these houses back
   to the Bank.

You only get half price if you sell
   property back to the Bank.

Putting houses on

Houses are green.
I want to put a house on here.
I have two houses, so you have to
   pay me . . .
Could I buy a house, please?
I would like four houses, please.
You have to put houses evenly over
   your properties.

The Bank has run out of houses, so
   you'll have to wait.
The Bank now has houses again—
   would you like to bid for them?

Putting a hotel on

Hotels are red.
I want to buy a hotel now.
You can't put a hotel on until you
   have four houses on each site.

You give the Bank the four houses
   and pay the difference for a hotel.
Here are the houses in exchange.
I have to pay . . . extra.

Comprando propiedades/terrenos

¿Quieres comprar ésa/ése?
Sí, lo compro, por favor.
No, no creo que quiero comprarlo.
No, no tengo suficiente dinero.
¿Tienes cambio?

Vendiendo propiedades

¿Quieres venderme . . . ?
Quiero vender estas casas a la Banca.

Solo te devuelven la mitad del valor si
   vendes propiedades al Banco/
   la Banca.

Poniendo casas/edificando

Las casas son verdes.
Quiero poner una casa aquí.
Tengo dos casas, a pagarme . . .

¿Puedo comprar una casa, por favor?
Quisiera cuatro casas, por favor.
Tienes que colocar las casas
   claramente sobre tu
   propiedad/terreno.
El Banco se ha quedado sin casas así
   es que tienes que esperar.
La Banca/el Banco tiene casas ahora.
   ¿Quieres hacer una oferta por
   éstas?

Edificando con hoteles

Los hoteles son rojos.
Quiero comprar un hotel ahora.
No puedes edificar con hoteles hasta
   que tengas cuatro casas en cada
   terreno.
Da las cuatro casas al Banco y paga
   por la diferencia al poner el hotel.
Aquí tienes las casas por el cambio.
Tengo que pagar . . . extra.

The Banker

Do you want to buy it?

It costs . . .

You owe the Bank . . .

Does anyone want to bid for
this property?

You are the highest bidder.

I haven't got the right change.

Can someone change this
bill, please?

The Bank has run out of money.

The Bank will have to give you
an I.O.U.

Mortgaging property

I would like to mortgage this, please.

The mortgage value is printed on
each title deed.

Turn the card face down to show
it's mortgaged.

There is no rent to pay because the
property is mortgaged.

You have to pay ten percent when
you lift the mortgage.

You can't mortgage houses or hotels.

You can't build on mortgaged
property.

You have to pay off the
mortgage first.

Being bankrupt

I'm afraid I can't pay you.

I haven't any money.

I shall have to return my houses/
hotels to the Bank.

You only get half their value if
you return them.

Will you take part cash and
part property?

El jugador o cargo de la Banca

¿Quieres comprarlo?

Vale/cuesta/son . . .

Debes al Banco . . .

¿Quiere alguien hacer una oferta por
este terreno?

Tú eres el postor más alto.

No tengo el cambio justo.

¿Puede alguien dar cambio, por favor?

La Banca no tiene dinero.

La Banca tiene que utilizar créditos.

Hipotecando propiedades

Me gustaría hipotecar esto, por favor.

El valor de la hipoteca está señalado
en los títulos de propiedad.

Da vuelta la tarjeta para indicar la
hipoteca.

No hay que pagar renta/alquiler
porque la propiedad está
hipotecada.

Tienes que pagar el diez por ciento
cuando quieres levantar la
hipoteca.

No se puede hipotecar casas ni
hoteles.

No se puede edificar en las
propiedades hipotecadas.

Tienes que pagar la hipoteca primero.

Bancarrota

Me temo que no puedo pagarte.

No tengo dinero.

Tengo que devolver mis casas/hoteles
a la Banca.

Solo se te da la mitad al devolverlas.

¿Podría darte la mitad en efectivo y la
otra mitad en propiedades?

Seeing who has won

Shall we stop now and see who
    has won?
Shall we leave the game here and
    continue playing later?
Add up all your money.
Add up the value of your property.
How much do you own?
I own . . .
You have won.
I think I've won.

Card games

General expressions

Would you like to play cards?
What games do you know?
What would you like to play?
Can you play . . . ?
Shall we play . . . ?
I'd like to play . . .
I've forgotten how to play . . .
Can you remind me how to play?
Can you teach me how to play?

A deck of cards

Do you have a deck of cards?
I brought a deck of cards with me.

I'll go and get them.
Is it a full deck?
Shall we check the deck?
Are there any missing?
No, they are all there.

There's one missing.
Do you have another deck?

The different suits (English/Spanish)

clubs/clubs

Viendo quién ha ganado

¿Vamos a parar y ver quién ha
    ganado?
¿Por qué no lo dejamos aquí y
    seguimos jugando más tarde?
Suma todo tu dinero.
Añade el valor de la suma de todas.
¿Cuanto propiedades tienes?
Tengo . . .
He ganado.
Creo que he ganado.

Los juegos de naipes

Expresiones generales

¿Te gustaría jugar a las cartas?
¿Qué juegos conoces?
¿A qué quieres jugar?
¿Puedes jugar a . . . ?
¿Por qué no jugamos a . . . ?
Me gustaría jugar a . . .
Se me ha olvidado como jugar a . . .
¿Dime como se jugaba otra vez?
¿Me enseñas a jugar?

El mazo de cartas/la baraja de cartas

¿Tienes una baraja de cartas?
He traido una baraja de cartas
    conmigo.
Voy a buscarla.
¿Está la baraja completa?
¿Comprueba si está completa?
¿Falta alguna?
No, están todas./No, no falta
    ninguna.
Falta una.
¿Tienes otro mazo de cartas?

Las distintas muestras/los distintos palos (Inglés/Español)

tréboles/bastos

diamonds/coins	diamantes/oros
hearts/cups	corazones/copas
spades/spades	picos/espadas

The number cards	*Los números de los naipes*

ace	el as/el uno/el triunfo
ace high	un triunfo major
ace low	un triunfo menor
the ace of hearts	el as de corazones
two	el dos
the two of diamonds	el dos de diamantes
three/four/five/six	el tres/cuatro/cinco/seis
seven/eight/nine/ten	el siete/ocho/nueve/diez

The face cards	*Las figuras*

jack	el jota/la sota
queen	la dama/la reina
king	el rey
joker	el comodín/la sota de oros

Playing card games
Shuffling

Jugando a cartas
Barajando

Shuffle the cards.	Baraja las cartas
I'll shuffle/you shuffle.	Yo barajo/tú barajas
Give the cards a good shuffle.	Baraja bien las cartas
The cards aren't shuffled properly.	Los naipes no están bien barajados.

Cutting	*Cortando*

to cut	cortar
You cut to me.	Córtame.
I'll cut to you.	Yo te corto.

Dealing	*Repartiendo*

It's your deal.	Tú repartes.
You deal the cards face up/ face down.	Reparte boca arriba/boca abajo.
You dealt two cards then.	Has repartido dos cartas en una.
You missed one.	Se te ha pasado una.
I'm the dealer this time.	Yo reparto esta vez.
I've forgotten where I'm up to.	Se me ha olvidado a quién reparto ahora.
Count your cards.	Cuenta tus cartas.
I am one short.	Me falta una.
I have one extra.	Tengo una demás.

We'd better redeal. · Lo mejor es repartir otra vez.

Assessing your hand
Colocando las cartas en la mano

I haven't sorted my hand yet. · No me las he colocado todavía.
Let me just arrange my cards. · Déjame colocar las cartas.
I've got a good hand this time. · Tengo una buena mano esta vez.
I've got a poor hand again. · Tengo malas cartas otra vez.

Leading
Saliendo

You lead. · Tu sales.
It's my/your/our/their lead. · Me/te/nos/les toca salir.
It's his/her lead. · Se toca salir.
She led the three of diamonds. · Ella salió con el tres de diamantes.
What did you lead? · ¿Con qué saliste?

Playing one's hand
Haciendo tú propio juego

He played an ace. · El juega con su as.
What did he play? · ¿Con qué juega?
I don't know what to play. · No sé que echar.

Following suit
Arrastrando a un palo

You must follow suit if you can. · Tienes que arrastrar si tienes palo.
I can't follow suit. · No puedo arrastrar.
a strong suit · una baza fuerte/una mano buena
a weak suit · una baza floja/una mano mala

Trumping
Arrastrando

What are trumps? · ¿Cuál es la muestra?
Spades are trumps. · Los picos son muestra.
The three of trumps. · El tres de la muestra.
I haven't got any trumps. · No tengo muestra.
He was holding all the trumps. · Me he quedado con todas la muestras.

Throwing away cards
Desbarajándose

to discard · descartar
the stock pile · el montón para descartar
I need to throw one away. · Necesito quitarme de una.
I don't know which to throw away. · No sé cuál debo quitarme.

Picking up cards
Robando cartas/cogiendo cartas

Have you picked up yet? · ¿Has robado ya?
Pick one up off the pile. · Roba una del montón.
What did you pick up? · ¿Qué has robado?

Putting cards down

to put a card face down
to put a card face up
What did she put down?

Missing a turn

I missed my turn.
You missed your turn.
You have to miss a turn.

Passing

I can't play anything.
I shall have to pass.
I pass.
She passed.

Winning tricks

How many tricks have you won?
Well done!
I just won that trick.
I don't think I'm going to win many.

We only need to win another one.
We need to win seven tricks.

Losing tricks

How many tricks can we afford
    to lose?
How many tricks have we lost?
Sorry!

Cheating

Did you cheat?
I never cheat.
You shouldn't cheat.
Don't look at my cards.
I can see your cards.

Memorizing cards

to remember
to forget
to count

Ocultando cartas/deshacerse de una carta

deshacerse de una carta
mostrar una carta
¿De qué se ha deshecho?

Pasando un turno

Se me ha pasado mi turno.
Se te ha pasado el turno.
Tienes que esperarte hasta el
    próximo turno.

Pasando

No tengo cartas.
Tengo que pasar.
Paso.
Ella pasó.

Las bazas ganadas

¿Cuántas manos has ganado?
¡Bien hecho!
Acabo de ganar esa baza.
No creo que vaya a ganar muchas
    bazas.
Sólo necesitamos ganar otra baza.
Necesitamos ganar siete bazas.

Las bazas perdidas

¿Cuántas bazas podemos permitirnos
    perder?
¿Cuántas bazas hemos perdido?
¡Lo siento!

Haciendo trampas

¿Has hecho trampas?
Nunca hago trampas.
No deberías hacer trampas.
No mires mis cartas
Puedo ver tus cartas.

Memorizando las cartas

recordar
olvidar
contar

I can't remember if the ace has gone.
I have forgotten how many . . .
How many trumps have gone?
Try to remember the tricks.
Count the aces/the trumps.
Have all the hearts gone?

No recuerdo si el as ha salido.
He olvidado cuántos . . .
¿Cuántas muestras han salido?
Intenta recordar las bazas.
Cuenta los ases/las muestras.
¿Han salido todos los corazones?

Rummy

You need:

a fifty-two card pack
any number of players from
    two to six

El rummy

Se necesita:

una baraja de cincuenta y dos cartas
un número de jugadores de dos a seis

The object of the game rummy

to get rid of all your cards by
    laying them down on the table
    in front of you
Players try to collect and arrange
    cards in the following ways:
three of a kind or four of a kind
    (e.g., three aces or four sixes)

a sequence of three or more cards
    of the same suit (e.g., two, three,
    four, five of spades)

El objetivo del rummy

deshacerse de todas tus cartas
    echándolas boca abajo en la mesa
    en frente de tí
Los jugadores toman y colocan las
    cartas de las siguientes maneras:
tres de un mismo tipo o cuatro de
    una misma clase: (por ejemplo, tres
    ases o cuatro seis)
una secuencia de tres o más cartas del
    mismo palo (por ejemplo dos, tres,
    cuatro, cinco de picos)

How to play rummy

Cut for dealer who deals to
    each player:
ten cards each if there are
    two players
seven cards each if there are three
    or four players
six cards each if there are five
    or six players
Place remaining cards face down on
    the table to form a stockpile.

Como jugar al rummy

Corte al que reparte las cartas a los
    jugadores:
diez cartas para cada uno si hay dos
    jugadores
siete cartas para cada uno si hay tres
    o cuatro jugadores
seis cartas para cada uno si hay cinco
    o seis jugadores
Pon las cartas sobrantes boca arriba
    en la mesa formando un montón
    de robo.

Turn up the top card of the stockpile and lay it face up beside the stock pile to form a waste pile.

The player on the dealer's left starts the game.

Players look at their hands for the beginnings of any of the above groups or sequences of cards.

If you are lucky enough to have any group or sequence you can lay it on the table in front of you.

If not, you can either pick up the turned-up waste card or take one from the stockpile.

You have to throw one card away— either the one you have just picked up or one from your existing hand.

Players can also add cards to any other player's cards already laid on the table.

You win when you are the first person to get rid of all your cards.

Da la vuelta a la última carta del montón de robo y sitúala al lado formando un montón de descarte.

El jugador a la izquierda del que reparte empieza el juego.

Los jugadores miran sus manos y buscan grupos o el comienzo de una escalera o secuencia.

Si eres afortunado en tener un grupo o escalera, puedes dejarlo sobre la mesa en frente de tí.

Si no, puedes coger una del robo o coger la carta que está en el montón de descarte boca arriba.

Tienes que dejar una carta—la que acabas de coger o una de las que tenías originalmente en la mano.

Los jugadores pueden también dejar cartas con las de los otros jugadores que están sobre la mesa.

Se gana cuando eres la primera persona en deshacerse de todas las cartas.

Scoring

When someone has won the game, all other players add up the points they still hold in their hand as follows:

Aces count low as one.

Number cards count their number value.

Jacks, queens, and kings count ten each.

The winner is awarded the total number of points held by all other players.

If the winner was able to put all his cards straight down on the table on his first turn, then he is said to have "gone rummy" and gets awarded double the other players' total points.

Puntuando

Cuando alguien gana la partida, todos los demás jugadores se apuntan tantos números como cartas tienen en sus manos todavía:

Los ases valen uno.

Las cartas con número valen el número que tengan.

Las figuras valen diez cada una.

El ganador gana el total resultante de la suma de todos los puntos de los demás concursantes.

Si el jugador que sale se las manejó para poner todas sus cartas sobre la mesa al principio de la partida, se dice "rummy" y se le da el doble de puntos del total final puntuado por todos los jugadores.

The overall winner can be the first one to reach five hundred points or some other predetermined score.

El ganador final puede acordarse como aquél que puntúa quinientos puntos en primer lugar o otra puntuación previamente acordada.

Bridge

Counting the points in your hand

Allow:

four points for an ace
three points for a king
two points for a queen
one point for a jack

Plus either:

one point for each trump over four trumps
one point for each card over three in each side suit

Or:

one point for each suit with two cards in it
two points for each singleton
three points for each void suit

Bidding

Who is bidding?

Whose turn is it to bid first?
It's my/your/his/her/our/their bid.

Are you ready to bid?
Are you going to bid?
to open the bidding

What are you bidding?

No bid.
One club/diamond/heart/spade.

One no-trump.

El bridge

Contando los puntos en tu mano

Da:

cuatro puntos por un as
tres puntos por un rey
dos puntos por una dama
un punto por una jota

Más o bien:

un punto por cada cinco muestras

un punto por cada carta superior o tres dentro de un palo

O:

un punto por cada dos cartas de un mismo palo
dos puntos por cada carta simple
tres puntos por la ausencia de cartas de un palo

Las apuestas

¿Quién apuesta?

¿A quién le toca apostar primero?
Me toca apostar a mí/a tí/a ella/a él/a nosotros/a ustedes/a ellas/a ellos.

¿Estás listo(a) para hacer tu apuesta?
¿Vas a apostar?
hacer una apuesta

¿Qué apuestas?

No apuesto nada.
Un trébol/un diamante/un corazón/un pico.

Una carta de otro palo distinto a la muestra.

Two clubs/diamonds/hearts/spades.	Dos de trébol/de diamantes/de corazones/de picos.
An opening bid of two of a suit.	Una apuesta de salida de dos de un palo/salida con dos de un palo.
He/she did not bid.	El/ella no apuesta/no va.
I did not bid.	No apuesto/no voy.
My partner did not bid.	Mi pareja no va.

The type of bid   *Tipos de apuestas*

a forcing bid	una apuesta forzada
a weak/strong bid	una apuesta débil/fuerte
a raising bid	una apuesta mayor
a no-trump bid	una apuesta sin muestra
a preemptive bid	una apuesta prioritaria
a rebid	un desdoble

The responses   *Las respuestas*

Pass/No bid.	Paso/No voy.
to rebid	doblar la apuesta
to raise the bidding . . .	subir la apuesta/apostar más . . .
in your partner's suit	en la baza de mi compañero
in your own suit	en mi baza/juego
a single raise/double raise	subo/doblo
to jump	saltar/pasar el turno
to keep on bidding	continuar apostando/seguir apostando
a biddable/rebiddable suit	un palo en el que se puede hacer una apuesta/volver a apostar
to force to game	hacer juego

Scoring   *Marcando*

Who is going to keep the score?	¿Quién se va a encargar del marcador?
I'll score.	Yo me encargo del marcador.
Will you score?	¿Te encargas de llevar los puntos?
What's the score at the moment?	¿Cuánto va?/ ¿Qué puntuación tenemos?

Necessary numbers   *Los números necesarios*

ten/twenty/thirty/forty/fifty	diez/veinte/treinta/cuarenta/cincuenta
sixty/seventy/eighty/ninety	sesenta/setenta/ochenta/noventa
one hundred	cien
one hundred and ten/twenty . . .	ciento diez/veinte . . .
two hundred/three hundred . . .	doscientos/trescientos . . .
one thousand	mil
one thousand, five hundred, and fifty	mil quinientos cincuenta

The tricks

the first trick
subsequent tricks
an undertrick
an overtrick

Doubling

doubled/undoubled/redoubled

Vulnerable

not vulnerable

Above the line

below the line

Slams

a small slam
a grand slam

Honors

four trump honors
five trump honors
four aces in one hand

Rubbers

a two/three game rubber
an unfinished rubber

Games

for one game
for part score in unfinished game

Las bazas

la primera baza
las bazas siguientes
un desquite
una baza para desquite

Doblándose

doblo/desdoblo/redoblo

Vulnerable

seguro(a)

Sobre la línea

por debajo de la línea

Slams

un slam
un gran slam

Créditos

crédito de cuatro triunfos
crédito de cinco triunfos
cuatro ases en una mano

Partidas

una partida de dos/tres juegos
una partida sin terminar

Juegos/partidas

por una partida/un juego
por puntuación parcial en una partida
    a medias

Chess

The chessboard

portable
electronic
a black square
the white squares
the right/left corner
opposite
diagonal

El ajedrez

El tablero

portátil
electrónico
una casilla negra
las casillas blancas
la esquina derecha/izquierda
opuesto(a)
diagonal

The pieces

the king	el rey
the queen	la reina
the bishop	el alfil
the knight	el caballo
the rook	la torre
the pawns	el peón

Las piezas de ajedrez

Common words

back	detrás/hacia atrás
behind	atrás/detrás
black	negro(a)
to capture	comer
to castle	enrocarse
"check"	"jaque"
to check	hacer "jaque"
checkmate	hacer jaque mate
defensive	defensivo
a draw	tablas
forward	hacia delante
in front of	enfrente de
lined up	a la altura de
mate	mate
a move	un movimiento
to move	mover
my/your move	mi/tu turno
occupied	cogido(a)
opposite	opuesto(a)
powerful	fuerte/poderoso(a)
protected	protegido(a)
to remove	remover
safe	a salvo
to shield	defender
to take	tomar
taken	tomado(a)
threatened	amenazado(a)
unoccupied	libre
unprotected	desprotegido(a)
white	blanco(a)

Palabras comunes

Checkers

The pieces

black

red

Rules for checkers

a game for two players

Each player has twelve pieces.

One player has all red pieces.

The other player has all black pieces.

Both players move only on the
black squares.

Black always starts.

The pieces move forward diagonally
one square at a time.

A player can take his opponent's
pieces by jumping over them
provided there is an empty square
to land on.

A player can capture more than one
of his opponent's pieces at once.

When a piece reaches the opposite
side of the board it is made into a
king (by placing a second piece on
top of the first).

A king can move backward as well as
forward one square at a time.

The winner is the one who takes all
his/her opponent's pieces or who
immobilizes his/her opponent's
pieces.

Dominoes

The pieces

a blank

a double blank

Las damas

Las piezas

negra(o)

roja(o)

Las reglas de las damas

juego para dos

Cada jugador tiene doce piezas.

Uno de los jugadores mueve rojas.

El otro mueve negras.

Ambos jugadores deben mover sobre
las casillas negras.

Las negras empiezan a mover.

Las piezas se mueven hacia adelante
diagonalmente de una en una
casilla.

Un jugador puede comer las piezas
del otro saltando sobre ellas,
siempre que se quede en una casilla
vacía/libre.

Un jugador puede comer más de una
pieza en un turno.

Cuando un jugador pone una de sus
piezas en el otro lado del tablero
ésta se convierte en una reina (y así
lo indica con una segunda ficha
colocada encima de la primera).

Una reina puede moverse hacia atrás y
hacia delante de una casilla en cada
movida.

El ganador es aquél que se come todas
las piezas del rival, o aquél que
inmoviliza todas las piezas de su
rival.

El dominó

Las piezas

una blanca

una doble blanca

a spot	una simple/un pito/un punto
one/two/three spots	una simple/dos simple/tres simple
four/five/six spots	cuatro/cinco/seis simple
a piece with a six and a five	seis-cinco
a double six	doble seis
face up/face down	hacia arriba/hacia abajo
One end is a . . .	Un lado es un . . .
The other end is a . . .	El otro es un . . .

Playing dominoes

Jugando al dominó

Shall we play dominoes?	¿Jugamos al dominó?
Do you have a set of dominoes?	¿Tienes un juego de dominó?
Is it a full set of twenty-eight?	¿Tienes todas las fichas?/¿Las veinte ocho fichas?
Turn the pieces face down.	Pon las fichas boca abajo.
Mix the pieces up.	Mézclalas/mezcladas.
Any number of people can play.	Se puede jugar con cualquier número de jugadores.
Draw a piece to see who starts.	Toma una ficha al azar para ver quién empieza.
The player who draws the highest domino is the first to play.	El jugador que toma la más alta empieza a jugar.
Each player then takes turns selecting one domino until all the dominoes are used up.	Entonces los jugadores por turnos seleccionan fichas de dominó hasta que todas han sido utilizadas.
Each player sets his dominoes on edge so that his opponent cannot see his dominoes.	Cada jugador pone sus fichas de pie en frente de sí mismo(a) para evitar que los otros jugadores vean su juego.
The first player places a domino face up on the table.	El primer jugador pone una ficha de dominó boca arriba sobre la mesa.
The second player then has to add one of his dominoes to form a match (i.e., if the first domino played was one with three spots at one end and four spots at the other, the second player must put down a domino with either three or four spots on one side).	El segundo jugador entonces tiene que poner al lado una ficha suya que haga juego (por ejemplo, si la primera era el tres-cuatro, el segundo jugador necesita poner una ficha con un tres o con un cuatro en uno de los lados y el otro puede ser cualquiera).

The dominoes are laid short end to short end unless a double is played. Doubles are placed crosswise at right angles to the line of dominoes.	Las fichas se tiran y colocan unidas por el lado pequeño, pero si es un doble que se juega, se sitúa a través de la línea principal del orden del dominó.
If a player has no domino that matches either end of the line he has to miss his turn.	Si un jugador no tiene ficha que poner, dice "paso."
The game ends when one player manages to play all his dominoes.	El fuego termina cuando uno de los jugadores coloca todas sus fichas.
If at any stage no player can play a domino, everyone counts up the number of spots on their remaining dominoes and the winner is the player with the fewest spots.	Si sucede que ningun jugador tiene fichas que hagan juego, todos cuentan el número de puntos en sus respectivas fichas sobrantes, y el ganador es el jugador con menos puntuación.
If there is a draw between two players with the same number of spots, the winner is the person with the fewest dominoes.	Si hay tablas con uno de los jugadores, el ganador se determina por el número de fichas sobrantes. Aquél que tenga menos.

Jigsaw puzzles

Los rompecabezas/los puz(z)les

Types of jigsaw puzzles

Tipos de rompecabezas

a one-hundred-piece puzzle	un rompecabezas de cien piezas
a five-hundred-piece puzzle	un rompecabezas de quinientas piezas
a one-thousand-piece puzzle	un rompecabezas de mil piezas
an easy one	un rompecabezas fácil
a difficult one	uno difícil
a pretty one	uno bonito

Choosing and starting a puzzle

Escogiendo y empezando un rompecabezas

Would you like to do a puzzle?	¿Te gustaría hacer un rompecabezas?
Shall we do a puzzle together?	¿Podemos hacer un rompecabezas juntos?
Which one would you like to do?	¿Cuál quieres hacer?
Where shall we do it?	¿Dónde lo hacemos?
Do you have a tray to do it on?	¿Tienes una bandeja en dónde hacerlo?

Can we use this table?	¿Podemos utilizar esta mesa?
Turn over all the pieces.	Da vuelta las piezas.
face up/face down	ponlas boca arriba/boca abajo
Shall we sort out all the edge pieces first?	¿Hacemos los bordes del rompecabezas primero?
Do we have the four corner pieces?	¿Tienes las piezas de las cuatro esquinas?
Here is one corner piece.	Aquí hay una esquina.
Here is another corner piece.	Aquí hay otra pieza de otra esquina.
Here's the last one.	Aquí está la última.
Shall we sort the pieces out into color groups?	¿Agrupamos las piezas en colores?
There is one piece missing.	Falta una pieza.

Finding particular pieces
Buscando piezas en particular

Have you seen the piece that goes here?	¿Has visto la pieza que va aquí?
It has two tabs and one indent.	Tiene dos dientes y un hueco.
It has one straight edge.	Tiene un lado recto.
Have you seen a sky piece?	¿Has visto una pieza del cielo?
Have you seen a piece with yellow flowers on it?	¿Has visto una pieza con flores amarillas?
I'm looking for a mainly green piece with a bit of red on it.	Estoy buscando una pieza casi toda verde, con un poco de rojo.
Try this one.	¿Qué tal ésta? Prueba ésta.
This might fit.	Esta puede encajar.
It fits.	Encaja.
It doesn't fit.	No encaja.

Useful verbs
Verbos útiles

to break it up	deshacerlo
to continue	seguir
to collect together	amontonar/agrupar
to find	encontrar
to finish	finalizar/terminar
to bring it out	sacarlo(a)
to leave it	dejarlo(a)
to look at the picture	mirar al cuadro
to look for	buscar
to put it away	quitarlo(a)
to put a piece on one side	dejar una pieza aparte
to search for	buscar
to sort	clasificar

to start	empezar
to stop	parar
to try	intentar
to turn over	remover/dar la vuelta

Shorter games

I spy
How to play

Any number can play.

The first person says, "I spy with my little eye something beginning with . . ."

He/she then adds the first letter of an object they can see.

The other people have to guess what the word is by asking, "Is it a . . . ?" and then adding a word beginning with the chosen letter.

The person who guesses the object correctly takes over and becomes the next person to spy a new object.

Tic-tac-toe
You need:

paper and two pencils
two people to play

Useful expressions

Draw a tic-tac-toe frame.

Are you going to be O's?
I'll be O's.
You can be X's.
You start.
It's my turn to start.
You have to get three O's or three X's in a row.
The rows can be horizontal, vertical,

Los juegos cortos

Veo, veo
Cómo jugar

Pueden jugar tantas personas come se quiera.

La primera persona dice, "Veo, veo . . ."

Entonces el jugador dice la primera letra con la que comienza el objeto que ve.

El resto tienen que adivinar la palabra preguntando, "¿Es un(a) . . . ?" y entonces diciendo una palabra que empiece por esa letra.

La persona que adivina el objeto correctamente pasa a ser la persona que plantéa la adivinanza del nuevo objeto.

Las tres en raya
Se necesita:

papel y dos lápices
se juega con dos personas

Expresiones útiles

Dibuja un cuadro para las tres en raya.

¿Vas a ser los círculos?
Soy círculos.
Tú eres las cruces.
Tú empiezas.
Es mi turno de empezar.
Tienes que poner tres cruces o tres círculos en una línea.
Las líneas pueden ser horizontales,

or diagonal.	verticales o diagonales.
I've won/you've won.	He ganado/has ganado.
to win	ganar
to lose	perder
Shall we play again?	¿Jugamos otra?
Shall we play the best of three?	¿Al mejor de tres?

Outdoor games and activities
Los juegos al aire libre

Hide and seek
Escondite

Cover your eyes.	Tópate los ojos.
Don't peek.	No mires.
Count to a hundred.	Cuenta hasta cien.
Coming ready or not.	Están preparados o no.
to hide	esconderse
to look for	buscar
to find	encontrar

A treasure hunt
Una busca del tesoro

Divide into teams.	Formar equipos.
Will you be on my team?	¿Quieres venir con mi equipo?
Do it in pairs.	Hacerlo en parejas.
Here is a clue.	Aquí hay una pista.
Read the clue.	Lee la pista.
What does it say?	¿Qué dice?
What does that mean, do you think?	¿Qué significa? ¿Qué piensas?
to look for	buscar
to find	encontrar
to be unable to find	no ser capaz de encontrar
to win	ganar
to get the prize	conseguir un premio

Roller blades and roller skates
Los patines de cuchillar y de ruedas

a pair of roller skates	un par de patines de ruedas
roller boots	las botas de patinar
roller blades	los patines de cuchillar
Do you have any roller blades?	¿Tienes un par de patines de cuchillar?
May I borrow your roller blades?	¿Puedes prestarme tus patines de cuchillar?

to put on	ponerse
to lace up	abrocharse/atarse
to adjust	ajustar
to balance	mantener el equilibrio
to hold on to something	sujetarse a algo
to fall over	caerse
to begin to skate	empezar a patinar

Flying a kite
Jugar con la cometa

a kite	una cometa
a string	una cuerda
to hold on to	sujetar
to rise up	elevar
to fall	dejar caer
to swoop	hacer una calada
the wind	el viento
There isn't enough wind.	No hay suficiente viento.
It's too windy.	Hay demasiado viento.

Garden play equipment
Jardín-recreo/juégos de jardín
Swinging
Columpiando

a swing	un columpio
to swing	columpiarse
to give someone a push	dar impulso/empujar
Will you push me, please?	¿Me puedes dar un empujón?
Do you want a push?	¿Quieres que te empuje?
to stand up	levantarse
to sit down	sentarse
to go very high	subir muy alto
to jump off	saltar/tirarse

A seesaw
Un balancín

to seesaw	balancearse
to go up and down	subir y bajar
to balance	equilibrar
to bump	chocar

A slide
Un tobogán

to climb the ladder	subir la escalera
to sit down	sentarse
to slide down	escurrirse/dejarse caer por el tobogán
feet first/head first	de pies/de cabeza

to have another turn	tirarse otra vez

The jungle gym/climbing frame *Las estructura/las casitas*

a ladder	una escalera
to climb	subir
a monkey bar	una barra para dejarse caer
to hang from	colgarse
to hang upside down	colgarse boca abajo

Other activites *Otras actividades*

to do cartwheels	hacer ruedas
to do handstands	pararse de manos
to climb trees	subir árboles

6

Computers
Los Ordenadores/las Computadoras

Hardware and software	*El hardware y el software*
Types of computer	*Tipos de ordenadores/ computadoras*
a personal computer	un ordenador/una computadora personal
a desktop computer	un ordenador/una computadora
a laptop computer	un ordenador/una computadora portátil
a network computer	una computadora
multimedia	multi-media
Hardware	*El hardware/las partes principales*
the monitor	el monitor
the screen	la pantalla
the keyboard	el tablero (véase detalles abajo)
The mouse	*El ratón*
to click	apretar/pulsar
to double-click	pulsar dos veces
to right click/to left click	pulsar a la derecha/a la izquierda
a mouse pad	una superficie para el ratón
a joystick	un joystick
A tower	*Una torre*
the CD-ROM drive	una unidad de CD-ROM
the floppy disk drive	una unidad para discos blandos
the tape drive	una unidad para cintas
the speakers	los altavoces
to turn up/down	subir/bajar

A modem   *Un módem*

a fax   un fax

E-mail   correo electrónico

an E-mail address   una dirección para el correo
            electrónico

to send   enviar

to receive   recibir

The printer   *La impresora*

a color printer   una impresora a color

a black-and-white printer   una impresora en blanco y negro

a laser printer   una impresora láser

an inkjet printer   una impresora de chorro de tinta

a dot matrix printer   una impresora matricial

a print preview   en ensayo de impresión

to zoom in   aumentar

to zoom out   disminuir/reducir

to print out   imprimir

all pages   todas las páginas

odd/even   impar/par

the current page   la página corriente

selected pages   páginas escogidas

three copies   tres copias (*f*)

The memory   *La memoria*

ROM   ROM

RAM   RAM

How much memory does your   ¿Cuánta memoria tiene tu ordenador/
  computer have?   computadora?

My computer doesn't have   Mi ordenador/computadora no tiene
  enough memory.   suficiente memoria.

The software   *El software*

system software   la sistema de software

application software   el paquete de aplicaciones

a floppy disk   un disco blando

a CD-ROM   un CD-ROM

a program   un programa

a computer game *(See pages 84–87.)*   una consola de juegos

educational software   el paquete de programas educativos

word processing software   el procesador software

database software   la base de datos software

desktop publishing software	el software de publicación
draw/paint software	el software para dibujos y gráficos
a typing course	un curso de mecanografía
an encyclopedia	una enciclopedia
art gallery software	un paquete de aplicaciones para museos

The keyboard / *El teclado*
Typing / *Escribiendo/tecleando*

to touchtype	escribir/teclear
speed	velocidad (*f*)
to be slow	ser lento(a)
to be quick	ser rápido(a)
accuracy	la precisión
to make mistakes	equivocarse/tener faltas
to be very accurate	no tener faltas/ser preciso
to type with two fingers	escribir con dos dedos

The keys / *Las teclas/los botones*
The alphabet / *El alfabeto*

capital letters	las mayúsculas
lowercase letters	las minúsculas
caps lock	la tecla de las mayúsculas

Punctuation / *La puntuación*

a period	un punto final
a comma	una coma
a semicolon	un punto y coma
a colon	dos puntos
an exclamation point	una exclamación/un punto de admiración
an open/close exclamation mark	ábranse/ciérrense punto de admiración
a question mark	un punto de interrogación
open/close	de apertura/de cierre
inverted commas	las comillas
an apostrophe	un apóstrofe
parentheses	los paréntesis
square brackets	paréntesis cuadrados
a hyphen	un guión
a dash	una raya
an accent	un acento

the letter "a" with an accent	la letra "a" con acento
a tilde	una tilde

Numeric keys

Las teclas para los números

addition	la suma
subtraction	la resta
multiplication	la multiplicación
division	la división
parentheses	los paréntesis
a decimal point	un punto decimal
the equals sign	el resultado/el igual
the ampersand	el signo and ("y")

The function keys

Las funciones

the enter key	el botón/la tecla de enter
the return key	el botón/la tecla de return
the tab key	el tabulador
the shift key	la tecla para cambiar la dirección
the caps lock key	la tecla para las mayúsculas
the number lock key	la tecla para los números
control	el control
alt	el alto
escape	la salida

The edit keys

La funciones para la impresión

scroll up/down	desplazar hacia arriba/hacia abajo
scroll left/right	desplazar hacia la izquierda/hacia la derecha
delete	borrar
insert	insertar
home	volver al punto de partida/punto inicial
end	finalizar
page up/down	page up/page down
print screen	imprimir en pantalla

Word processing

El procesamiento de textos/procesando textos

Entering text

Metiendo el texto

a cursor	un cursor
to type	escribir a máquina

to enter	entrar/enter
to insert	insertar/meter/insert
to overwrite	escribir encima

Editing — *La impresión*

to edit	imprimir
to cut	cortar
to paste	empastar/imprimir/paste
to copy	copiar
to delete	borrar
to spell check	corregir
to indent	introducir espacios/sangrar
word wrap	salto de línea automático
to sort text alphabetically	ordenar el texto alfabéticamente

Formatting — *El formato*

to format	arreglar
the font	la primera plana
font style/font size	estilo/tamaño formato
color	color
italics	itálica/cursiva
bold	negrita
underlined	subrayado
highlighted	resaltado

The page setup — *El arreglo de la página*

a page break	un límite de página
page layout view	cuadrícula de página
to set the margins	poner los márgenes
headers and footers	cabeceras y pies de página

Paragraphs — *Los párrafos*

single/double line spacing	simple/doble espacio de línea
left/right indents	sangría a la izquierda/a la derecha
to align	alinear
the tabs	los tabuladores

Justification — *El margen/la justificación*

right/left justification	sobremargen derecho/izquierdo
to justify both sides	poner sobremargen en ambos márgenes
justification on/off	sobremargen conectado/sin conectar
to center	centrar

The tools	*Las herramientas*
a tool bar	una barra de herramientas
to word count	contar palabras
a dictionary	un diccionario
a thesaurus	un thesaurus
the spell checker	un corrector de faltas

File management	*El uso de ficheros*
a file	un fichero
to open	abrir
to close	cerrar
to save	salvar
to name	poner un nombre
to rename	cambiar el nombre

The Internet · *La Internet*

the Superhighway	el Superhighway
the World Wide Web	la Red Internacional

Getting on to the Internet	*Conectando Internet*
an access provider	un proveedor del servicio de Internet
an on-line service provider	un proveedor de línea
an E-mail address	una dirección para el correo electrónico
a sign-up/connection fee	un costo de afiliación
to pay a monthly fee	hacer un pago mensual
an hourly charge	un cargo por hora
unlimited/limited usage	un uso sin límites/con límites
a subscriber	un subscriptor
to register	registrar

Browsing	*Echando una ojeada/hojear/otear*
to log in	entrar en el sistema/acceder
to use your password	usar una contraseña/una palabra secreta
to browse	echar una ojeada/hojear/otear
a web browser	un globo
to surf	pasar
a web address	una dirección web
a website	un centro web
a web page	una página web

an interest group	un group de intereses
a newsgroup	un de debate
a chat room	un chat
an information source	una fuente de información
hypertext	el hipertexto
a link	un enlace/un lazo
to click on	apretar/hacer clic
to return to the home page	volver al menú principal
to download information	descargar/bajar información
to join a mailing list	unirse a una lista de propaganda comercial
to prepare a message	preparar un mensaje
on-line	conectado(a)
off-line	desconectado(a)

Internet jargon

El argot de la Red de Internet

a lurker	un lurker
netiquette	la netiquette
virtual reality	la realidad virtual/el efecto real
a cyber café	un café cibernético
a cyber pub	un bar cibernético
cyberspace	el espacio cibernético
sig (signature file)	la firma/firma de archivo
usenet	el usuario de red informática

Smileys

Los gráficos de caras

a smiley/an emoticon	un gráfico de cara sonriendo/ un emoticón
:-) happy	contento(a)
;-) winking	guiñando el ojo
:-P sticking out tongue	sacando la lengua

Computer games

Los juegos de computadora/ordenador

General expressions

Expresiones generales

Would you like to play on the computer?	¿Quieres jugar con la computadora/ el ordenador?
Do you have any good computer games?	¿Tienes juegos de computadora/ ordenador buenos?
I have a Game Gear®.	Tengo un Game Gear®.
I have a Super Nintendo®.	Tengo un Super Nintendo®.

Does it run on batteries or electricity?	¿Funciona con batería o electricidad?
Have you an electric adaptor?	¿Tienes un adaptador de electricidad?
May I have a turn now?	¿Puedo intentarlo ahora?
You've been on a long time.	Ya llevas mucho rato.
How many can play at once?	¿Cuántos pueden jugar a la misma vez?
This game is for one/two players only.	Este juego es sólo para uno/sólo para dos jugadores.
I'd like to get it. Was it expensive?	Me gustaría tenerlo/adquirirlo. ¿Fue caro?

Starting a game

Empezando a jugar

Where is the on/off button?	¿Dónde esta el botón para encenderlo/apagarlo?
How do you load the game?	¿Cómo se carga el juego?
You type in the word . . .	Tienes que escribir una palabra . . .
Then you press this.	Entonces se pulsa aquí.
What's the password?	¿Cuál es la palabra clave/la contraseña?
The password is . . .	La clave/contraseña es . . .
What's the aim of the game?	¿Cuál es el propósito del juego?
Explain to me what happens.	Explícame qué es lo que pasa.
Are there any secret passageways or hidden rooms?	¿Hay algún pasadizo secreto o habitaciones ocultas?

The controls

Los controles

Do you use a joystick or a mouse or special keys?	¿Utilizas un joystick (mando), un ratón o botones especiales?
You right click/left click the joystick/the mouse.	Pulsas el botón de la izquierda/de la derecha del mando/joystick o del ratón.
You shoot with the joystick.	Se dispara con el joystick.
Which keys do you use?	¿Qué botón se usa?
What do the different keys do?	¿Para qué sirven los diferentes botones?
These keys make you go up/down.	Estos botones son para ir hacia arriba/abajo.
These keys make you go right/left.	Estos botones son para ir a la derecha/izquierda.
What does the space bar do?	¿Para que sirve el espaciador?
The space bar makes you jump.	El espaciador te permite saltar.
Can you pause this game?	¿Puedes parar el juego?

You pause it like this.

Se detiene haciendo esto.

The volume

El volumen

How do you turn the volume up/down?

¿Cómo se sube/se baja el volumen?

You increase/decrease the volume like this.

El volumen se sube/se baja haciendo esto.

It's a bit loud.

Está un poco alto.

It's disturbing people.

Está molestando a la gente.

It's too quiet.

Está demasiado bajo.

I can't hear it properly.

No puedo oirlo bien.

Scoring

Marcando puntos/puntuando

Lives and bonus points

Las vidas y los bonos

How many lives do you have to start with?

¿Cuántas vidas te dan al principio?

I've just lost a life.

Acabo de perder una vida.

I've got three lives left.

Me quedan tres vidas.

How do you get bonuses?

¿Cómo se consiguen bonos?

You have to pick up these things to score extra.

Se tiene que recoger estas cosas para obtener puntuación extra.

Time limits

Los límites de tiempo

Is there a time limit?

¿Hay un tiempo límite?

No, there's no need to hurry.

No, no tienes que darte prisa.

Yes, the time limit is five minutes.

Sí, el tiempo límite es cinco minutos.

Level of difficulty

Los niveles de dificultad

Have you ever managed to finish this game?

¿Has acabado este juego alguna vez?

No, it's very difficult.

No, es muy difícil.

Yes, but it takes a lot of practice.

Sí, pero se necesita mucha práctica.

What level have you got to?

¿Hasta qué nivel has llegado?

I've gotten to the first/second/ third level.

Estoy en el nivel uno/dos/tres.

I've gotten to the last/next to the last level.

Estoy en el último nivel/cerca del último nivel.

Does it speed up at each level?

¿Aumenta la velocidad en cada nivel?

It gets much quicker at the next level.

En el siguiente nivel va más rápido.

You get a bonus life at each level.

Te dan una vida extra en cada nivel.

What's your score?

¿Cuál es tu marcador?

What's your total now?

¿Cuál es tu total?

What did you score last time?

¿Qué puntuaste la última vez?

What's the best you've ever scored?   ¿Cuál es tu record?

Useful verbs   *Verbos útiles*

to accelerate	acelerar
to attack	atacar
to avoid	evitar
to chase	perseguir
to click	pulsar
to climb	escalar/subir
to collect	recoger
to concentrate	concentrar
to decrease	disminuir
to defend	defender
to die	morir
to duck	esquivar/agachar la cabeza
to enter	entrar
to exit	salir
to fly	volar
to follow	seguir
to get a bonus	conseguir un bono
to hide	esconderse
to increase	aumentar
to insert	meter
to jump	saltar/dar un salto
to kill	matar
to leave	dejar
to live	vivir
to load	cargar
to lose	perder
to lose concentration	perder concentración
to pause	parar/detenerse
to press	presionar
to print	imprimir
to remember	recordar
to score	marcar/puntuar
to shoot	disparar
to slow down	reducir la velocidad/ir más despacio
to speed up	aumentar la velocidad/ir más rápido
to surprise	sorprenderse
to switch on/off	encender/apagar
to take	tomar

to throw	lanzar
to turn around	dar la vuelta
to type	marcar
to win	ganar

Direction words

Palabras para dar direcciones

in/on	en/sobre
over/under	sobre/debajo de
around/through	alrededor/a través
up/down	arriba/abajo
before/after	antes/después
left/right	a la izquierda/derecha
near/far away	cerca/lejos

Descriptive words

Palabras para describir

clumsy	torpe
complicated	complicado(a)
correct	correcto(a)
dangerous	peligroso(a)
difficult	difícil
easy	fácil
exposed	expuesto(a)
false	falso(a)
flashing	intermitente
hidden	escondido(a)
highest	el/la más alto(a)
long	largo(a)
lowest	el/la más bajo(a)
quick	rápido(a)
around	redondo(a)
safe	seguro(a)
secret	secreto(a)
short	corto(a)
skillful	habilidoso(a)
slow	lento(a)
tense	tenso(a)
vulnerable	vulnerable

7

Television and Video
La Televisión y el Vídeo

a television	una televisión
cable	cablevisión (*f*)/televisión (*f*) por cable
satellite TV	televisión (*f*) vía satélite
the remote control	el mando/el control remoto
to point	apuntar
a video player	un vídeo
a videocassette	un vídeocaset
a video game	un vídeo juego

Watching television

Viendo televisión

Would you like to watch TV?	¿Te gustaría ver la tele?
What's on television right now?	¿Qué pasan/muestran ahora?
Is there anything good on television?	¿Hay algo que vale la pena en la tele?
Do you receive English-language channels?	Reciben canales de emisión en inglés?
What's on the other channels?	¿Qué hay en los otros canales?
Shall we change channels?	¿Cambiamos?
We have this program in my country.	Tenemos este programa en mi país.
Do you like . . . ?	¿Te gusta . . . ?
Shall we stop watching television?	¿Apagamos la tele?
My family wants to watch something else now.	Mí familia quiere ver algo distinto ahora.
Shall we do something else instead?	¿Quieres que hagamos algo distinto?

The controls for TV and video

the antenna
a channel
a counter
counter reset
eject/to eject
fast forward/to fast forward
indicator light
to flash
on/off
pause/to pause
play/to play
to press a button
a program/to program
to record
to repeat
to reset
rewind/to rewind
search
slow
the speed
a switch
to flick a switch
the timer
to use the remote control
video
to insert
video in
video out

Los controles de la tele y vídeo

la antena
un canal
un contador
contador visual
sacar
echar hacia delante/pasar
indicador
lucir
on/off
pausa/parar
play/enchufar (dar marcha)
pulsar un botón
una programa/programar
grabar
repetir
programar/reset
rebobinado/rebobinar
buscar
lento
el rápido
un enchufe
enchufar
el contador
usar el control remoto
vídeo (*m*)
meter
vídeo dentro
vídeo fuera

Useful expressions

How do you turn it on/off?
You turn it on/off here.
the volume control
It's a bit too loud.
How do you turn it up/down?
I can't hear it properly.

Expresiones útiles

¿Cómo se enciende/apaga?
Se enciende/apaga aquí.
el botón para el volumen
Está un poco alto.
¿Cómo se sube/baja de volumen?
No lo puedo oír bien.

Different types of TV programs

an advertisement
a cartoon

Diferentes tipos de teleprogramas

un anuncio/un comercial
los dibujos animados

a discussion program	un programa de debate
a documentary	un documental
a drama	un drama
an education program	un programa educativo
a film	una película
an infomercial	un infomercial
a party political broadcast	una transmisión de un partido político
a quiz	un concurso
a report	un reportaje
a situation comedy	una comedia
a sports program	un programa de deportes
a talk show	un show de debate/de charla/ de coloquio
a thriller	un thriller/una película de miedo
a variety show	un show de variedades

Soap operas

Las telenovelas

Which soaps do you have in your country?	¿Qué telenovelas tienes en tu país?
We watch this at home.	Vemos ésta en casa.
We are further behind/ahead of you.	Nosotros no hemos llegado aquí/llegamos aquí hace tiempo.

The news

Las noticias

the news headlines	los titulares
I'd like to watch the headlines, please.	Me gustaría ver los titulares.
Did you see the news?	¿Viste las noticias?
What was on the news?	¿Qué dijeron en las noticias?
Was there any news about . . . ?	¿Dijeron algo sobre . . . ?
I didn't hear the news today.	No he visto las noticias hoy.
The news was boring/depressing/ appalling.	Las noticias eran aburridas/ deprimentes/malísimas.
What has happened?	¿Qué ha pasado?
Was there anything interesting on the news?	¿Dijeron algo interesante en las noticias?

The weather forecast

El tiempo

Did you hear the weather forecast?	¿Qué hay del tiempo?

It's going to be . . .

Va a . . .

breezy	haber brisas
cloudy	estar nublado

cold	hacer frío
freezing	escarchar
hot	hacer calor
icy	granizar
five below zero	estar a menos cinco grados
rainy	llover
showery	haber lloviznas
snowy	nevar
sunny	hacer sol
thundery	haber tormentas
windy	hacer viento
an earthquake	un terremoto
a hurricane	un huracán
a tremor	un remblor

When?   *¿Cuándo?*

later	más tarde
this morning	esta mañana
this afternoon	esta tarde
this evening	esta noche
tonight	esta noche
overnight	por la noche
tomorrow	mañana
the day after	el día después/mañana
next week	la próxima semana
soon	pronto

Video

El vídeo

Playing a video

Pasando el vídeo

How do you insert the video?   ¿Cómo se mete el vídeo?
The video needs rewinding.   El vídeo no está rebobinado.
How do you rewind it ?   ¿Cómo se rebobina?
How do you fast forward it?   ¿Cómo se pasa rápidamente?
Can you pause it for a moment,   ¿Puedes pararlo por un momento,
   please?   por favor?
How do you pause/eject it?   ¿Cómo se para/saca?

Recording on videos   *Grabando con vídeos*

How do you record something?   ¿Cómo se graba?
Is it recording properly?   ¿Se está grabando bien?

Are you sure you are recording the right program?	¿Estás seguro que estás grabando el programa que quieres?
Can you program the VCR to record while we are out?	¿Puedes programar el vídeo para grabar cuando estemos fuera?
Shall we record it and watch it some other time?	¿Por qué no lo grabamos y vemos en otro momento?
Would you like to watch that program we recorded?	¿Quieres ver el programa que grabamos?
How does the remote control work?	¿Cómo se usa el control remoto?
The tape has come to an end.	La cinta se ha acabado.
Do you have another tape?	¿Tienes otra cinta?

The video rental store

Useful expressions

La tienda de alquiler de cintas de vídeo

Expresiones útiles

Shall we go and take a video out?	¿Vamos y alquilamos un vídeo?
Do you have your card?	¿Tienes tu tarjeta?
You have to show your card.	¿Tienes que enseñar la tarjeta?
Can you take any video out on your card?	¿Puedes sacar vídeos con tu tarjeta?
Are there some movies you can't take out on your card?	¿Hay películas que no puedas sacar con tu tarjeta?
How much does it cost to rent this video?	¿Cuánto cuesta alquilar un vídeo?
When does it have to be back by?	¿Cuándo tiene que estar de vuelta?
How many videos can we take out?	¿Cuántos vídeos podemos sacar?
What do you want to watch?	¿Qué quieres ver?
I'd like to see this one.	Me gustaría ver éste.
Is this one good?	¿Está éste bien?
Is it very frightening?	¿Da mucho miedo?
Where is the comedy/cartoon section?	¿Dónde está la sección de comedias/películas de dibujos (animados)?
Where is the thriller/horror/drama section?	¿Dónde está la sección de películas de suspenso (miedo)/películas de horror/dramas?
Where are the new releases?	¿Dónde están las nuevas adquisiciones?
Is it out on video yet?	Ha salida ya en vídeo?
When is it going to be out on video?	¿Cuándo van a tener el vídeo?
I've got that one on video at home.	Tengo ésta en vídeo en casa.

8
Music
La Música

Listening to music
Tuning the radio
a radio
to tune
How do you tune the radio?

Can you find me the local
   radio station?
Which is the best pop music
   program?
What frequency do you tune it to?

AM/FM radio
the tuner
to tune in
to be out of tune
to retune
to crackle
the band
the frequency

Stereo system
A compact disc (CD) player
a compact disc (CD)

A tape deck
a cassette tape
to record on
to record over

Escuchando música
Encendiendo la radio
una radio/un aparato de radio
conectar/entonar
¿Cómo conecto la radio?/¿Cómo
   busco las emisoras?
¿Puedes encontrar la radio local?

¿Cuál es el mejor programa de
   música pop?
¿Qué honda es para encontrarlo?

AM/FM radio
el sincronizador
sincronizar
no estar bien sincronizado
volver a sincronizar
hacer ruido
la banda
la frecuencia de honda

Sistema de alta fidelidad
Un tocador de discos compatos (DCs)
un disco compacto

Una cinta cubierta
una cinta de caset
grabar
grabar encima

to erase	limpiar
to rewind	rebobinar
to fast forward	pasar hacia delante
to pause	parar

A record turntable   *Un tocadiscos*

a record/a single	un disco/un single
a short-playing record	un disco de cuarenta y cinco revoluciones
a long-playing record (an LP)	un LP ("el pi")/un disco de larga duración
a track	una banda sonora
a stylus	una aguja/un estilo
a scratch	un arañazo
an old 78	un disco de setenta y ocho revoluciones

Sound reproduction   *La reproducción del sonido*

the amplifier	un amplificador
the speakers	los altavoces
the headphones	los auriculares
the sound quality	la cualidad del sonido
to adjust	ajustar
the volume	el volumen
the bass/the treble	los graves/los agudos
the balance	el equilibrador
poor	pobre
good	bueno
excellent	excelente
stereophonic	estereofónico
quadrophonic	cuadrofónico

Useful verbs and commands   *Verbos y acciones útiles*

to adjust the controls	ajustar los controles
to decrease	bajar
to erase	limpiar
to fast forward	pasar hacia delante
to increase	aumentar
to listen	escuchar
to pause	hacer una pausa
to program	programar
to record	grabar
to record on	grabar en

to record over	grabar sobre
to repeat	repetir
to replay	pasar de nuevo
to retune	volver a sincronizar
to rewind	rebobinar
to skip a track	pasar una banda sonora
to switch off	apagar/desenchufar
to tune in	sincronizar
to turn down	bajar el volumen
to turn on	enchufar
to turn up	subir el volumen

Listening to music

Escuchando música

Would you like to listen to some music?	¿Quieres escuchar música?
Shall we go and listen in my room?	¿Quieres que escuchemos música en mi habitación?
What sort of music do you like?	¿Qué tipo de música te gusta?
What would you like to listen to?	¿Qué quieres escuchar?
What's your favorite group?	¿Qué es tu grupo favorito?
Who's your favorite singer?	¿Cuál es tu cantante favorito?
What's number one in your country at the moment?	¿Cuál es el número uno en tu país ahora?
Did this stereo system cost a lot?	¿Te costó mucho el estéreo?
It's a very good recording.	Es una copia muy buena.
The quality of this recording isn't all that good.	La calidad de ésta grabación no es tan buena.
It was recorded live.	Se grabó en vivo.
Is this group popular in your country?	¿Es éste un grupo popular en tu país?
I've never heard of them before.	Nunca he escuchado su música antes.
to play in a band/group	tocar en una banda/un grupo
to sing lead vocals	ser la primera vocalista
to play keyboard	tocar el teclado

I like . . .

Me gusta . . .

classical	la música clásica
country music	la música country
folk	la música folk/folklórica
indie	el indi
jazz	el jazz
New Age	la música New Age
pop	pop (*m*)

rap	el rap
reggae	el reggae
soul	la música soul

Music lessons and practice

Lecciones de música y prácticas

Music lessons

Lecciones de música

a music teacher	un profesor de música
a piano lesson	una lección de piano
How long have you taken piano lessons?	¿Cuánto tiempo has estado yendo a lecciones de piano?
I am only a beginner.	Soy sólo un principiante.
I've been learning for three years.	He estado yendo tres años.

The piano

El piano

an upright piano	un piano vertical/recto
a grand piano	un piano de cola
Would it be OK if I played your piano?	¿Te importa si toco tu piano?
Am I disturbing anyone?	¿Estoy molestando a álguien?
to put on the practice pedal	presionar el pedal de práctica
the loud pedal	el pedal fuerte
the soft pedal	la sordina
the piano stool	el taburete de piano
Is the stool the right height?	¿Está el taburete a tu altura?
How do you make it a little higher/lower?	¿Cómo lo subo un poco/cómo lo bajo un poco?
to raise	subir
to lower	bajar
to adjust	ajustar
a metronome	un metrónomo

The violin

El violín

a violin case	una funda del violín
a bow	un arco
a string	una cuerda
to tune the violin	afinar el violín
It sounds a little out of tune.	Suena desafinado.
Can you help me to tune it properly?	¿Puedes ayudarme a afinarlo bien?
to break a string	romper una cuerda
a music stand	un trípode
a music case	una partitura

Other instruments

accordian	el acordeón
bassoon	el fagot
castanets	las castañuelas
cello	el ciolonchelo
clarinet	el clarinete
classical guitar	la guitarra clásica
double bass	el contrabajo
flute	la flauta
harp	el arpa
marimba	la marimba
oboe	el oboe
organ	el órgan
recorder	la flauta dulce
saxophone	el saxofón
trombone	el trombón
trumpet	la trompeta
tuba	la tuba
viola	la violeta

Music practice

Las prácticas

to practice	practicar
to practice the piano	practicar el piano
to practice one's pieces	practicar piezas
to practice one's scales	practicar las escalas
Do you mind if I do my piano practice now?	¿Te importa sí practico/toco piano ahora?
I haven't done enough practice.	No lo he tocado mucho.

Examinations

Los exámenes

Do you take music exams?	¿Tienes exámenes de música?
What grade are you up to now?	¿Qué curso estás haciendo ahora?
Which grade are you taking next?	¿Qué curso haces el próximo año?
I failed my last exam.	No pasé mi último examen.
I got a pass/merit/distinction.	Saqué aprobado/saqué nota/saqué MH. Con distinción.

Playing music

Tocando música

I play in a group.	Toco en un grupo.
I'm the lead singer/guitarist/ drummer.	Soy el cantante/el guitarrista/ el batería.

We formed a group a year ago.	Formamos un grupo el año pasado.
the guitar	la guitarra
the bass guitar	el contrabajo
the drums	la batería
the keyboards	los teclados
to play on the street	tocar música como músico ambulante
to join an orchestra	entrar a una orquesta
to audition	dar audición

9
Reading
Leyendo

Books

to read
Do you mind if I read for a while?
I am in the middle of a really good book at the moment.
Do you feel like reading for a while?
Would you like to see what books I have?
What is this book like?
This book is excellent.
Where are you up to?
What has just happened?
My sister/brother has some books you might like to read.
I love reading.
I like to read in bed before I go to sleep.
I don't read much.
She is a real bookworm.
to use a bookmark

Types of books

a hardback

a paperback
a bestseller
a prizewinner

Los libros

leer
¿Te importa si leo un ratito?
Estoy en el medio de un libro muy interesante en este momento.
¿Quieres leer un ratito?
¿Te gustaría echar un vistazo a los libros que tengo?
¿Qué tal está este libro?
Este libro está fenomenal.
¿Por dónde vas?
¿Qué ha pasado?
Mi hermana(o) tiene libros que a lo mejor te gustan.
Me encanta leer.
Me gusta leer en la cama antes de dormirme.
No leo mucho.
Ella devora libros.
Usar una señal/un separador

Tipos de libros

un libro de pastas duras/una publicación de lujo
una publicación normal
un best seller
un libro ganador de un premio literario

a novel	una novela
a book of poetry	un libro de poesía
a play	una obra de teatro

Fiction   *La ficción*

a thriller	la novela detectivesca o de suspenso
a romance	una novela romántica
a mystery	una novela de misterio
science fiction	una novela de ciencia-ficción
a horror story	una novela de miedo/horror
a series	una serie de novelas
a sequel	una continuación

Nonfiction   *La literatura no novelesca*

biography	biografía
autobiography	autobiografía
essays	ensayos (*m*)
historical novels	novelas histórica

Reference books   *Los libros de referencia*

a dictionary	un diccionario
to look a word up	buscar una palabra
alphabetical order	orden alfabético
an atlas	un atlas
an encyclopedia	una enciclopedia

Children's books   *Los libros para niños*

a fairy tale	un cuento de hadas
a picture book	un libro illustrado/de imágines
a cartoon	un libro de dibujos

The writers of books   *Los escritores de libros*

an author	un autor(a)
a biographer	un biógrafo(a)
a poet	un poeta
a playwright	un dramaturgo(a)

Describing books   *Describiendo libros*

The plot is . . .	El argumento es sobre . . .
This book is about . . .	El libro es sobre . . .
The characterization is . . .	Los personajes son . . .
The language/setting is . . .	El lenguaje/el ambiente/la escena es . . .
boring	aburrido(a)

clever	inteligente
concise	conciso(a)
contrived	artificioso(a)/afectado(a)
different	diferente
difficult	difícil
easy to read	fácil de leer
exciting	emocionante
fast	rápido(a)
funny	divertido/gracioso(a)
gripping	apasionante
hysterical	histérico(a)
long-winded	entramado(a)
poetic	poético(a)
predictable	previsible
pretentious	pretencioso(a)
romantic	romántico(a)
sad	triste
sarcastic	sarcástico(a)
slow	lento(a)
surprising	sorprendente
tense	tenso(a)
typical	típico(a)
unexpected	inesperado(a)
untypical/atypical	atípico(a)
unusual	inusitado(a)

Lending and borrowing books

Prestar y pedir libros prestados

to lend	prestar
to borrow	pedir prestado
This book is a good one.	Este libro es bastante bueno.
I can lend it to you if you like.	Te lo puedo prestar si quieres.
Would you like to borrow a book?	¿Te gustaría pedir un libro prestado?
Don't forget to return it, will you?	No olvides devolverlo, ¿de acuerdo?
I'll write my name in it.	Voy a escribir mi nombre en él.
You can take it back home with you if you want and send it back to me.	Te lo puedes llevar a casa si quieres y mandarlo por correo de vuelta.

The library

La biblioteca

a public library	una biblioteca pública
the librarian	el bibliotecario

a library card	un pase de biblioteca
to take out a book	sacar un libro
Would you like to take out a book on my card?	¿Quieres sacar un libro con mi pase?
How many books may I borrow at once?	¿Cuántos libros puedo sacar al mismo tiempo?
It has to be back by November 3.	Tienes que devolverlo el 3 de Noviembre.
My library books are due back today.	Tengo que devolver los libros a la biblioteca hoy.
My books are overdue.	El plazo de préstamo de mi libro se ha pasado.
How much is the fine?	¿Cuánto es la multa?
Can you also borrow movies?	¿Se pueden sacar películas cintas en préstamo?

Buying books   *Comprando libros*

a bookstore	una librería
a used book store	una librería de segunda mano
a bookstall	un quiosco/puesto de libros
a newsstand	un puesto de periódicos
Where can I buy English books and newspapers?	¿Dónde puedo comprar libros y periódicos en inglés?
I have a book discount coupon.	Tengo un cupón de descuento para libros.
Can I use this coupon here?	¿Puedo utilizar el cupón de descuento aquí?
May I pay (partly) with this book coupon, please?	¿Puedo pagar la diferencia con este cupón de descuento, por favor?
How much extra do I owe?	¿Cuánto más debo?

Newspapers   *Los periódicos*

Types of newspapers   *Tipos de periódicos*

a daily newspaper	un diario
a weekly newspaper	un periódico semanal
a national newspaper	un periódico nacional
a local newspaper	un periódico local
the gossip columns	una columna de chismes
the tabloid press	la prensa sensacionalista/la prensa amarilla

Sections of a newspaper

the headlines
a leading article
a report
a letter
the sports pages
the fashion pages
the weather forecast
births, marriages, and deaths
a crossword puzzle
the horoscope *(See pages 104–105.)*

Producers of newspapers

the editor
the assistant editor
the journalists
the reporters
the foreign correspondent
a freelance journalist
the photographer
the press
the paparazzi

Magazines

Types of magazines

a glossy magazine
a monthly
a weekly
an expensive magazine
a fashion magazine
a music magazine
a special interest magazine
children's magazines
comics

Horoscopes
The signs of the zodiac

Aries (the ram)
Taurus (the bull)
Gemini (the twins)
Cancer (the crab)

Las secciones de los periódicos

los titulares
el artículo principal
un reportaje
una carta
las páginas deportivas
las páginas sobre moda
el tiempo
nacimientos, bodas, y defunciones
un crucigrama
el horóscopo

Los productores del periódico

el editor
el sub-editor
los/las periodistas
los reporteros
el corresponsal en el extranjero
el periodista independiente
el fotógrafo
la prensa
el paparazzi

Las revistas

Tipos de revistas

una revista elegante
una revista mensual
una revista semanal
una revista cara
una revista de moda
una revista de música
una revista especializada
las revistas para niños
las tiras cómicas

Signos zodiacales/los horóscopos
Los signos del zodíaco

Aries (el venado)
Tauro (el toro)
Géminis (los gemelos)
Cáncer (el cangrejo)

Leo (the lion)	Leo (el león)
Virgo (the virgin)	Virgo (la virgen)
Libra (the balance)	Libra (la balanza)
Scorpio (the scorpion)	Escorpio (el escorpión)
Sagittarius (the archer)	Sagitario (el centauro con el arco)
Capricorn (the goat)	Capricornio (la cabra)
Aquarius (the water bearer)	Acuario (los acuáticos)
Pisces (the fishes)	Piscis (los peces)

The heavenly bodies   *Los astros del cielo*

the sun	el sol
the moon	la luna
the planets	los planetas
Mercury	Mercurio (*m*)
Venus	Venus (*m*)
Mars	Marte (*m*)
Jupiter	Júpiter (*m*)
Saturn	Saturno (*m*)

Useful expressions   *Expresiones útiles*

What does your horoscope say?	¿Qué dice tu horóscopo?
My horoscope sounds interesting.	Mi horóscopo suena bien.
My horoscope sounds terrible.	Mi horóscopo es malo.
Listen to what my horoscope says.	Escucha lo que mi horóscopo dice.
Read me my horoscope.	Léame mi horóscopo.
What sign are you?	¿Qué signo eres?
I am a Gemini.	Soy Géminis.
I was born under the star sign of Aries.	Nací bajo el signo de Aries.
What time of day were you born?	¿A qué hora naciste?
Where were you born?	¿Dónde naciste?
in conjunction with . . .	en conjunción con . . .
under the influence of . . .	bajo la influencia de . . .
on the cusp	entre medias de/entre signos (del horóscopo)
the position	la posición
the house	la casa
Do you believe in horoscopes?	¿Crees en los horóscopos?
I think they're nonsense.	No creo nada.
I think they are very accurate.	Creo que son muy buenas.
Let me guess what star sign you are.	Déjame que adivine tu horóscopo.
Are you a Capricorn?	¿Eres Capricornio?

10
Food
Comida

Meals, courses, and snacks	*Comida, platos, y aperitivos*
early morning coffee	el café por la mañana temprano
breakfast	el desayuno
lunch	la comida
afternoon tea	la merienda
dinner	la cena
supper	la cena
a snack	un refrigerio/un bocadillo
the first course/the appetizer	el primer plato/los entremeses/ la entrada
the fish course	el plato de pescado
the main course/the entrée	el plato principal/el segundo plato/ el plato fuerte
the dessert	el postre
cheese and crackers	queso (*m*) y galletas (*f*)
coffee and mints	café (*m*) y mentas (*f*)
cookies and milk	galletas (*f*) y leche (*f*)

Seating arrangements

Sentándose

Would you like to sit here?	¿Quieres sentarte aquí?
Sit next to me.	Siéntate junto a mí.
Sit opposite me.	Siéntate en frente de mí.
Sit anywhere.	Siéntate en cualquier sitio.

Food preferences
Likes

Comidas favoritas
Gustos

I thought that was . . .	Me parece que fue . . .
magnificent/delicious/really good	magnífico/delicioso/muy bueno

How did you make it?	¿Cómo lo hiciste?
Would you give me the recipe?	¿Quieres darme la receta?
Is it difficult to cook?	¿Es difícil de hacer?
Shall we cook a meal for you tomorrow?	¿Qué tal si cocinamos para tí mañana?
I love cooking.	Me encanta cocinar.
Would you like some more?	¿Quieres más?
Would you like a second helping?	¿Quieres repetir?
Only if no one else wants it.	Sólo si nadie va a comer más.

Dislikes   *Cosas que no gustan*

Is there anything you don't like eating?	¿Hay algo que no te guste?
Just say if you don't like it.	Si no te gusta dilo.
I am just not very hungry.	No tengo mucha hambre.
I'm afraid I don't eat . . .	Lo siento pero no como . . .
I'm sorry but . . . disagrees with me.	Lo siento pero . . . no me va bien.
I can get you something else.	Puede darte algo distinto.
What do you feel like eating?	¿Qué te apetece comer?
Have you any . . . ?	¿Tienes . . . ?

Experimenting with food   *Probando comida*

This is typically American/ Mexican/Spanish.	(Esto) es típico de los Estados Unidos/México/España.
Have you ever tried this before?	¿Lo has probado antes?
Can I try just a little bit, please?	¿Puedo probar un poquito solamente, por favor?
What do you think of it?	¿Qué te parece?
How do you cook this?	¿Cómo se hace/cocina?
How do you prepare this?	¿Cómo se prepara?

Eating   *Comiendo*

to eat	comer
to drink	beber
to bite	morder
to chew	masticar
to taste	probar
to swallow	tragar
to digest	digerir
to choke	atragantarse
to burn your mouth	quemarse (uno) la boca

Different diets

I am vegetarian.
I am a vegan.
I am diabetic.
I like junk food.
I am allergic to . . .
I am trying to lose weight.
I am trying to gain weight.
I am trying to count my calories.

How many calories does this have?
I don't eat starch with protein.

I prefer my vegetables raw.
I am on a low fat diet.

I can't eat fried food.

Distintas dietas

Soy vegetariano(a).
Soy vegetariano(a) estricto(a).
Soy diabético(a).
Me gusta la comida rápida.
Soy alérgico(a) a . . .
Estoy intentando perder peso/kilos.
Estoy intentando poner peso/kilos.
Estoy intentando prestar atención al
  consumo de calorías.

¿Cuántas calorías tiene esto?
No mezclo productos feculentos con
  proteínas.
Prefiero la verdura sin cocinar.
Estoy a dieta/tengo una dieta baja
  en grasas.
No puedo comer fritos.

Typical food
Typical Mexican food

Tortillas are pressed unleavened
  corn meal pancakes. In the
  northern parts of Mexico, wheat
  flour is often used instead of
  corn flour.
Tacos are tortillas that are rolled or
  folded to hold a variety of fillings
  (meat, chicken, vegetables) and can
  be served "soft" or "hard" (fried).

Tostadas are fried tortillas served flat
  and covered with refried beans
  and any one of a number of
  meats and vegetables.
Enchiladas verdes are fried chicken-
  filled tortillas with green
  tomato sauce.

Comida típica
Comida típica mexicana

Las tortillas son un tipo de panqueque
  sin levadura y prensado hechas de
  harina de maíz. En la parte norte de
  México, la harina de trigo se usa a
  menudo en vez de harina de maíz.

Los tacos son tortillas que se enrollan
  o doblan para contener una
  variedad de rellenos (carne, pollo,
  verduras) y pueden servirse "suaves"
  o "duros" (fritos).

Los tostados son tortillas fritas
  servidas lisas y cubiertas con
  frijoles refritos y muchos tipos de
  carnes y verduras.
Las enchiladas verdes son tortillas
  fritas rellenas con pollo y salsa de
  tomate verde.

Quesadillas are freshly made tortillas filled with meat and sauce, beans, cheese, and vegetables that are folded like a turnover.	Las quesadillas son tortillas frescas rellenas con carne y salsa, frijoles, queso, y verduras. Se doblan las quesadillas como una empanada.
Beef burritos are wheat flour (harina) tortillas that are filled with shredded cooked beef, refried beans, shredded lettuce, tomatoes, and shredded cheese.	Los burritos de carne de res son tortillas de harina de trigo rellenas con carne de res en tiritas, frijoles refritos, lechuga en tiritas, tomates, y queso rallado.
Tamales are a meat mixture with dough covering that is steamed in cornhusks.	Los tamales son una mezcla de carne que se cubre con una masa y luego se hierven en hojas de maíz.
Ceviche is raw sliced fish marinated in lime or lemon juice and served with onions and often spicy peppers.	El ceviche consiste de pescado crudo y rebanado que se ha marinado (adobado) en jugo de lima o limón. Se sirve con cebolla y a menudo con chiles muy calientes.
Mole poblano (traditional) is a turkey cooked in a chili sauce that includes chocolate, cinnamon, cloves, raisins, almonds, and sesame seeds. Prepared for special occasions.	El mole poblano (tradicional) es un pavo que se ha cocinado en una salsa de chiles que incluye chocolate, canela, clavos, pasas, almendras, y sésamo de ajonjolí. Se prepara para ocasiones especiales.
Huevos rancheros are fried eggs that are cooked with various combinations of red chili sauce and onions and, sometimes, sausage.	Los huevos rancheros son huevos revueltos que se fríen con varias combinaciones de salsa roja de chiles y cebollas y, a veces, salchicha.
Caldo de pollo is a chicken and vegetable soup. *Tortilla soup* is a variation on this with small pieces of tortilla and usually chunks of avocado added.	El caldo de pollo es una sopa de pollo y verduras. La sopa de tortilla es una variación de esta sopa con pequeños trozos de tortilla y generalmente pedazos de aguacate.

Typical Spanish food

Comida típica española

blood sausage	morcillas (*f*) de burgos
spiced sausage	chorizo (*m*)
cured ham	jamón (*m*) serrano
Spanish omelette—ingredients: potatoes, onions, eggs, olive oil, and salt.	Tortilla Española—ingredientes: papas, cebolla, huevos, aceite de oliva, y sal.

Paella—a seafood dish; ingredients: rice, chicken, pork, mussels, clams, mixed herbs, and saffron.

Manchego's broth—ingredients: pumpkin, onion, green peppers, tomatoes, white pepper, white wine, olive oil, and salt.

Asturian casserole—ingredients: white beans, spiced sausage, blood sausage, potatoes, pork, and turnip.

Andalusian soup—ingredients: day-old bread, tomatoes, green peppers, onions, boiled eggs, olive oil, and salt.

Paella—ingredientes: arroz, pollo, cerdo, calamares, almejas, especias, y azafrán.

Pisto Manchego—ingredientes: calabacines, cebolla, pimientos verdes, tomates, pimienta blanca, vino blanco, aceite, y sal.

Fabada Asturiana—ingredientes: alubias/habas blancas, chorizo, morcilla, papas, carne de cerdo, y nabo.

Gazpacho Andaluz—ingredientes: pan del día anterior, tomate, pimiento verde, cebolla, huevos duros, aceite, y sal.

Cooking
Cookbooks

a recipe	una receta
to follow	seguir
to look up	mirar a
instructions	las instrucciones
method	el método
ingredients	los ingredientes
cooking time	el tiempo de cocción/la preparación
serves three to four people	se sirve para tres o cuatro personas
an illustration	una foto/una ilustración

Cookery terms

Cocinando
Los libros de cocina

Términos culinarios

to add	añadir
to arrange	arreglar/alinear
to bake	cocer al horno
to blend	triturar
to boil	hervir
to broil	asar a la parrilla
to casserole	hacer a la cacerola
to chop	cortar en trozos
to combine	combinar
to cool	dejar enfriar
to cover	cubrir
to crimp	rizar/mover

to cut into cubes	cortar en cuadrados/cubos
to divide	dividir
to drain	escurrir
to flip over	dar la vuelta
to fold	doblar
to fold in	meter
to fry	freír
to garnish	guarnecer
to grate	rayar
to grill	hacer en el gril/asar a la parrilla
to grind	moler
to heat up	calentar
to incorporate	poner
to knead	amasar
to liquify	hacer puré
to mash	hacer masa/amasar
to measure	medir
to melt	derretir
to mince	triturar
to peel	pelar
to pour	echar
to press	presionar
to rise	subir
to roast	asar/hornear
to roll out	enrollar
to season	condimentar
to sift	tamizar
to simmer	hervir a baja temperatura
to skewer	ensartar (en un pincho)
to slice	cortar en rodajas
to sprinkle	echar una pizca de
to steam/to stir	hacer al vapor/mover/revolver
to strain	escurrir
to taste	probar
to test	probar
to time	tomar el tiempo
to toss	sacudir, agitar
to turn down	poner boca abajo
to turn out	sacar
to turn up	poner boca arriba
to whisk	batir

Cooking measures

a teaspoon
a quarter/half a teaspoon
three quarters of a teaspoon
a dessert spoon
a tablespoon
a cup/half a cup
a pinch of

Cooking ingredients

Dairy products
Milk

whole milk
semi-skim/skim milk
pasteurized milk/powdered milk
a milk bottle/a carton
a milk jug/to pour
a drink of milk
a glass of milk

Cream

cream
heavy cream
clotted cream
whipped cream
sour cream
a jug of cream
to whisk/whip

Butter, margarine

salted/unsalted butter
margarine
soft/hard
suet/lard/dripping
a butter dish
a butter knife
to spread
to butter

Yogurt

set yogurt

Las medidas de cocinar

una cucharadita
un cuarto/media cucharadita
tres cuartos de una cuchara pequeña
una cucharada de postre
una cucharada
una taza/media taza
una pizca de

Los ingredientes para cocinar

Los productos lácteos
La leche

leche sin desnatar
semi desnatada/desnatada
leche pasteurizada/leche en polvo
una botella/un cartón de leche
una jarra de leche/echar/verter
un vaso de leche
una bebida de leche

La crema

crema
crema doble
nata (*f*) cuajada
crema batida
crema/nata agria
una jarra de crema
batir

La mantequilla, la margarina

mantequilla salada/sín sal
margarina
blanda/dura
el sebo/la manteca de cerdo/la grasa
un plato para la mantequilla
un cuchillo para la mantequilla
extender
poner mantequilla/enmantequillar

El yogur/yogurt

yogur(t) cuajado

natural yogurt   yogur(t) natural
low-fat yogurt   yogur(t) bajo en calorías
fruit yogurt   yogur(t) de frutas
a pot of yogurt   yogur(t) en tarro/bote

Cheese   *El queso*

hard/soft cheese   queso fuerte/blando
cream cheese   queso cremoso
cottage cheese   queso campero
goat's cheese   queso de cabra
Parmesan cheese   parmesano (*m*)
cheese biscuits   las galletas de queso
a cheese board   una tabla para cortar el queso
a cheese knife   un cuchillo para cortar queso
to cut   cortar/partir
a cheese grater   un rallador
to grate   rallar

Eggs   *Los huevos*

a hen's egg   un huevo de gallina
a quail's egg   un huevo de codorniz
brown/white   moreno/blanco
fresh/old   fresco/no fresco
large/medium/small   grande/mediano/pequeño
free range eggs   huevos de granja
battery eggs   huevos de batería
a dozen/half a dozen   una docena/media docena
an egg carton   una caja/cartón de huevos
the shell   la cáscara
to crack   cascar
to break   romper
the yolk   la yema
the white   la clara

Cooking eggs   *Huevos para cocinar*

a boiled egg   un huevo cocido
hard-boiled/soft-boiled   duro/poco hecho (pasado por agua)
cooked for four/five/six minutes   cuatro/cinco/seis minutos de cocción
an egg cup   una huevera
to take the top off the egg   cortar la parte de arriba del huevo
scrambled egg   huevos revueltos
poached egg   huevo escalfado

Preparing eggs

to separate the whites from the yolks
to whisk the whites
an electric beater
stiffly beaten
soft peaks

Bread

whole wheat/organic
brown/white
large/small
round/oblong loaf
unsliced/sliced
thick/medium/thin sliced
a bread box
a bread board
a bread knife
to cut
to slice
a slice
to make bread crumbs

Other types of bread and baked goods

a bagel
Ciabatta
coffee cake
French bread
pita bread
doughnuts
muffins
a roll

Meat

How do you like your meat cooked?
rare/medium rare
well done/crispy

Types of meat

beef
a steak
pork
bacon
smoked

Preparando huevos

separar la yema de la clara
batir las claras
una batidora eléctrica
batidas firmes
a punto de nieve

El pan

pan integral/orgánico
moreno/blanco
largo/pequeño
un pan redondo/un pan rectangular
entero/en rebanadas
rebanadas gordas/medianas/finas
una panera
una tabla de pan
un cuchillo para cortar pan
cortar
cortar en rebanadas
una rebanada
hacer migas de pan

Otros tipos de pan y repostería

un beguel/un pan rosquilla
una ciabatta
bizcocho/pastel de café
un pan francés
pan de pita
donuts/rosquillas
molletes
un pancito

La carne

¿Cómo quieres la carne?
cruda/un poco cruda
muy hecha/en su punto

Tipos de carne

el carne de vaca/de res
un filete
el cerdo
el tocino/la panceta
ahumado(a)

unsmoked	sin ahumar
ham	el jamón
Parma ham	el jamón de Parma
veal	la ternera
lamb	el cordero
offal	el menudo
liver	el hígado/la pana
kidney	el riñón
sweetbreads	las mollejas
sausages	las salchichas/los chorizos

Poultry and game   *Aves y aves de caza*

a chicken	un pollo
a duck	un pato
a goose	un ganso
a turkey	un pavo
venison	el carne de venado
a guinea fowl	una gallina de guinea
a pheasant	un faisán
a hare	una liebre
a rabbit	un conejo

Common fruits   *Las frutas corrientes*

apple	la manzana
apricot	el albaricoque/el damasco
banana	el plátano
grapefruit	el pomelo
grapes	las uvas
lemon	el limón
lime	la lima
mandarin orange	la mandarina
melon	el melón
orange	la naranja
peach	el melocotón/el durazno
pear	la pera
pineapple	la piña
plum	la ciruela
raspberry	la frambuesa
strawberry	la fresa

Preparing fruit   *Preparando fruta*

to peel	pelar
the peel	la peladura/la cáscara

the pith	la médula/la fibra
to quarter	partir en gajos
to remove the seeds	quitar las pepitas
to take out the pit	quitar el hueso

Vegetables and salad

Los vegetales y la ensalada

avocado	el aguacate
broad beans	las habas gruesas
eggplant	la berenjena
French beans	las lubias
green beans	las judías verdes
scarlet runners	las trepadoras
beets	la remolacha
broccoli	los brécoles/el brócoli
brussels sprouts	la coles de Bruselas
cabbage	el repollo
carrot	la zanahoria
cauliflower	la coliflor
celeriac	el apio-nabo
celery	el apio
cress	el berro
cucumber	el pepino
garlic	el ajo
leek	el puerro
lettuce	la lechuga
mushroom	el champiñón/la callampa
onion	la cebolla
spring onion	la cebolleta
parsnip	la chirivía/la pastinaca
peas	la guisantes/la arvejas
red pepper	el pimiento rojo/el pimentón
green pepper	el pimiento verde
potato	la papa
baked potato	la papa asada/papa al horno/ papa con la cáscara
boiled potato	la papa cocida
mashed potatoes	el puré de papas
roasted potatoes	las papas asadas
french fries	las papas fritas
rutabaga	el nabo sueco
spinach	la espinaca

sweetcorn	el maíztierno/el elote/el choclo
radish	el rábano
tomato	el tomate
turnip	el nabo
watercress	el berro
zucchini	el calabacín/el zapallito italiano

Sugar, honey, and jam

Azúcar, miel, y mermelada

white sugar	azúcar (f/m)
granulated sugar	azúcar granulada(o)
extra-fine sugar	azúcar extrafino/a
powdered sugar	azúcar glasé/flor/en polvo
lump sugar	terrón (m) de azúcar
to sweeten	endulzar
brown sugar	azúcar morena(o)/fina(o)
syrup	jarabe (m)
golden syrup	melaza dorada
black treacle	melaza negra
molasses	melaza (m)
honey	miel (f)
runny honey	miel fina
a honeycomb	una bandeja de miel/una tira de miel
jam	marmelada (f) dulce
orange marmalade	mermelada de naranja
ginger marmalade	mermelada de jengibre

Flour

La harina

plain flour	harina (f)
self-rising flour	harina de repostería
white flour	harina blanca
whole wheat flour	harina integral
buckwheat flour	alforfón (m)/harina de trigo sarraceno
corn flour	harina de maíz
baking powder	levadura (f) en polvo
bicarbonate of soda	bicarbonato (m) de soda
cream of tartar	crémor (m) tartárico
gelatin	gelatina (f)
yeast	levadura (f)

Preparing nuts

Preparando nueces

to crack the shell	romper/partir la cáscara
nutcrackers	el cascanueces

nut	nuez (*f*)
chopped nuts	nueces partidas
ground nuts	nueces molidas
salted/unsalted nuts	nueces saladas/sín sal
roasted nuts	nueces tostadas

Salt and pepper

Sal y pimienta

table salt	sal (*f*) de mesa
sea salt	sal de mar
crystal rock salt	cristales (*m*) de sal
celery salt	sal de apio
a salt mill	un molinillo de sal
to grind	moler
to season	sazonar
to sprinkle	echar/rociar
a pinch of salt	una pizca de sal
peppercorns	pimientas (*f*)
black/white/green	negras/blancas/verdes
a pepper mill	un molinillo de pimienta/pimentero
to grind	moler
to fill	llenar

Coffee, tea, and other drinks

Café, te, y otras bebidas

Coffee

El café

Do you like your coffee black or with cream?	¿Te gusta el café negro o con leche?
instant coffee	café instantáneo
decaffeinated coffee	café descafeinado
Colombian/Brazilian coffee	café colombiano/brasilero/brasileño
coffee beans	granos (*m*) de café
full/medium/light roast	bien/medio/ligeramente tostado
to grind	moler
a coffee grinder	un molinillo
fine/medium/coarse ground	fino/medio/granulado
espresso	espresso

Tea

El té

a teapot	una tetera
a warmed pot	una tetera templada

to let it brew	dejar que se haga
to pour	echar/verter
to strain	colar
tea bags	las bolsitas de té
tea leaves	las hojas de té
an infuser	un infusor
a tea strainer	un colador de té
Do you like your tea with milk and sugar?	¿Quieres el té con leche y azúcar?
Milk and no sugar, please.	Con leche y sin azúcar, por favor.
No milk and no sugar, please.	Sin nada, por favor.

Other drinks

Otras bebidas

tonic water	la tónica
soda water	la soda
ginger ale	la gaseosa de jengibre
lemonade	la limonada
cola	la cola
orangeade	la narangada
to dilute	diluir
water	el agua
strong/weak/average	fuerte/débil/medio(a)

Fruit juice

El zumo/el jugo de frutas

freshly squeezed	recién exprimido
orange	de naranja
grapefruit	de pomelo
pineapple	de piña
tomato	de tomate
vegetable	de vegetales
tropical juice	de frutas tropicales

Additions to drinks

Para poner con las bebidas

ice cubes	cubitos (*m*) de hielo
a slice of lemon	una rodaja de limón
a cherry	una cereza

Alcoholic drinks

Bebidas alcohólicas

beer	el cerveza
lager	cerveza rubia
bottled	en botella
draught	de barril
canned	en lata

cider	la sidra
sherry	el jerez
vermouth	el vermut/el vermú

Wine

El vino

a glass of	un vaso de
half a bottle of	media botella de
red	tinto
white	blanco
rosé	rosado
sparkling	espumoso
champagne	champán
sangria	sangría

Spirits/liquor

Las bebidas alcohólicas

bourbon	whisky americano
brandy	el brandy/brandi
a cocktail	un cóctel
gin	la ginebra
pulque	el pulque
rum	el ron
tequila	la tequila
whisky	el whisky/whiski
vodka	el vodka
a single	solo
a double	doble
with soda	con soda

Barbecues

Las barbacoas

Should we have a barbecue?	¿Hacemos una barbacoa?
Should we eat outside?	¿Por qué no comemos fuera?

Lighting the barbecue

Encendiendo la barbacoa

Do we have . . . ?	¿Tenemos . . .
aluminum foil	papel (*m*) de aluminio/Papel Reynols ®
charcoal	carbón (*m*)
lighter fluid	líquido (*m*) para encender
to squirt	lanzar/echar (un líquido)/ empapar/mojar
to pour over	echar
to soak	empapar
to light	encender

a match	una cerilla
to stand back	retirarse
to get going well	salir bien/prender bien
to go out	salir

Cooking on a barbecue

Cocinando en una barbacoa

to be ready to cook	estar listo(a) para cocinar
to barbecue	hacer en la barbacoa
to grill	hacer/asar en la parrilla
tongs	las tenazas/las tenacillas
skewers	el pincho/la broqueta/la brocheta
to turn over	dar vuelta

Food

La comida

sausages	las salchichas
bacon	el tocino/la panceta
steaks	les filetes
chops	las chuletas
kebabs	los kebabs
chicken breasts/wings/drumsticks	las pechugas/las alas/los muslos de pollo
spareribs	las costillas sueltas
marinade	el adobo
sauce	la salsa
to brush over	pintar con un pincel/esparcir
marshmallows	los malvaviscos
hot dogs	hot dogs/perros calientes

Common expressions for barbecues

Expresiones comunes para barbacoas

Is it ready yet?	¿Está listo(a) ya?
Are they ready yet?	¿Están listos(as) ya?
They won't be long now.	No les queda mucho.
Another few minutes.	Unos minutos más.
This isn't cooked properly.	Esto no está hecho del todo.
I'm afraid this is a little burnt.	Me temo que ésto se ha quemado un poco.

Restaurants

Restaurantes

Choosing a restaurant

Elegir un restaurante

| Where do you want to eat? | ¿Dónde quiere comer? |

I'd like to go somewhere with music.	Quisiera ir a algún lugar con música.
I'd prefer to go somewhere fairly quiet.	Preferiría ir a un lugar bastante tranquilo.
What type of cuisine does the restaurant serve?	¿Qué tipo de platos sirve el restaurante?
I'd like to try some typical regional cooking.	Quisiera probar unos platos típicos de la región.
Is it expensive/inexpensive?	¿Es caro/barato?
Is the food there very spicy?	¿Es muy sazonada/picante la comida?
Can we make a reservation?	¿Podemos hacer una reservación?
Can we bring our own bottle?	¿Podemos traer nuestra propia bebida alcohólica?

Paying / *Pagar*

Let me treat you.	Déjenme invitarlos.
Shall we go dutch?	¿Pagamos a medias/cada uno lo suyo?
How much should you tip?	¿Cuánto se debe dejar de propina?

Fast food / *La comida rápida*

a hamburger	una amburguesa de carne
a fish fillet	una amburguesa de pescado
a chicken fillet	un bocadillo de pollo
chicken in breadcrumbs	pollo con pan rallado
french fries	papas fritas
apple pie	un pastel de manzana
doughnuts	donuts

Variety of sauces / *Salsas variadas*

mustard sauce	salsa de mostaza
sweet-and-sour sauce	salsa agridulce
barbecue sauce	salsa de barbacoa
curry sauce	salsa de especias curry

Drinks / *Bebidas*

a milk shake	un batido de leche
vanilla	vainilla
strawberry	fresa
banana	plátano
chocolate	chocolate
an orange juice	un jugo/zumo de naranja
tea and coffee	un te y un café

11

Movies and the Theater
El Cine y el Teatro

The movies
Useful expressions

Would you like to go to the
    movies . . . ?
this afternoon
this evening
tomorrow
one day
while you are here
There's a very good movie
    playing now.
It starts at . . .
It ends at . . .
Is there a double feature?
Is there an intermission?
Who's in the movie?
The star of the movie is . . .
It's starring . . .
It's that man who was in . . .

Wasn't she in . . . ?
Who is the director?

Buying tickets and going in

Could we have two tickets, please?
Can you reserve seats?
Do you give a reduction to students?
We are . . . years old.

El cine
Expresiones útiles

¿Quieres ir al cine . . . ?

esta tarde
esta noche
mañana
uno de estos días
mientras que estés aquí
Hay una película muy buena en
    este momento.
Empieza a las . . .
Termina a las . . .
¿Hay un programa doble?
¿Hay intermedio?
¿Quiénes son los actores?
La estrella/el protagonista es . . .
. . . tiene el papel principal.
Es el hombre que hizo/que
    sale en . . .
¿No es ella la que hizo/sale en . . . ?
¿Quién es el director?

Comprando las entradas y
entrando al cine

¿Dos entradas, por favor?
¿Se pueden hacer reservas?
¿Hay descuentos para estudiantes?
Tenemos . . . años.

Would you like some popcorn?	¿Quieres palomitas de maíz?
Would you like an ice cream or a drink?	¿Quieres un helado o algo de beber?
Do you want to go to the restroom first?	¿Quieres ir a los servicios/el baño antes de que empiece?
Where are the restrooms?	¿Dónde están los servicios/los baños?
We'd better hurry—the movie's just starting.	Vamos a darnos prisa—la película acaba de empezar.
Where would you like to sit?	¿Dónde te gustaría sentarte?
Do you like to be near the front or not?	¿Te gustaría cerca de la pantalla?
Can you see OK?	¿Ves bien?
I can't see because of the person in front of me.	No puedo ver bien con la persona que tengo delante.
Can we try to sit somewhere else?	¿Podemos cambiar de sitio?/¿Te importa si cambiamos de sitio?

Following the plot

Siguiendo el argumento

Does it have subtitles?	¿Tienes subtítulos?
It has subtitles/It's dubbed.	Tiene subtítulos/Está doblada.
Can you understand what's going on?	¿Entiendes qué pasa?
I don't understand it.	No me entero de lo que pasa.
What just happened?	¿Qué paso?
What did he say?	¿Qué dijo?

The theater

El teatro

Booking seats

Reservando sitios/asientos

the booking office	la taquilla de reservas
to reserve seats	reservar sitios
Which performance?	¿Qué espectáculo?/¿Qué función?
the matinée	la matinée/por la mañana
the evening performance	la función de noche
Where do you want to sit?	¿Dónde quiere sentarse?
in the front seats	en las butacas de adelante
in the circle	en el anfiteatro
What seats are available?	¿Qué sitios hay disponibles?
How much are the seats?	¿Cuánto valen los sitios?

Buying a program

Comprando el programa

to buy a program	comprar el programa
to look at the program	mirar al programa

to see who is in the play	ver quién está en la obra/quién actúa
to study the plot	estudiar el argumento/leer el argumento
to read about the actors' backgrounds	leer sobre la carrera artística de los actores

Having something to eat or drink
Comiendo o bebiendo

the bar	el bar
the restaurant	el restaurante
to have a drink	tomar una copa
before the performance	antes de la representación
in the intermission	en el intermedio/intervalo
to reserve a table	reservar una mesa

The auditorium
El auditorio

an aisle	el pasillo
a box	un palco
the restroom	los servicios/el baño
a fire exit	la salida de emergencia
the acoustics	la acústica

The seating
Sentándose/acomodándose

to show your ticket	enseñar/mostrar la entrada
row A, B	fila A, B
an usher	un acomodador
to be shown to your seat	mostrar a alguien su sitio
the stalls	las butacas
the circle	el anfiteatro

Before the performance
Antes de la función

to read the program	leer el programa
to have a chocolate	comarse un chocolate/un dulce
to let someone pass	dejar pasar a alguien
to stand up	levantarse
to sit down	sentarse
to take your coat off	quitarse el abrigo
to get a good view	conseguir un buen lugar/una buena vista
to be able to see	poder ver
to use the opera glasses	usar prismáticos
to insert a coin	insertar una moneda
to borrow	pedir prestado

The stage

an ampitheater	un anfiteatro
a raised stage	un escenario elevado
the wings	los lados
the scenery	el decorado
a scene change	un cambio de escenario
the props	los accesorios
tò make an entrance	hacer una entrada/entrar en escena
to come on stage	entrar en escena
to exit/leave	salir

The lighting / *La iluminación*

spotlights	los reflectores
floodlights	los focos
colored	de colores
to dim	controlar la intensidad
to go down	bajar
to go off	apagarse
to come back on	volverse a encender
the lighting effects	los efectos luminotécnicos

The curtain / *El telón*

to open	abrir
to shut	cerrar
to raise	elevar
to fall	caer
a safety curtain	un telón de seguridad

The performers / *Los actores*

the cast	el reparto
the lead	el papel principal
the star	la estrella
the hero/the heroine	el héroe/la heroína
the villain	el malo/el villano
the actors/the actresses	los actores/las actrices
the understudy	el suplente

The writers / *Los escritores*

the playwright	el escritor
the composer	el compositor
the librettist	el adaptador de escena
the choreographer	el coreógrafo
the musical director	el director musical

The technical staff	*El personal técnico/los técnicos*
the stage manager	el director de escena/el jefe de escena
the technical director	el director técnico
the lighting technicians	los técnicos de iluminación

The play	*La obra*
a play by Shakespeare	una obra de Shakespeare
a play written by Zorrilla	una obra escrita por Zorrilla
a comedy	una comedía
a farce	una farsa
slapstick	una comedia/una bufonada
a tragedy	una tragedia
a history	una obra histórica
a thriller	una obra de suspenso
a whodunnit	una novela policíaca
a romance	un romance
a pantomime	una pantomima
the plot	el argumento/la trama

Rehearsals	*Los ensayos*
to rehearse	ensayar
to have a dress rehearsal	un ensayo general
a final rehearsal	un ensayo final

The set design	*El diseño escénico*
abstract	abstracto(a)
artistic	artístico(a)
realistic	realista
functional	funcional
eccentric	excéntrico(a)
unusual	inusual

The costume design	*El diseño del vestuario*
historical	histórico
period costume	el vestuario del periodo histórico
contemporary	contemporáneo
imaginative	imaginativo
masked	enmascarado
bold	llamativo/atrevido
extravagant	extravagante

The makeup	*El maquillaje*
to be made up	ser maquillado

to exaggerate	exagerar
to conceal	ocultar/disimular
to distort	cambiar
to emphasize	enfatizar/destacar
to remove	quitar
greasepaint	maquillaje

The special effects

Los efectos especiales

sound effects	los efectos de sonido
music	la música
thunder	el trueno
battle noises	los ruidos de batalla
lighting effects	los efectos luminotécnicos
smoke	el humo/la niebla

The parts of the play

Las partes de la obra

a scene/the first scene	una escena/la primera escena
the second/third scene	la segunda/tercera escena
a change of scene	un cambio de escena
an act	un acto
the last act	el último acto/el acto final
a speech	un discurso
a soliloquy	un soliloquio
an aside	aparte

The intermission

El intermedio/el intervalo

a brief intermission	un intermedio corto
a long intermission	un intermedio largo
to go to the bar	ir al bar
a long line	una fila larga/una cola larga
to go to the restroom	ir a los servicios/al baño
to ring the bell	tocar la campanilla
to return to your seat	volver a su sitio

The end of the play

El final de la obra

to applaud/clap	aplaudir
the applause	el aplauso
a standing ovation	una ovación de pie
to give a curtain call	dar una llamada a escena
to bow	hacer una reverencia
to curtsy	hacer una reverencia
to be given a bouquet of flowers	entregar/dar un ramo de flores

After the play

to go to the stage door
to try to get an autograph
a signature
to sign an autograph book

Discussing the performance

amateur
convincing
excellent
funny
hysterical
imaginative
impressive
ironic
moving
professional
psychological
realistic
sad
sensitive
spectacular
tense
terse
theatrical
tragic
true to life
unconvincing

Después de la obra

ir a la salida del escenario
intentar conseguir un autógrafo
una firma
firmar un libro/libreto de autógrafos

Charlando sobre la obra/discutiendo la obra

amateur
convincente
excelente
divertido(a)
graciosísimo(a)
imaginativo(a)
muy bueno(a)/impresionante
irónico(a)
emotivo(a)
profesional
psicológico(a)
realisto(a)
triste
sensible
espectacular
tenso(a)
lacónico(a)/sucinto(a)
teátrico(a)
trágico(a)
real
no convincente

Opera

Types of opera

an opera
an operetta
a comic opera
a rock opera
a musical comedy

La ópera

Tipos de ópera

una ópera
una opereta/operetta
una ópera bufa/una zarzuela
un musical
una comedia musical

Types of song

a solo
a duet

Tipos de canciones

un solo
un duo

a chorus	un coro
an aria	un aria
a recitative	un recitativo

The music   *La música*

the score	la partitura de música
the libretto	el libreto
the overture	la obertura

The singers   *Los cantantes/las voces*

soprano/contralto	la soprano/la contralto
alto/tenor	el alto/el tenor
falsetto	el falsete/de falsete
baritone	el barítono
bass	el bajo
a prima donna	una prima donna

Concerts   *Los conciertos*
The music   *La música*

a solo	un solo
a duet	un dúo
a trio/a quartet/a quintet	un trío/un cuarteto/un quinteto
a chamber orchestra	una orquesta de cámara
a string orchestra	una orquesta de cuerdas
a symphony orchestra	una orquesta sinfónica
a jazz band	una orquestina/banda de jazz
a mariachi band	una orquesta mariachi
a floor show	un espectáculo
a folk dance	una danza/baile folclórico
folkloric ensemble	conjunto folclórico
a pop concert	un concierto popular
traditional music	música tradicional

Singers and musicians   *Los cantantes y los músicos*

the soloist	el soloista
a singer	un/una cantante
the accompanist	el/la acompañante
the backing group	el grupo de apoyo
accordionist	el acordeonista
cellist	el violonchelista
clarinettist	el clarinetista
drummer	el bataría

flautist	el flautista
guitarist	el guitarrista
harpist	el arpista
oboe player	el oboe
orchestra leader	el primer violín
organist	el organista
percussionist	el percusionista
pianist	el pianista
saxophonist	el saxofonista
trumpeter	el trompetero, el/la trompestista
violinist	el violinista

The ballet / *El ballet*

a ballerina	una bailarina
a prima ballerina	la bailarina central/la primera bailarina
the corps de ballet	el ballet/el cuerpo de bailarines
the choreographer	el coreógrafo/la coreógrafa
the composer	el compositor

Getting ready to dance / *Preparándose para bailar*

to do exercises at the barre	hacer ejercicios de barra
to warm up	calentar
to limber	desentumecer
to stretch the muscles	estirar los músculos
to loosen the joints	relajar las articulaciones

The positions / *Las posiciones*

the position of . . .	la posición de . . .
the head	la cabeza
the arms	los brazos
the body	el cuerpo
the legs	las piernas
the feet	los pies
first position	posición primera
turned out	presentación (*f*)
in line	en línea
in the air	en el aire
pointed	de puntillas

The movements / *Los movimientos*

to jump	saltar

to leap	saltar/dar un salto/elevar
to turn	dar la vuelta
to beat the feet	marcar el compás con movimiento de pies
to change the leg position	cambiar la posición de la pierna
to do pointe work	andar de puntillas
to mime	hacer mimo
to gesture	hacer gestos/gesticular
an arabesque	un arabesco
a pirouette	una pirueta
a fouetté	una fouetté
an entrechat	un entrechat
a jeté	una jeté/a jeté
a pas de deux	a pas de deux
to partner	bailar en pareja/hacer de pareja de baile
a partner	una pareja de baile

Ballet clothes / *La ropa de ballet*

ballet shoes	las zapatillas de baile
blocked shoes	las zapatillas cerradas
to darn	zurcir
tights	las medias
a tutu	un tutu
a hair net	una redecilla para el pelo
to put one's hair up	hacer un moño
to tie one's hair back	hacer una cola de caballo
to braid one's hair	trenzar el pelo

The ballet itself / *El ballet en sí mismo*

the music	la música
the composer	el compositor
the steps	los pasos
the choreographer	el coreógrafo/la coreógrafa
the conductor	el director de orquesta/el maestro de orquesta
the plot	la trama
the libretto	el libreto
the scenario	el escenario
the orchestra	la orquesta
the pit	la platea

12

Parties and Clubs
Las Fiestas y los Bares

What to wear

I don't have anything to wear.
What should I wear?
What are you wearing?
Do you have anything in blue I
   could borrow?
Do you think this is suitable?
Will I stick out?
That looks good/awful.
You'll be too warm in that.
the dress code
formal/casual
costume

Clothing

a shirt
long sleeve
short sleeve
a check shirt
a polo shirt
a T-shirt
shorts
a sweater
a cardigan sweater
a sweatshirt
pants
jeans
slacks

Qué ponerse

No tengo nada que ponerme.
¿Qué debo ponerme?
¿Cómo vas vestida?
¿Tienes algo azul que yo pueda
   pedir prestado?
¿Crees que esto es apropiado?
¿Voy a resaltar?
Eso se ve bien/terrible.
Te va a dar mucho calor con eso.
el código de vestir
elegante/informal
el disfraz

Ropa

una camisa
con mangas largas
con mangas cortes
una camisa check
un polo
una camiseta
unos shorts
un suéter
un cardigan
un suéter de tela de punto
unos pantalones
unos blue jeans
unos pantalones flojos

overalls	un overal
a blouse	una blusa
a smock	un blusón
a body	un body/un cuerpo
a top	un top
a skirt	una falda
a miniskirt	una minifalda
with a matching skirt	con falda a fuego
a one-piece	el enterizo
a dress	un vestido
cocktail dress	un vestido de noche
sleeveless dress	sin mangas
strapless	sin tirantes
with straps	un vestido de tirantes
a long skirt	un vestido largo/una túnica
short	corto
leggings	las polainas
an outfit	un traje
a pant set	un conjunto
a suit	un trajer/un terno
a vest/waistcoat	un chaleco
a tuxedo	un smoking/un esmoquin

Coats — *Los abrigos*

a jacket	una chaqueta/un saco
a parka	un parka
a zip jacket	una casaca
a coat	un abrigo
a windbreaker	un cazadora
a raincoat	un impermeable

Underwear — *La ropa íntima*

tights	unos leotardos
stockings	unos medias
panties	las bragas
briefs	unos cahoncillos
bra	un sostén/brassiere
slip	las enaguas/la combinación
boxers	los calzones
undershirt	una camiseta
socks	unos calcetines
pajamas	una piyama

nightdress	un camisón
dressing gown	una bata

Footwear   *Los calzados*

shoes	los zapatos
lace-up	de cordones
high-heeled	de tacones altos
platform	de plataforma
pumps	los zapatos de salón
slippers	las zapatillos
sandals	las sandalias
boots	las botas
sneakers	los zapatos de lona
running shoes	las zapatillas para correr
training shoes	las botas deportivas
tennis shoes	los tenis
soccer shoes	los botas de fútbol
shoelace	el lazo/el cordón

Materials and style   *El tejido y la moda*

acryllic	acrílico (*m*)
cachmere	cachemira (*f*)/cachemir (*m*)
canvas	lona (*f*)
corduroy	pana (*f*)
cotton	algodón (*m*)
crepe	crespón (*m*)
demin	dril (*m*) de algodón
knit fabric	tejido (*m*) de punto
leather	cuero (*m*)
linen	lino (*m*)/hilo (*m*)
Lycra®	Licra®/Lycra®
nylon	nilón (*m*)/nailon (*m*)
polyester	poliéster (*m*)
satin	raso (*m*)
silk	seda (*f*)
stretch fabric	tejido (*m*) stretch
suede	ante (*f*)/gamuza (*f*)
velvet	terciopelo (*m*)
wool	lana (*f*)
casual	informal, de sport
wrinkle-free	libre de arrugas
collar	un cuello

v-neck	con sescote en V
printed with a floral pattern	con estampado floral
pocket	el bolsilla, la bolsa
zipper	un cierre/un zipper

Colors

Los colores

aquamarine	aguamarino(a)
beige	beige
black	negro(a)
blue	azul
brown	marrón
gold	dorado(a)
gray	gris
green	verde
metallic	metálico(a)
orange	naranja
pink	rosa
purple	purúreo(a)
red	rojo(a)
silver	plateado(a)
stonewashed	lavado(a) a la piedra
white	blanco(a)
yellow	amarillo(a)

Accessories

Los complementos/los accesorios

sunglasses	las gafas de sol
an umbrella	un paraguas
gloves	unos guantes
a belt	una cinturón/un fajo
a scarf	una bufanda
a headband	la cinta
hairclips	los pasadores
a tie	una corbata
a cravat	el fular/el foulard
suspenders	unos tirantes
a necklace	un collar
a bracelet	una pulsera
a brooch	un broche
a ring	un anillo/una sortija
a signet ring	un anillo de boda
cuff links	los gemelos/los mellizos

Hats

Hats	*Los sombreros*
a hat	un sombrero
a sun hat	una pamela/un sombrero ancho
a straw hat	un sombrero de paja
a baseball cap	una gorra de béisbol
a hood	una capucha
a woolen hat	una gorra punto
a bandana	un puñelo de cabeza
brim	ala (*f*)

Parties   *Las fiestas*

Have you gotten an invitation?	¿Tienes invitación?
I am/am not invited.	Estoy/no estoy invitado
a gate-crasher	un colón/un caradura/una persona que se cuela
to throw a party	dar una fiesta
to make up a list of people to invite	hacer una lista de gente a quien quieres invitar
to take a bottle	llevar una botella

Getting in   *Entrando*

a nightclub	un bar
a bouncer	un gorila
How old do you have to be to get in?	¿Qué edad tienes que tener para entrar?
Do you have an identity card (ID)?	¿Tienes algún tipo de identificación?
Do you have anything that proves your age?	¿Tienes algo para probar tu edad?
How much does it cost to get in?	¿Cuánto cuesta entrar?

The music   *La música*

What's the music like?	¿Cómo es la música?
It's a disco.	Es una discoteca.
There's live music.	Hay música en vivo.
The group is good.	El grupo es bueno.
What sort of music do you like?	¿Qué tipo de música te gusta?
This music isn't my kind of thing.	Esta música no me gusta.
I prefer . . .	Prefiero . . .
Which groups do you like?	¿Qué grupos te gustan?
Should we ask them to play . . . ?	¿Les pedimos que pongan . . . ?

Introductions

What nationality are you?	¿De qué nacionalidad eres?
Are you American/Mexican/ Costa Rican/Guatemalan/Spanish?	¿Eres americano(a)/mexicano(a)/ costarricense/guatemalteco(a)/ español(a)?
Can you speak English?	¿Hablas inglés?
What are you called? I'm called . . .	¿Cómo te llamas? Me llamo . . .
This is my friend . . .	Éste/Ésta mi amigo(a) . . .
Where do you live?	¿Dónde vives?
Where are you staying?	¿Dónde te alojas?
How old are you?	¿Cuántos años tienes?
I'm eighteen.	Tengo dieciocho años.
Have you been here before?	¿Has estado aquí antes?

What do you do?

Are you at school/college/working?	¿Estás en un escuela/un colegio/ trabajando?
Which school/college do you go to?	¿A qué escuela/colegio vas?
Where do you work?	¿Dónde trabajas?
Do you know those people over there?	¿Conoces a esa gente de allí?
How old are they?	¿Qué edad tienen?
What's he/she like?	¿Qué te parece él/ella?/Cómo es él/ella?
Shall we go and talk to . . . ?	¿Por qué no vamos y hablamos a . . . ?
Do you like dancing?	¿Te gusta bailar?
She's a really good dancer.	Ella baila muy bien.
The music is so loud.	La música está muy alta.
I can't hear what you're saying.	No puedo oír lo que dices.

Drinks

Shall we go to the bar?	¿Vamos al bar?
Which bar shall we go to?	¿A qué bar podemos ir?
Would you like a drink?	¿Quieres beber algo?
What would you like to drink?	¿Qué quieres beber?
I'd like a cola/a beer.	Quiero una cola/una cerveza.
I'll have what you're having.	Quiero tomar lo que tú tomes.
You have to be eighteen/twenty-one.	Tienes que tener dieciocho/ veintiuno años.
The drinks are very expensive.	Las bebidas son muy caras.

Presentándose

¿Qué haces?

Las bebidas

Getting home

What time do you have to leave?

What time does the club close?

What time does the party end?

Are you being picked up?

Yes, I'm being picked up at one.

How are you getting home?

Do you want a lift with us?

Could I possibly have a lift in your car?

Should we share a taxi?

Which bus/train are you getting?

Making plans

I'd really like to see you again.

Can I see you again sometime?

Should we go somewhere together tomorrow night?

Would you like to go to the movies with us tomorrow?

Shall we go and get something to eat?

Are you doing anything this evening/ this weekend?

That sounds really interesting.

Can I join you?

Would you like to come along?

I'd like to spend a traditional evening out during my stay.

Would you like to get together sometime?

Just as friends.

Yendo a casa

¿A qué hora tienes que irte?

¿A qué hora cierra el bar?

¿A qué hora se termina la fiesta?

¿Te van a recoger?

Sí, me van a recoger a la una.

¿Cómo vas a ir a casa?

¿Quieres que te lleve yo?

¿Me puedes llevar en tu coche?/ Podría acarrearme en su coche?

¿Compartimos un taxi?

¿Qué autobús/tren vas a tomar?

Haciendo planes

Me gustaría mucho verlo/verla otra vez.

¿Nos podemos ver en otra ocasión?

¿Quieres que salgamos juntos mañana por la noche?

¿Quieres venir al cine con nosotros mañana?

¿Vamos y tomamos algo de comer?

Haces algo especial esta noche/este fin de semana?

Eso parece muy interesante.

¿Puedo sumarme a usted/ustedes?

¿Le gustaría venir con nosotros?

Quisiera pasar una noche tradicional durante mi estadía.

¿Quisiera que salgamos alguna vez?

Sólo como amigos.

13

Amusement Park, Fair, Circus, and Zoo

Parque de Diversiones, Feria, Circo, y Zoo

The amusement park— the fair

Useful expressions

There is a fair on—would you like to go?

a day pass

a three-day pass

What rides do you like?

Which rides would you like to go on?

How much money do you have to spend?

How much is it to go on the bumper cars?

Should we have another ride on that?

What would you like to go on next?

What time do we have to be home by?

If we get separated, shall we meet by the Ferris wheel?

The rides
The Ferris wheel

Shall we sit together?

The ghost train

It's very dark.

I can't see.

El parque de diversiones— la feria

Expresiones útiles

Hay una feria. ¿Quieres que vayamos?

un pase de un día

un pase de tres días

¿Qué atracciones te gustan?

¿En qué atracciones quieres montar?

¿Cuánto dinero puedes gastar?

¿Cuánto cuesta montar en los coches de choque?

¿Montamos otra vez en eso?

¿En qué montamos después?

¿A qué hora tenemos que estar de vuelta en casa?

Si nos perdemos, nos encontramos cerca de la noria.

Las atracciones
La noria

¿Nos sentamos juntos?

El tren de la bruja

Está muy oscuro

No puedo ver.

I am frightened.	Tengo miedo.
Hold my hand.	Sujeta mi mano.
It will be over in a minute.	Se acaba en un minuto.

The bumper cars — *Los coches de choque*

to wait for them to stop	esperar a que se paren
to climb in	montarse
to put your seat belt on	ponerse el cinturón de seguridad
to steer	moverse/conducir/guiar
to turn the wheel	dar la vuelta al volante
to the left/to the right	a la izquierda/a la derecha
to go around in circles	dar vueltas en círculos
to go the other way	ir en la otra dirección
to accelerate	acelerar
to chase	perseguir
to get stuck	quedarse atrapado
to hit	golpear
to bump	chocar
Let's try to bump them.	Vamos a chocar contra ellos.
Please don't bump us.	Por favor no choquen contra nosotros.
Where do you want to sit?	¿Dónde te quieres sentar?

The merry-go-round — *Los caballitos/el tíovivo*

Which horse/animal would you like to go on?	¿En qué caballo/animal te quieres montar?
Do you like to be on the inside or the outside?	¿Quieres montarte en el interior o en el exterior?

The roller coaster — *La montaña rusa*

to scream	gritar
to feel sick	sentir náuseas
to hate it	odiarla
to love it	encantarle
to loop the loop	rizar el rizo
to be upside down	estar boca abajo

A centrifuge/rotor — *Un pulpo*

the centrifugal force	la fuerza centrífuga
to be pinned to the side	ser empujado hacia un lateral
You're squashing me.	¿Me estás apretando/estrujando?

A simulator — *Un simulador*

realistic	realista
not very realistic	no muy convincente

Darts and the rifle range

a dart	un dardo
a dartboard	una diana
to throw	tirar
to aim	atinar
to score	puntuar
a gun	una pistola
a rifle	un rifle
to point	apuntar
to shoot	disparar
the target	el objetivo
to hit	golpear
to miss	perder
to hit the bull's-eye	dar en el blanco
I need twenty more.	Necesito veinte más.
I have to score one hundred.	Tengo que marcar cien.

Ring toss

to throw the ring	tirar uno anillo
to get the ring over	poner el anillo por encima
nearly	casi
to win	ganar

Winning prizes

Well done!	¡Bien hecho!
What prize would you like?	¿Qué premio quieres?
I would like a . . .	Quisiera un . . .
goldfish	pez de colores
a teddy bear	un osito de peluche
one of those	uno de ésos
Have you won anything yet?	¿Has ganado algo ya?
Yes, I've won this.	Sí, he ganado ésto.
No, I never win anything.	No, nunca gano nada.

The arcade

I haven't any change.	No tengo cambio.
Where do you get change from?	¿Dónde se cambia dinero?
There is a change machine over there.	Hay una máquina para cambiar dinero allí.
What coins does this game take?	¿Qué monedas se necesitan para este juego?

Darts and the rifle range — *Los dardos y las escopetillas de ferias*

Ring toss — *Los aros/los anillos*

Winning prizes — *Los premios para ganadores*

The arcade — *Los juegos*

a slot machine	una máquina tragamonedas
a pinball machine	un flíper
a video machine	una máquina de vídeo
Where do you put the money in?	¿Dónde se pone la moneda?
How do you play?	¿Cómo se juega?
You have (to) . . .	Tienes que . . .
to roll a coin	rodar la moneda
to make it land on . . .	hacer que caiga en . . .
to pull this handle	mover esta palanca
to press this button	apretar este botón

Food / *La comida*

Cotton candy / *El algodón azucarado*

on a stick	en palo
in a bag	en una bolsa
pink	rosa
yellow	amarillo

Hot dogs / *Los perritos calientes*

Do you want your hot dog with . . . ?	¿Quieres el perrito caliente con . . . ?
mustard	mostaza (*f*)
ketchup	ketchup (*f*)/catsup (*m*)
onions	cebollas (*f*)
plain	solo
a lot of	muchos(as)
just a little	un poquito de
No onions, thanks.	Sin cebollas, gracias.

Popcorn / *Las palomitas de maíz*

a bag of	una bolsa de
a carton of	un cucurucho de
large/medium/small	grande/mediano(a)/pequeño(a)
sweet	dulce
salted	salado
Would you like some of my popcorn?	¿Quieres palomitas?

Problems / *Problemas*

a pickpocket	un ladrón
My money has been stolen.	Me han robado el dinero.
Watch your money.	Ten cuidado con tu dinero.
My purse/wallet has disappeared.	Mi monedero/cartera ha desaparecido.
I feel dizzy/a bit sick.	Me estoy mareando/siento náuseas.

It's very noisy.	Hay mucho ruido.
Can we go home soon?	¿Podemos volver a casa pronto?

Useful adjectives · *Adjetivos útiles*

amusing	gracioso(a)
awful	horrible
dizzy	mareado(a)
excellent	excelente
fantastic	fantástico(a)
frightening	que da miedo
fun	diversión (*f*)
funny	divertido(a)
horrible	horrible
terrible	terrible/malo(a)
terrifying	terrorífico(a)

The circus
El circo

The big top
La carpa

the ring	el circo
sawdust	el aserrín
the seats	los asientos

The people
La gente

The ringmaster
El presentador

a top hat	un sombrero de copa
a whip/to crack the whip	un látigo/dar un latigazo

The clown
El payaso

a big nose	una nariz grande
big feet	unos pies grandes
to walk on stilts	andar sobre zancos
to ride a unicycle	montar una motocicleta
to trip up	tropezar
to fall down	caer
to squirt water	echar agua
to make people laugh	hacer reír a la gente

The acrobats
Los acróbatas

a trapeze artist	un trapecista
the high wire	un alambre
a safety net	la red de seguridad
a ladder	una escalera

a swing/to swing	un tobogán/balancearse
to balance	balancearse
to wobble	tambalearse/perder el equilibrio
to fall	caer

Other circus performers

Otros artistas de circo

a bareback rider	un montador de caballos
a lion tamer	un domador de leones

Circus animals

Los animales circenses

a horse	un caballo
a lion	un león
an elephant	un elefante

The zoo

El zoo

Parts of the zoo

Las partes del zoo

the elephant house	la casa de los elefantes
the aquarium	el acuario/el acuárium
a tank	el tanque
the cages	las jaulas
the monkeys' cage	la jaula de los monos
the reptile house	las jaulas de los reptiles
the model train	el trencito
Would you like a ride on the model train?	¿Te gustaría montar en el trencito?
Do you want to go to the adventure playground?	¿Quieres ir al parque de aventuras?
a lake	un lago
an island	una isla
the cafeteria	la cafetería
the restrooms	los servicios/los baños

The animals

Los animales

a bat	un murciélago
a bear	un oso
a buffalo/bison	un búfalo/un bisonte
a crocodile	un cocodrilo
a dolphin	un delfín
an elephant	un elefante
an emu	un emú
a fish	un pez

a giraffe	una jirafa
a hippopotamus	un hipopótamo
a kangaroo	un kanguro
a leopard	un leopardo
a lion	un león
a llama	una llama
a monkey	un mono
an ostrich	una avestruz
a panda	un oso Panda
a panther	una pantera
a pelican	un pelícano
a penguin	un pingúino
a pink flamingo	un flamenco rosádo
a puma	un puma
a rhinoceros	un rinoceronte
a seal	una foca
a snake	una serpiente
a tarantula	una tarántula
a tiger	un tigre
a tortoise	una tortuga
a turtle	una galápago
a wildcat	un gatomontés/un lince
a wolf	un lobo
a zebra	una cebra

14

Sightseeing
Visitando/Haciendo Turismo

Stately homes and castles
Las casas solariegas y los castillos

Opening hours
Horas de apertura al público

What are your hours?	¿Qué horas de apertura tienen?
Are you open every day of the week?	¿Abren todos los días de la semana?
How much is it to go around?	¿Cuánto cuesta entrar?
Is there a guided tour?	¿Hay guías?
What time is the tour?	¿A qué hora empieza la visita con guía?
Is there a commentary one can listen to?	¿Hay comentarios en cinta para escuchar?
Do you have the commentary in English/French/Spanish/German?	¿Tienen cintas en inglés/francés/español/alemán?
How do the headphones work?	¿Cómo funcionan los auriculares?
Could I have a guidebook, please?	¿Me puede dar una guía, por favor?

Could I have a ticket for . . . ?
¿Me da una entrada para . . . ?

the house only	la casa sólo
the gardens only	los jardines sólo
one adult	una para adulto
one student	una para estudiante
Is there a reduction for students/groups?	¿Hacen descuentos para estudiantes/grupos?

Architectural styles
Los estilos arquitectónicos

Who was the architect?	¿Quién fue el arquitecto?
What style was this built in?	¿A qué estilo pertenece este edificio?
Roman	romano(a)

pre-Columbian	precolombino(a)
Mayan	maya
romanesque	románico(a)
Asturian	asturiano(a)
Islamic	islámico(a)/marisco(a)
Morzarabic	mozárabe
gothic	gótico
medieval	medieval
Renaissance	renacentista
baroque	barroco(a)
classical	clásico(a)
neoclassical	neoclásico(a)
colonial	colonial
mission	misión

Types of buildings   *Tipos de edificaciones*

(in approximately descending size)	(en escala descendiente respecto al tamaño)
a palace	un palacio
a castle	un castillo
a pyramid	una pirámide
a mansion	una mansión
the manor house	un caserón
a monastery	un monasterio
a priory	un convento
a church	una iglesia
a chapel	una capilla
a lodge	una casa del guardia
a gatehouse	una caseta de entrada/una casa del vigilante/portero
a conservatory	un conservatorio
a coach house	una carrocería/una caballeriza
a coach	una carroza
a thatched cottage	una casa de campo con tejado de paja
a stable	un establo
a greenhouse	un invernadero

External details   *Los detalles externos*

(from the top down)	(de arriba hacia abajo)
a turret	un torreón/una torre
battlements	almenas
the parapet	el parapeto

a facade	una fachada
a balcony	un balcón
the windows	las ventanas
French windows	las puertas ventanas
the porch	el porche
the door	la puerta
a flight of steps	un tramo de escalera
a portcullis	un rastrillo
a drawbridge	un puente elevadizo
a moat	un foso
a rampart	una muralla/una defensa/un terraplén
the gateway	el pasillo de entrada
flood lighting	los focos

The park and gardens   *El parque y los jardines*

the park	el parque
the garden	el jardín
a formal garden	un jardín francés
a rose garden	un jardín de rosales
a ha-ha	una cerca hundida
a path	un camino
a terrace	una terraza
an informal garden	un jardín estilo inglés
a wildflower garden	un jardín de flores salvajes

A maze   *Un laberinto*

to go in	entrar
to get lost	perderse
to turn back	dar vuelta
to try to get out	tratar de salir
to find your way out	encontrar la salida
to be gone a long time	estar perdido por un largo rato

Garden buildings and ornaments   *Las edificaciones y los adornos de jardín*

a conservatory	un conservatorio
an orangery	un naranjal
a greenhouse	un invernadero
a dovecote	un palomar
a dove	una paloma
a statue	una estatua
an urn	una urna
a pedestal	un pedestal

Water features

a lake	un lago
an island	una isla
a river	un río
a fountain	una fuente
a waterfall	una cascada
an ornamental pond	un estanque ornamental
water lilies	nenúfares
a goldfish	un pececillo de color
a water garden	un jardín de agua
When are the fountains turned on?	¿Cuándo se ponen las fuentes en marcha?

Los rasgos distintivos del agua

Renting boats

a boat	un bote/una barca
a motorboat	una lancha motor
to go for a trip	ir a dar una vuelta
to start the engine	arrancar
a canoe	una canoa
to go canoeing	ir en canoa
a paddle	un remo pequeño
to paddle	remar
on the right/left	a la derecha/a la izquierda
to steer	guiar/conducir
to row	remar
to moor	amarrar/echar las amarras
to collide with someone	chocar con alguien
to try to avoid someone	intentar evitar el choque

Alquilando botes

The gift shop

La tienda de regalos

Do you want to look around the gift shop?	¿Quieres echar un vistazo en la tienda de regalos?
Do you want to buy something for your family?	¿Quieres comprar algo para tu familia?
Would you like to buy some postcards?	¿Quieres comprar postales?

The tea room

La cafetería/el café

Where is the tea room?	¿Dónde esta el café?
Shall we have a cup of tea?	¿Vamos a tomar una taza de té?
Shall we take it into the garden?	¿Salimos al jardín a tomarlo?
Shall we stay inside?	¿Nos quedamos dentro?

The main rooms	Las habitaciones principales
(in descending importance)	(en orden descendiente de importancia)

The main hall / El recibidor/el hall principal

a suit of armor	una armadura
chain mail	cota (f) de malla
heraldry	heráldica (f)
a coat of arms	un escudo/un emblema nobiliario
weapons	armas (f)
guns/pistols	pistolas (f)
swords	espadas (f)
shields	escudos (m)

The stateroom / El cuarto de estar

the mirrors	los espejos
the portraits	los retratos
the paintings	los cuadros
a bust	un busto
the fireplace	la chimenea
the ceiling	el techo
the plasterwork	la escayola
a mural	un mural
a fresco	un fresco
the carpet	la alfombra
the curtains	las cortinas
the furniture	los muebles

The ballroom / La sala de baile

the chandelier	la araña/el chandelier
the mirrors	los espejos

The banquet hall / La sala de banquetes

the dining table	el comedor
the chairs	las sillas
a dinner service	un servicio de cena
the silver	la plata
the tureens	las soperas
a banquet	un banquete

The drawing room / El estudio

the paneling	los paneles de madera
a grandfather clock	un reloj de pie

the sofas	los sofás
the armchairs	los sillones
a tapestry	el tapiz
porcelain	la porcelana

The library — *La biblioteca*

the bookcases	las estanterías
valuable books	libros (*m*) de valor
antique books	libros antiguos
a family tree	un árbol de familia/un árbol genealógico

The music room — *La habitación para la música*

a harpsichord	un clavecín
a harp	un arpa

The staircase and gallery — *Las escaleras y la galería*

a spiral staircase	una escalera de caracol
a back staircase	una escalera de servicio/de atrás
a minstrels' gallery	una elevación para músicos/una galería de músicos
a servants' staircase	una escalera de servicio
a secret staircase	un pasadizo secreto
to look down on	mirar hacia abajo

The nursery — *La habitación de los niños*

a cradle/a cot	una cuna
a dollhouse	una casa de muñecas
toys	unos juguetes
a desk	un pupitre/un escritorio
a rocking horse	un caballito de juguete/un balancín de caballo

The kitchen — *La cocina*

a fireplace	una chimenea
an inglenook	una rinconera
a hook	un gancho
a rotisserie	una rotisería
a spit	un asador/un espetón
to turn	dar vuelta
to cook	cocinar
the cook	el cocinero
the range	el fogón/la estufa/la cocina
to smoke	hacer humo/ahumar

a kitchen table — una mesa de cocina
pots and pans — sartenes (*m/f*) y ollas (*f*)
utensils — los utensilios
copper — de cobre
pewter — de peltre
the sink — el fregadero
the cold store — la alacena
a dumbwaiter — un montaplatos

Other rooms — Otras habitaciones

Servants' accommodations — Las habitaciones para criados

the servants' rooms — las habitaciones de los criados
the attic — el ático/la buhardilla

The cellar — El sótano

a wine cellar — una bodega

The dungeons — Las mazmorras/los calabozos

the torture chamber — la cámara de torturas
a chamber of horrors — una cámara de los horrores

The inhabitants — Los habitantes

the royal family — la familia real
a king — un rey
a queen — una reina
a prince — un príncipe
a princess — una princesa
a duke/duchess — un duque/una duquesa
the president — el presidente
the prime minister — el/la primero(a) ministro(a)
a general — un general

The servants — Los sirvientes/los criados

the butler — el mayordomo
the chef/the cook — el cocinero/chef
the footmen — los lacayos
a maidservant — una sirvienta de la señora
a manservant — un sirviente del señor

Useful descriptive words — Palabras útiles para describir

added on — añadido(a)
ancient — viejo(a)/antiguo(a)
attractive — atractivo(a)/llamativo(a)
austere — austero(a)

authentic	auténtico(a)
baroque	barroco(a)
beautiful	bonito(a)
built by	construido(a) por
burned down	quemado(a)
century	siglo (*m*)
eleventh	once
twelfth	doce
thirteenth	trece
fourteenth	catorce
fifteenth	quince
sixteenth	dieciséis
seventeenth	diecisiete
eighteenth	dieciocho
nineteenth	diecinueve
twentieth	veinte
twenty-first	veintiuno
charming	encantador
commonplace	normal/corriente
designed by	diseñado(a) por
dilapidated	desvencijado(a)/destartalado(a)
dusty	polvoriento(a)
elegant	elegante
expensive	caro(a)
faded	descolorido(a)
gold(en)	de oro
gothic	gótico(a)
imposing	impresionante
in ruins	en ruinas
luxurious	lujoso(a)
modern	moderno(a)
modernized	modernizado(a)
moorish	morisco(a)/mudéjar
old	viejo(a)
ornate	adornado(a)
over-restored	demasiado restaurado(a)
rare	raro(a)
rebuilt	reconstruido(a)
reclaimed	reclamado(a)
restored by	restaurado(a) por

ruined	en ruinas/arruinado(a)
splendid	espléndido(a)
sumptuous	suntuoso(a)
valuable	valioso(a)
wonderful	maravilloso(a)

Churches
Architectural classifications

Las iglesias
La clasificación arquitectónica

Romanesque	Románica
gothic	gótica
decorated	decorado
perpendicular	perpendicular
flamboyant	extravagante/flamboyant
Renaissance	Renacentista
baroque	barroca
classical	clásica
colonial	colonial
mission style	el estilo misión

External details

Los detalles externos

a buttress	un contrafuerte
a flying buttress	un arbotante
a gargoyle	un gárgola
a pinnacle	un pináculo
a spire	una aguja
a tower	una torre
a weathercock	una veleta
a churchyard	un cementerio
a grave	una tumba
a tombstone	una tumba de piedra
an inscription	una inscripción
to read	leer
Roman numerals	números romanos

Internal details

Los detalles internos

the Lady Chapel	la capilla de la Virgen
alabaster	alabastro (*m*)
marble	mármol (*m*)
an arcade	un claustro
an arch	un arco

the aisle	el pasillo
the altar	el altar
to kneel at	ponerse de rodillas ante/arrodillarse
to pray	rezar
the bell tower	la torre del campanario
to ring the bells	tocar las campanas
a candle	un candelabro
to buy	comprar
to light	encender/prender
the chancel	el coro y el presbiterio
the choir	el coro
a choir stall	un coro
a column	una columna
the cross	la cruz
the crypt	la cripta
the door	la puerta
the font	el frontal
a baptismal font/christening	una pila bautismal/un bautismo
a fresco	un fresco
a mural	un mural
the lectern	el atrio
the pulpit	el púlpito
to give a sermon	dar un sermon
to preach	dar un servicio
the nave	la nave
a niche	un nicho
the organ	el órgano
to play the organ	tocar el órgano
the organist	el organista
a pew	un banco de iglesia
a pillar	un pilar
the porch	el pórtico
the roof	el tejado
a vault	una cripta
a beam	una viga
a statue	una estatua
a tomb	una tumba
the transept	el crucero
a window	una ventana
stained glass	vidriera (*f*)

Useful descriptive words	Palabras útiles para describir
cold	frío(a)
dark	oscuro(a)
dilapidated	ruinoso(a)/desvencijado(a)/ destartalado(a)
elegant	elegante/majestuoso(a)
humble	humilde
intricate	complicado(a)
locked-up	cerrado(a)
musty	que huele a humedad/antiguo(a)
open	abierto(a)
ornate	decorado(a)
peaceful	tranquilo(a)
rich	rico(a)
rural	rural
somber	sombrío(a)

Other historic sites

Otros monumentos históricos

Moorish architecture

La arquitectura morisca

an archway	una arcada/un pasaje abovedado
a citadel	una ciudadela
a courtyard	un patio
a minaret	un alminar
Moslem/Islamic	Musulmán/islámico
a mosque	una mezquita
mozarab	mozárabe
mudéjar style	estilo mudéjar
an ornamental relief	un relieve ornamental

Indigenous culture

La cultura indígena

the ancient period	el período antiguo
pre-Columbian era	la era pre-colombiana
classic era	la era clásica
Meso-American	meso-americana
Mayan	maya
Aztec	azteca
Olmec	olmeca
anthropology	la antropología
archaeology	la arqueología

Artifacts

Los artefactos

the Aztec calendar	el calendario azteca
a burial site	un cementerio/un camposanto
a ceremonial altar	un altar ceremonial
an excavation	una excavación
to excavate	excavar
the feathered/plumed serpent	la serpiente emplumada
hieroglyphs	los eroglíficos
an inscription	una inscripción
a mosaic	un mosaico
a mummy	una momia
pottery	la alfarería/la cerámica
preservation	la conservación
a pyramid	una pirámide
a ruin	una ruina
a sacrificial altar	un altar de sacrificio
a site	un yacimiento
a shrine	una gruta
a stucco mask	una máscara de estuco
a temple	un templo
a terrace	una terraza
a tomb	una tumba

Art galleries and exhibitions

Las galerías de arte y exposiciones

an art gallery	una galería de arte
an art collection	una colección de arte
an artist	un artista
a work of art	un trabajo de arte/una obra de arte
a painting	un cuadro
a private view	una exposición a puerta cerrada
an invitation	una invitación
a museum	un museo
an exhibition	una exposición
an exhibit	una exhibición

Useful expressions

Expresiones útiles

There is an interesting exhibition on now.

Hay una exposición interesante en este momento.

Would you like to go to it?

¿Te gustaría ir?

Is there a catalog?	¿Hay catálogo? ¿Tienes un catálogo?
How much is the admission?	¿Cuánto vale la entrada?
Is there a discount for students?	¿Hacen descuentos para estudiantes?
Admission is free.	La entrada es gratuita.
How much do guidebooks cost?	¿Cuánto valen las guías?
How much are these postcards?	¿Cuánto son las postales?
Do you have a guidebook in English/Spanish/German/French?	¿Hay guías en inglés/español/ alemán/francés?
Shall we split up and meet here in half an hour?	¿Quieres ir por tu cuenta y encontrarnos aquí en media hora?
Which artist/sculptor do you like most?	¿Qué artista/escultor te gusta más?
Which is your favorite artist/sculptor?	¿Cuál es tu artista/escultor favorito?
Which painting/piece of sculpture do you like most?	¿Qué cuadro/escultura te gusta más?
What is your favorite painting/ piece of sculpture?	¿Cuál es tu cuadro/escultura favorito/favorita?

Types of art
What type of art do you like most?

Tipos de arte
¿Qué tipos de arte te gusta más?

abstract art	el arte abstracto
art deco	el art deco
cityscapes	los paisajes urbanos
classical art	el arte clásico
cubism	el cubismo
engravings	los grabados
etchings	la aguafuerte
expressionism	el expresionismo
impressionism	el impresionismo
landscapes	los paisajes
life drawings	los dibujos de modelos
miniatures	los miniaturas
murals	los murales
nudes	los desnudos
oil paintings	los óleos
pastels	los pasteles
pop art	el pop art/el arte pop
portraits	los retratos
Postimpressionism	el posimpresionismo
Pre-Raphaelite	los pre-rafaelistas
primitive art	el arte primitivo
prints	las impresiones

realism	el realismo
religious art	el arte religioso
romantic art	el arte
rural settings	los paisajes rurales
seascapes	los paisajes marinos
self-portraits	los auto retratos
sports works	las pinturas sobre deportes
still life	los bodegones
surrealism	el surrealismo
symbolism	el simbolismo
watercolors	las acuarelas
wood cuttings	los grabados en madera

What is your favorite period?   *¿Cuál es tu período favorito?*

My favorite period is . . .	Mi período favorito es . . .
medieval	el medievo
Renaissance	el Renacimiento
High Renaissance	el Renacimiento Tardío
baroque	el barroco
in the reign of	bajo el reinado de
eighteenth century	el siglo dieciocho
nineteenth century	el siglo diecinueve
twentieth century	el siglo veinte

What is your favorite medium?   *¿Cuál es tu material favorito?*

I particularly like . . .	Me gusta en particular . . .
acrylics	la pintura acrílica
chalk	la tiza gris
charcoal	el carboncillo
crayon	el lápiz de tiza/de color
gouache	el gouache
oil	el oleo
pastels	los pasteles
tempera	la tempera
watercolors	la acuarela

Points for discussion   *Temas de charla/discusión*

the allegorical meaning	el significado alegórico
the background	el fondo
the foreground	el primer plano
the color	el color
the delicacy	la delicadeza

the effect on the viewer	el efecto en el visitante/espectador
the emotion	la emoción
the focus	el foco
the grouping	el conjunto
the light and shade	la luz y sombra
the meaning	el significado
the obscurity	la oscuridad
the poses	las poses
the power	el poder
the structure	la estructura
the subtlety	la sutileza
the suffering	el sufrimiento
the symbolism	el simbolismo
the technique	la técnica
the use of perspective	el uso de la perspectiva
the vanishing point	el punto de fuga

Basic art equipment / *El equipo básico artístico*

an easel	un caballete
an eraser	una goma
paper	el papel
a canvas	un lienzo
paints	las pinturas
a paintbrush	una brocha/un pincel
a palette knife	una espátula
a pencil	un lápiz
a water jar	un recipiente para el agua
turpentine/thinner	el aguarrás/la trementina

Painting methods / *Los métodos pictóricos*

to blend	mezclar
to copy	copiar
to dab	dar unos toques
to dip	mojar
to glaze	vidriar/barnizar
to imitate	imitar
to mix	mezclar
to paint over	repintar/pintar encima
to repaint	repintar
to sketch	hacer un croquis
to varnish	barnizar
to wash	lavar/limpiar

Art classifications

fine art
applied art
jewelry
silversmithing
porcelain making
metalwork
pottery
decorative art
embroidery
tapestry

Los clasificaciones en arte

las bellas artes
el arte aplicado
la joyería
la platería
la porcelana
la metalistería
la alfarería/la cerámica
los artes decorativos
los bordados
los tapices

Wineries

The vineyard
The vines

a grapevine
a bunch of grapes
a grape
green/purple

Los viñedos

El viñedo/la viña
Las vides/las parras

una parra/la vid
un ramo de uvas
una uva
verde/tinta

Picking the grapes

ripe
unripe
to harvest
to pick
to gather
to press
the juice

La recolección de uva

maduro(a)
inmaduro(a), verde
cosechar
recoger
recolectar
exprimir
el zumo/el jugo

Storing the wine

a barrel
wooden
oak
steel
a vat
a vat full
to ferment
fermentation
to bottle
a bottle

Recogiendo el vino

un barril
de madera
roble
acero
una tinaja
bodega
para fermentar
la fermentación
embotellar
una botella

to label	etiquetar
a label	una etiqueta

Classifying wine

Clasificando el vino

an officially classified wine	vino clasificado
alcoholic content	alcohólico contenido
the vintage	la cosecha
a good year	un buen año
a bad year	un mal año
the country of origin	el país de origen
the region	la región
table wine	vino de mesa
red wine	vino tinto
white wine	vino blanco
rosé	rosado
sweet wine	vino dulce
dry wine	vino seco
sparkling wine	vino espumoso
Spanish sparkling wine	cava (*f*)
champagne	champán (*f*)
fortified wine	vino fortalecido/vino fortificado
an aperitif	un aperitivo
a sherry	vino de jerez/un jerez
a vermouth	un vermut/un vermú

Serving wine

Sirviendo el vino

to serve at the right temperature	servir a la ideal temperatura
to chill	enfriar
to keep at room temperature	mantener a la temperatura de ambiente
to open a bottle	abrir una botella
to uncork	descorchar
a corkscrew	el sacacorchos
to decant	decantar
the sediment	el poso
to allow to breathe	dejar respirar
to pour	verter

Tasting wine

Catando vinos

a wine tasting	una cata de vinos
to savor	saborear/catar
the bouquet	el bouquet

the color	el color
to hold up to the light	mirar al trasluz
to hold in the mouth	probar/catar en la boca
to spit	escupir
a spittoon	una escupidera
to sample	catar
to identify	identificar
to appreciate	apreciar
to have a good palate	tener un buen paladar

15
Walks and Hikes
Los Paseos y el Excursionismo

Types of walks

a walk
a hike
Would you like to go for a walk?
How far do you feel like going?
Where would you like to go to?
Do you like walking?

Walking the dog

I'm taking the dog for a walk.
Would you like to come?
Where is its leash?
How do you put on its leash?
May I hold the leash?
Don't let it off the leash here.
You can let it off the leash now.
Dogs must be kept on the leash.

Picnics

Shall we take a picnic basket?

Help me pack the picnic basket.

What would you like to eat and drink?
Shall we stop for something to eat
  and drink now?
Shall we take a blanket?
to sit down for a while

Tipos de excursiones

un paseo
un excursión
¿Te gustaría dar un paseo?
¿Hasta dónde quieres ir?
¿Dónde quieres ir?
¿Te gusta andar?

Sacando al perro

Voy a sacar al perro de paseo.
¿Quieres venirte?
¿Dónde está la correa?
¿Cómo le pones la correa?
¿Puedo llevar la correa?
No le sueltes aquí.
Aquí le puedes soltar.
Se prohibe dejar perros sueltos.

Picnics

¿Nos llevamos cosas para hacer un
  picnic?
Ayúdame a preparar las cosas para
  el picnic.
¿Qué te gustaría comer y beber?
¿Hacemos una parada para comer
  y beber algo?
¿No llevamos una alfombrilla?
sentarse un rato

Picnic food and drink · *Comida y bebida para picnics*

a flask/thermos	un termo
to fill	llenar
to pour	echar
a hot drink	una bebida caliente
a cold drink	una bebida fría
to be thirsty	estar sediento/tener sed
to be hungry	estar hambriento/tener hambre
sandwiches	bocadillos (*m*)/sándwiches (*m*)
What do you want on your sandwich?	¿Qué quieres poner en tu bocadillo/sándwich?
ham	jamón (*m*)
chicken	pollo (*m*)
salami	salami (salchichón) (*m*)
cheese	queso (*m*)
fish	pescado (*m*)
salad	ensalada (*f*)
tomato	tomate (*m*)
egg	huevo (*m*)
mayonnaise	mayonesa (*f*)
a bag of chips	una bolsa de papitas
a piece of cake	un pedazo de torta
some fruit	fruta (*f*)
an apple	una manzana
a banana	un plátano
an orange	una naranja
some grapes	uvas (*f*)
a bar of chocolate	una tableta/barra de chocolate
Would you like a piece of chocolate?	¿Quieres un pedazo de chocolate?

Camping · *El camping*

The campground · *El cámping/el campamento*

drinking water	agua potable
electricity	electricidad
the showers	las duchas
the restrooms	los servicios

Camping equipment · *El equipo de camping*

a camping van	una camioneta-casa
a trailer	una caravan
a groundsheet	una tela impermeable

an inflatable mattress	un colchón de aire
a backpack	una mochila
a cooler	una nevera portátil
a camp stove	un hornillo de campista
kerosene	kerosén (*m*)/kerosene (*m*)
a campfire	una hoguera de campamento
a flashlight	una linterna
to switch on	encender
to switch off	apagar

Putting a tent up   *Levantar una tienda de campana*

Do you have a tent?	¿Tienes una tienda?
Shall we try to put it up?	¿Ponemos la tienda de campaña?
Can you remember how to do it?	¿Te acuerdas cómo se hace?
to put up the tent pole	levantar el mástil de la tienda
to put the frame together	poner el armazón
to throw over the canvas	poner la lona
to hammer in the pegs	clavar los ganchos
to tighten the guy ropes	tensar las sogas
to put down a groundsheet	extender la loneta sobre el suelo
to zip up the door flap	cerrar la cremallera
to unzip the door flap	abrir la cortinilla
to spend a night in the tent	pasar la noche en la tienda de campaña
to get cold	pasar frío
to go inside	ir dentro

Clothes and equipment   *Ropas y equipo*
Footwear   *El calzado*

socks	los calcetines
shoes	los zapatos
boots	las botas
rain boots	las batas de agua/las botas de goma
Have you any walking shoes/ rain boots with you?	Tienes zapatos para andar/botas de agua?
Would you like to borrow a pair of rain boots?	¿Quieres que te preste un par de botas de agua?
We may have some that fit you.	Quizá tenemos un par para tí.
Try these.	Pruébete éstas.
Are they comfortable?	¿Son cómodas?

Do they fit?

They are too small/too big.

¿Son tu talla?

Son demasiado pequeños/demasiado grandes.

Clothes for bad weather

La ropa para el mal tiempo

Bring . . .	Trae . . .
a coat	un abrigo
a jacket	una chaqueta
a pullover	un jersey
a raincoat	un impermeable
a sweater	un suéter
pants	pantalones (*m*)
a hat	un sombrero
a scarf	una bufanda
a pair of gloves	un par de guantes
an umbrella	un paraguas
spare clothes	ropa para cambiarte

Hiking equipment

El equipo de excursionismo

a backpack	una mochila
a compass	un compás
hiking boots	botas de excursión
insect repellent	repelente de insectos
a map	un mapa
snacks	bocadillos
a sunhat	un sombrero para el sol
sunblock	bloque del sol
sunscreen	protector contra el sol
a water bottle	una botella de agua

Discussing the route

Planeando la ruta

a plan	un plano
a sketch	un croquis
a map	un mapa
the directions	las direcciones
Where are we?	¿Dónde estamos?
How far is that?	¿Está lejos?
Show me where we are going to go.	¿Muéstrame dónde vamos a ir?
Are we lost?	¿Nos hemos perdido?
Are we going in the right/ wrong direction?	¿Vamos en buena dirección/en una dirección equivocada?

Shall we ask someone?	¿Por qué no preguntamos a alguien?
to use a compass	usar una brújula
the needle	la aguja
to point	apuntar
north/south/east/west	norte/sur/este/oeste
We need to go in this direction.	Tenemos que ir en esta dirección.

Problems

Problemas

Is there a telephone booth?	¿Hay una cabina telefónica?
Could we use your telephone, please?	¿Podemos usar su teléfono, por favor?
We are lost.	Estamos perdidos.
We are trying to get to . . .	Queremos ir a . . ./estamos intentando llegar a . . .
Where is the pub/bar?	¿Dónde esta el bar?
Is there a store in the village?	¿Hay una tienda en el pueblo?
I am tired.	Estoy cansado(a).
My legs are aching.	Me duelen las piernas.
I have a blister.	Tengo una ampolla.
My shoes are rubbing.	Los zapatos me hacen rozadura.
I fell down.	Me caí.
It's just a graze.	Es sólo un rasguño.
Do you have an adhesive pad?	¿Tienes una tirita/un esparadrapo?
I hurt my foot/leg/hand/arm/back.	Me he hecho daño en el pie/la pierna/el brazo/la espalda.
I've sprained my ankle.	Me he torcido el tobillo.
I've been stung.	Me ha picado algo.
I've been bitten by something.	Me ha mordido algo.
Do you have any insect repellent?	¿Tienes un repelente de insectos?/ ¿Tienes un matamoscas?

Landmarks

Los lugares conocidos

Buildings

Los edificios

the church	la iglesia
a cottage	una casa de campo
the graveyard	el viñedo/la viña
a house	una casa
the local store	la tienda del pueblo
a mailbox	un buzón
the manor house	la casa solariega/la casona
a market	un mercado

a newspaper stand	un kiosco
a pharmacy	una farmacia
the playground	el patio de recreo
the police station	la comisaría
the post office	la oficina de correos
a public park	el parque del pueblo
the railroad station	la estación de trenes
the recreation ground	el parque de recreo
a shop/store	una tienda
the telephone booth	la cabina de teléfono
the town hall	el ayuntamiento del pueblo
the town school	el colegio del pueblo

Types of roads   *Tipos de carreteras*

a signpost	una señal
to point the way to . . .	señalar el camina a . . .
a road	una carretera
a main road	una carretera principal
a minor road	una carretera secundaria
a lane	un callejón
a bridle path	un camino de herradura
a path	un sendero
a footpath	un camino

Obstacles   *Los obstáculos*

a stile	los escalones para saltar una cerca
a gate	una verja
a wall	un muro
a cattle fence	una rejilla para ganado
a bog	un pantano
a cowpat	una boñiga
a railway	un paso de trenes
a railway bridge	un puente con vías

Farms   *Las granjas*

a farmhouse	una granja
a farmyard	un corral
the farmer	el granjero
the dairy	la granja lechera
the cowshed	los establos para vacas
a hen coop	el gallinero
a hen	una gallina

an egg	un huevo
to collect the eggs	recoger los huevos
a basket	un cesto
the barn	el granero
a hayloft	un pajar
a stable	un establo
a trough	un comedero de animales

Water

El agua

a river	un río
a stream	una corriente/un arroyo
a ford	un vado
a canal	un canal
a barge	una barcaza
a lock	una esclusa
the lock keeper	el vigilante de la esclusa
the towpath	el camino para remolques
a lake	un lago
an island	una isla/una isleta
a pond	un estanque
a waterfall	una caída/cascada
a puddle	un charco/una charca
rapids	los rápidos
the current	el caudal
strong	fuerte
fast	rápido(a)
dangerous	peligroso(a)

Crossing water

Atravesando corrientes de agua

stepping stones	las piedras para atravesar
slippery	escurridizo(a)
wobbly	inestable
to tread on	pisar
to jump	saltar
to cross	atravesar
a bridge	un puente
a footbridge	un puente de peatones

Paddling

Chapotear

Shall we paddle?	¿Chapoteamos?
Take off your socks and shoes.	Quítate los calcetines y los zapatos.
Do you have a towel?	¿Tienes una toalla?
Dry your feet here.	Sécate los pies aquí.

It's freezing.	Está helada.
It's quite warm.	Está bastante caliente.
It's deep.	Es profundo(a).
It's shallow.	No es profundo(a).
It's pebbly.	Tiene rocas.
It's muddy.	Tiene barro.

Terrain / *El terreno*

a valley	un valle
a plain	una planicie
desert	un desierto
a desert	un desierto
a jungle	una selva
a lagoon	una laguna
a lake	un lago
national wildlife preserve	conservación (*f*) de la flora y fauna nacional
a rain forest	una selva tropical
a river	un río
a sanctuary	un santuario
a swamp	un pantano
Follow the marked path.	Siga el camino marcado.

High ground / *Las elevaciones*

a mountain	una montaña
a mountain range	una cordillera/sierra
a mountain ridge	una cadena de montañas
a volcano	un volcán
dormant/active	activo/inactivo
to go to the top	subir a la cima
to climb	trepar/subir/escalar
to see the view	ver la vista
panoramic	panorámica
spectacular	espectacular
Can you see over there . . . ?	¿Puedes ver allí . . . ?
on the horizon	el horizontal
in the distance	en la lejanía
a steep slope	una inclinación abrupta
to be careful	tener cuidado
a hill	una colina
a canyon	un cañón

a gentle slope	una pendiente poco elevada
a cliff face	cara de un acantilado
a tunnel	un túnel
a cave	una cueva
dark	oscuro(a)
to hide	esconderse
to echo	hacer eco

Fields

Los campos

a meadow	un prado/una pradera
a field	un campo
ploughed	arado(a)
unploughed	sin arar
sown	sembrado(a)
a valley	un valle

Walking conditions

Los condiciones del terreno

muddy	embarrado(a)
tiring	fatigoso(a)
slippery	escurridizo(a)
boring	aburrido(a)
steep	abrupto(a)
good	bueno(a)
flooded	inundado(a)
perfect	perfecto(a)

Weather conditions
Hot

Las condiciones climáticas
Caliente

It's very sunny.	Hace sol.
It's stuffy.	Es agobiante.
It may thunder.	Puede que truene.
It is too hot for me.	Hace demasiado calor para mí.
Can we go into the shade for a bit?	¿Vamos a la sombra un rato?
I am boiling.	Estoy asfixiado/acalorado.

Cold

Frío/fría

It's freezing.	Hace mucho frío./Está helando.
It's icy.	Está helando.
It's very slippery.	Está muy escurridizo.
Shall we slide on the ice?	¿Quieres patinar sobre el hielo?
I am frozen.	Estoy helado.

Wet

It's beginning to rain.
It's drizzling.
It's pouring.
Everywhere is very muddy.
I am soaked.
My feet are wet.
It may stop raining soon.
Shall we take shelter here until
    it stops raining?

Thunder

Did you hear the thunder?
I think there's going to be a
    thunderstorm
Count how long between the flash
    and the thunder.
It's a long way.
It's very close.
We had better get back.

Flora and fauna

Trees

a forest
a wood
a tree
a bush
a rain forest

Parts of trees

the trunk
a hollow trunk
massive
a branch
strong
rotten
a twig
a leaf

Climbing trees

to climb up

Húmedo/húmeda

Está empezando a llover.
Está chispeando.
Está diluviando.
Todo está embarrado.
Estoy empapado.
Tengo los pies mojados.
Quizá pare de llover pronto.
¿Por qué no nos resguardamos en este
    refugio hasta que pare de llover?

El trueno

¿Has oido el trueno?
Me parece que va a haber tormenta.

Cuenta cuánto tiempo pasa entre el
    relámpago y el trueno.
Está muy lejos.
Está muy cerca.
Lo mejor es que volvamos.

El flora y el fauna

Los arboles

un parque forestal
un bosque
un árbol
un arbusto
una selva tropical

Las partes del árbol

el tronco
un tronco hueco
enorme
una rama
fuerte
podrido(a)
una ramita
una hoja

Trepando arboles

subir/trepar

to swing from	balancearse de/colgarse de
to grasp	agarrarse
to get a foothold	perder el equilibrio

Types of trees

Tipos de árboles

deciduous	de hoja
evergreen	de hoja perenne
a cactus	un cacto
ash	un fresno
beech	una haya
birch	un abedul
eucalyptus tree	un eucalipto
fir	un abeto
hawthorn	un espino
holly	un acebo
lime tree	un limerio agrio
maguey	un maguey
mango tree	un mango
mangrove	un mangle
mountain ash	un fresno de montaña
oak	un roble
orange tree	un naranjo
orchid	una orquídea
palm tree	una palmera
papaya	una papaya
pine	un pino
prickly pear	una tuna
silver birch	un abedul plateado
spruce	una pícea
sugar cane	una caña de azúcar
sycamore	un sicomoro
weeping willow	un sauce llorón
yew	un tejo

Animals

Los animales

an armadillo	un armadillo
a badger	un tejón
a bear	un oso
a boa constrictor	una boa constrictora
a bull	un toro
a calf	un becerro/un ternero

a cow	una vaca
a coyote	un çoyote
a crocodile	un cocodrilo
a dog	un perro
an elk	un alce
a ewe	una oveja
a flock	un rebaño
a fox	un zorro/una zorra
a goat	una cabra
a hare	una liebre
a herd of cows	un rebaño de vacas
an iguana	una iguana
a jaguar	un jaguar
a lamb	un cordero
a lizard	un lagarto
a lynx	un lince
a mountain lion	un puma/león americano
an ocelot	un ocelote
an ox	un buey
a rabbit	un conejo
a rabbit hole/a burrow	una madriguera de conejo
a rabbit warren	una madriguera/un laberinto de conejos
a ram	un carnero
a rattlesnake	una serpiente cascabel
a sea lion	un lobo marino
a seal	una foca
a sheep	una oveja
a snake	una serpiente
a steer	un buey
a tapir	un tapir
a turtle	una tortuga
a whale	una ballena
a wolf	un lobo

Birds — *Los aves/los pájaros*

a blackbird	un mirlo
a cardinal	un cardenal
a chicken	un pollo
a cock	un gallo

a condor	un cóndor
a drake	un pato (macho)
a duck	un pato
a duckling	un patito
an eagle	un águila
an egret	una garceta
a falcon	un halcón
a goose	un ganso
a gosling	un gansito/un pollo de ganso
a gull	una gaviota
a hawk	un halcón
a hen	una gallina
a hummingbird	un colibrí
a kestrel	un cernícalo
a kingfisher	un martín pescador
a macaw	un guacamayo/ara
an osprey	un águila pescadora/un pigargo
a parrot	un loro
a peacock/a peahen	un/una pavo real
a pink flamingo	un flamenco rosado
a robin	un petirrojo/un tordo norteamericano
a swallow	una golondrina
a swan	un cisne
a cygnet	un pollo de cisne
a tern	una golondrina de mar
a thrush	un tordo/un zorzal
a toucan	un tucán
a vulture	un buitre
a woodpecker	un pájaro carpintero

Birds and their actions   *Los pájaros y sus actividades*

to fly	volar
to sing	cantar
to whistle	trinar
to chirp	gorjear/piar
to build a nest	construir un nido
to lay an egg	poner un huevo
to hatch out	romper el huevo
to learn to fly	aprender a volar
to display	abrir/enseñar
tail feathers	las plumas de la cola

Feeding birds

Shall we take some bread for the birds?	¿Llevamos pan para los pájaros?
Did you bring some bread?	¿Has traído pan?
Would you like to give them some?	¿Quieres darles un poco de pan?
to throw	tirar/arrojar/lanzar

Alimentando pájaros

Insects

Los insectos

an ant	una hormiga
a bee	una abeja
a beetle	un escarabajo
a butterfly	una mariposa
a cockroach	una cucaracha
a fly	una mosca
a mosquito	un zancudo
a scorpion	un escorpión
a spider	una araña
a spiderweb	una tela de araña
a wasp	una avispa
to sting	picar
to buzz	zumbar

Fruit picking

Recogiendo frutas

Would you like to go fruit picking?	¿Quieres que vayamos a recoger frutas?
I want to make jam.	Quiero hacer mermelada.
to pick	recoger
Pick ones that are ripe/sweet/sour.	Recoge las que están maduras/dulces/agrias.
I don't want them too ripe/unripe.	No las quiero muy maduras/verdes.
to put in a basket	poner en un cesto
How many do you have?	¿Cuántas tienes?
I think we need a few more.	Creo que necesitamos unas pocas más.
That is probably enough now.	Ya tenemos suficientes.
There are a lot over here.	Hay más allí.
Don't eat too many.	No comas demasiadas.

Kinds of fruit

Tipos de frutas

apples	manzanas (*f*)
apricots	damascos (*m*)
bananas	bananas (*f*)
blackberries	zarzamoras (*f*)

black currants	grosellas negras
blueberries	arándanos (*m*)
cherries	cerezas (*f*)
coconuts	cocos (*m*)
dates	dátiles (*m*)
figs	higos (*m*)
gooseberries	grosellas (*f*)
grapes	uvas (*f*)
grapefruit	toronjas (*f*)
lemon	limón (*m*)
lime	lima (*m*)
mango	mangos (*m*)
oranges	naranjas (*f*)
papaya	papayas (*f*)
peanuts	cacahuates (*m*)/cacahuetes (*m*)
peach	duraznos (*m*)/melocotón (*m*)
pear	peras (*f*)
plums	ciruelas (*f*)
raspberries	frambuesas (*f*)
red currants	grosellas rojas
strawberries	fresas (*f*)
watermelon	sandías (*f*)

16
Photography
La Fotografía

Taking photographs

May I take a picture of you, please?
Could you take a picture of
    me, please?
Can you wait for a second while I
    take a photograph?
Can you stand/sit over there, please?

Could you move a little closer
    together, please?
Could you try to smile?
Can you try to keep still, please?
Should I bring my camera with me?
Could you look after my camera for
    me, please?
Don't you like having your
    photo taken?
I like/hate having my photo taken.
I am not photogenic.
I would like to take a photo of you
    all to show my family.

May I take a photo of your house?

Looking at photos

Do you have any photos of when
    you were young?
Can I look at your photo album?

Tomando fotografías

¿Puedo sacarte una foto, por favor?
¿Puedes tomarme una foto,
    por favor?
¿Puedes esperar un momento que
    te sague una foto?
¿Puedes posar de pie/sentado allí,
    por favor?
¿Pueden juntarse un poco más,
    por favor?
¿Puedes sonreír un poco?
No te muevas, por favor.
¿Me llevo la cámara?
¿Puedes cuidarme la cámara,
    por favor?
¿No te gustan las fotos?

Me gustan/odio las fotos.
No soy fotogénico.
Me gustaría sacar una foto de todos
    juntos para mostrar la familia
    entera.
¿Puedo sacar una foto de la casa?

Mirando fotos

¿Tienes fotos de cuando eras
    pequeño?
¿Puedo mirar el álbum de fotos?

That photo of you is very good.	Esta foto tuya es muy buena.
That one doesn't look at all like you.	Esta no se te parece en nada.
You have changed a lot.	Has cambiado mucho.
You haven't changed much.	No has cambiado mucho.
Do you have photos of your vacation?	¿Tienes fotos de las vacaciones?
Are you in the photo?	¿Estás en la foto?
It's a very good photo.	Es una foto buena.
in the foreground . . .	en el frente/al frente . . .
in the background . . .	en el fondo . . .
This photograph is of . . .	Ésta es una foto de . . .
This photo was taken two years ago.	Ésta foto es de hace dos años.
That's where we used to live.	Ésta es de donde solíamos vivir.
That one is of me as a baby.	Ésta es de cuando era un bebé.

Cameras

Types of cameras

Polaroid®	una Polaroid®
instant	una instantánea
automatic	una automática
compact	una cámara compacta
digital	una cámara digital
manual	una manual
disposable	una desechable/de usar y tirar

Using a camera

a button	un botón
to press	presionar
a lever	una manilla
to pull	tirar
a switch	un interruptor
to switch	usar el interruptor
the lens cap	el protector (la tapa del objetivo)
to remove	quitar
to replace	volver a poner
the lenses	los lentes
normal/wide angle/zoom	normal/apertura máxima/zoom
to clean	limpiar
the viewfinder	el graduador/el objetivo/el visor de imagen
to focus	enfocar

Las cámaras

Tipos de cámara

Usando la cámara

in focus	enfocado(a)
out of focus	desenfocado(a)
auto focus	objetivo automático
clear	nítido(a)
blurred	turbio(a)
the aperture	el objetivo
the aperture setting	el graduador
the shutter	el diafragma/el obturador
the shutter speed	el tiempo de exposición
the flash	el flash
Did you use a flash?	¿Has utilizado el flash?
I need a new flash bulb.	Necesito una bombilla nueva para el flash.

Camera accessories

Los accesorios de cámara

a camera case	una funda de cámara
a camera bag	una bolsa para la cámara
a strap	una correa
a camera stand	un soporte para la cámara
a tripod	un trípode
a photo album	un álbum de fotos

Buying film

Comprando la película/ el carrete/el rollo

Do you sell film here?	¿Venden carretes/rollos aquí?
Could I have a roll of color/ black-and-white film, please?	¿Me puede dar un carrete/rollo en color/blanco y negro, por favor?
What sort would you like?	¿De qué tipo?
two hundred/three hundred/ four hundred	de doscientos/trescientos/ cuatrocientos
How many would you like?	¿Cuántos quiere?
Twelve/twenty-four/thirty-six, please.	Doce/veinticuatro/treinta y seis, por favor.
thirty-five-millimeter format	formato de treinta y cinco milímetros
to load	cargar/poner
How do you load the film?	¿Cómo se pone el carrete/rollo?
Could you help me load the film, please?	¿Podría ayudarme a poner el carrete/ rollo por favor?
to rewind	rebobinar
automatic rewind	rebobinado automático
to remove the film	quitar/sacar el carrete/rollo

Getting film developed

Could you develop these for
me, please?
I would like them in one hour if
possible/four hours/tomorrow.
Can you develop black-and-white
film here?
Do you want just one set of prints?
I would like an extra set of prints.

These are underexposed/overexposed.

Revelando las películas

¿Puede revelar esta película,
por favor?
Quisiera recogerlas en una hora si es
posible/en cuatro horas/mañana.
¿Revelan películas en blanco y
negro aquí?
¿Quiere sólo una copia de cada una?
Quiero una foto extra de cada
original.

Estas están muy oscuras/quemadas.

Video cameras

The equipment
The video camera

a video camera case
to get the video camera out
a grip strap
to hold

Cámara portátil de vídeo

El equipo
La videocámara

una funda para la videocámara
sacar la videocámara
una correa para agarrarla
sostener/aguantar

Tapes

a tape
a cassette
a blank tape
a used tape
to insert
to eject
to record on
to label

Las cintas

una cinta
una cinta de casete
una cinta en blanco
una cinta grabada
meter
sacar
grabar
etiquetar

Batteries

a battery pack
a battery charger
to charge up the battery
Plug it into the outlet.
The battery is fully charged.
It is getting weak.
The battery has run down.
Do you have an adaptor for this?
to attach the battery to the camcorder
to slide

Las pilas/las baterías

un paquete de baterías
un cargador
cargar la batería
Enchufar en la electricidad.
La batería está cargada.
Se está acabando.
La batería se ha acabado.
¿Tienes un adaptador para esto?
poner la batería en la videocámara
introducir

to push	empujar
to click into place	encajar en el lugar

The lenses — *Los focos/los lentes*

a lens hood	un protector/una tapa del objetivo
to remove	quitar
to replace	volver a poner
to clean the lens	limpiar los lentes

Turning the camcorder on and recording — *Encendiendo la videocámara y grabando*

the power switch	el interruptor
to switch on	encender
to switch off	apagar
a flashing light	una luz intermitente
a warning light	una luz de aviso
ready to record	preparada para grabar
standby	standby
record mode	grabar
Are you ready?	¿Estás listo(a)?
I am about to record now.	Voy a empezar a grabar ya.
the viewfinder	el visor/el objetivo
to focus	enfocar
to adjust	ajustar
to zoom	ajustar el zoom

Getting the sound right — *Grabando el sonido bien*

the microphone	el micrófono
Can you speak up, please?	¿Puedes hablar fuerte?
That wasn't loud enough.	No, más alto.
That was too loud.	Demasiado alto.

Playing back — *Rebobinando*

to switch between camera and player	ver lo que se ha grabado
the playback switch	el botón para playback
to rewind	rebobinar
to fast-forward	avanzar
to stop	parar
to pause	hacer una pausa/detenerse

Editing — *Editando*

to edit	editar
to cut	cortar

to record over	grabar encima
the counter-reset button	el botón del contador automático
to zero the counter	poner el contador a cero
to insert a marker	insertar una señal

17

Sports
Los Deportes

Athletics

The uniform

a track suit
a sweatshirt
shorts
a shirt
a skirt
a leotard
trainers
spikes
a towel
a sports bag

The athletes

A jogger

to jog
I go jogging.
to keep fit
a sprinter

to sprint
to run
to race against
a middle-distance runner
a marathon runner

Jumpers

to jump
a hurdler
to hurdle
a hurdle
a high jumper
a long jumper
a pole vaulter
to vault

Throwers

a discus thrower
to throw
a javelin thrower
a shot putter

El atletismo

El conjunto

una sudadera/un equipo
una sudadera
unos pantalones
una camisa
una falda
un leotardo
unas zapatillas de deporte
zapatillas con clavos
una toalla
una bolsa de deporte

Los atletas

Un corredor

hacer jogging
Hago jogging.
mantenerse en forma
un corredor de distancias cortas/
    un sprinter

hacer un sprint
correr
correr contra
un corredor de distancias medias
un corredor de maratón

Los saltadores

saltar
un saltador de vallas
saltar una valla
una valla
un saltador de altura
un saltador de longitud
un saltador de pértiga
saltar con la pértiga

Los lanzadores de discos

un lanzador de disco
lanzar
un lanzador de jabalina
un lanzador de pesos

Other sportsmen and women   *Otros deportistas*

a gymnast   un(a) gimnasta
a decathlete   un(a) decatleta
a heptathlete   un(a) hepatleta
an amateur   un amateur
a professional   un profesional
a coach   un entrenador/una entrenadora

Record holders   *Los poseedores de récordos*

to break the record   romper un record/marca
a record breaker   una persona/atleta que rompe
                                          un record

a champion   un campeón
well inside the record time   lejos del tiempo record
just inside the record time   cerca del tiempo record
a world-record holder   un plusmarquista mundial
to run one's personal best   conseguir una mejor marca personal

Events   *Los eventos*

a meet   una reunión
warm-up exercises   los ejercicios de calentamiento
to warm up   calentarse/hacer calentamiento
track events   las modalidades de pista
runs   las carreras
walks   las marchas
field events   las actividades de campo
jumps   los saltos
throws   los lanzamientos
short races   las carreras cortas
sprints   las carreras de corta distancia
one hundred meters   los cien metros
middle distance races   las carreras de distancias medias
one thousand, five hundred meters   los mil quinientos metros
long-distance races   las carreras de largas distancias
the marathon   la maratón
the half marathon   la media-maratón
a steady pace   una marcha regular
a final spurt   una remontada final

Relay races   *Las carreras de relevos*

the baton   el testigo
a leg   una pierna

the first leg	la primera pierna
the last leg	la segunda pierna
a hand over	un relevo

Hurdling   *Saltando vallas*

hurdles	las sallas
to hurdle	saltar vallas
to clear	pasar

Long jump   *El salto de longitud*

distance	la distancia
the take off	la salida/el despegue
the landing	la caída

High jump   *El salto de altura*

the cross bar	la barra
the height	la altura
to raise	subir
to attempt	hacer un intento
to clear	pasar
three attempts	tres intentos
the first/second/third attempt	el primer/segundo/tercer intento
the final attempt	el último intento
to be disqualified	ser descalificado

Triple jump   *El triple salto*

a hop/a skip/a jump	un bote/un brinco/un salto

Pole vaulting   *El salto de pértiga*

the pole	la pértiga
the cross bar	la barra
a height increase	un aumento de altura
to dislodge the bar	derribar la barra
three misses	tres intentos fallados
to disqualify	ser descalificado

Shot put   *El lanzamiento de pesos*

the longest throw	el lanzamiento más largo
the discus throw	el lanzamiento de disco
the javelin throw	el lanzamiento de jabalina

Auto racing   *Las carreras de coches*

The course   *El trayecto*

the starting line	la línea de salida

the finish line	la línea de meta
the checkered flag	la bandera de cuadros
the track	la pista
a lane	un carril
the inside lane	el carril de dentro
the outside lane	el carril de fuera
a lap	una vuelta
to do a lap	dar una vuelta
to lap someone	sacar una vuelta de ventaja a alguien
to do a lap of honor	dar una vuelta de honor
a five-lap course	una carrera de cinco vueltas al circuito
a circuit	un circuito
a bend	una curva
a double bend	una doble curva
a hairpin bend	una curva peligrosa
He took the bend too fast.	Tomó la curva demasiado deprisa.
the pits	las boxes
a crash barrier	una barrera protectora

The people   *La gente*

a race car driver	un corredor de carreras
a champion	un campeón/una campeona
an ex-champion	un ex-campeón/una ex-campeona
a winner	un ganador/una ganadora
a runner-up	un subganador/una subganadora
a loser	un perdedor/una perdedora
a spectator	un espectador
a mechanic	un mecánico
a codriver	un copiloto

The race car   *Un coche de carreras*

the steering wheel	el volante
the accelerator	el acelerador
the brakes	los frenos
the tires	los neumáticos
new tires	los neumáticos de recambio (nuevos)
a puncture/blowout	un pinchazo
to change the tires	cambiar los neumáticos
the bumper	el parachoques
the chassis	el chasis
the body	la carrocería
the make of car	la marca del coche

the engine size	el tamaño del motor
the horse power	el cilindraje
the speed	la velocidad

The verbs   *Verbos*

to accelerate	acelerar
to be out of control	perder el control
to brake	frenar
to collide	chocar
to correct a skid	corregir un derrape/patinazo
to crash	chocar
to drive	conducir
to finish	finalizar
to lap	dar una vuelta
to lose	perder
to overtake	adelantar
to race	echar una carrera
to show the checkered flag	enseñar la bandera de llegada
to skid/leave skid marks	derrapar/patinar/dejar marcas de derrape/de painazo
to slow down	reducir la velocidad
to start	arrancar
to steer	girar
to take on the inside	tomar el carril interior/de dentro
to win	ganar

Baseball   # *Béisbol*

Equipment   ## *El equipo*

a base	una base
a baseball	una pelota de béisbol
a baseball bat	un bate de béisbol
a catcher's glove	un guante de receptor/catcher
a catcher's mask	una máscara de receptor/catcher
a glove/mitt	una manopla
a batting helmet	un casco del bateador
the home plate	la base del bateador
pads	las almohadillas

Players and the field   ### *Jugadores y la cancha/el campo*

the baseline	la línea de fondo

the batter	el bateador
the batter's box	la caja de bateo
the plate	la base/la meta/el plato
the bullpen	la zona de calentamiento
the catcher	el receptor/el catcher
a runner	un corredor
the pitcher	el lanzador
the first/second/third baseman	el jugador de primera/segunda/ tercera base
the right-/center-/left-fielder	el fildeador de primera/segunda/ tercera base
the infield	el cuadro/el diamante
the manager	el entrenador
the outfield	el jardinero
the pitcher's mound	el montículo del lanzador
the short stop	el paracorto/paradas cortas/ torpedero/parador
the umpire	el árbitro/ampáyar

The play   *El juego*

balls and strikes	las pelotas y los strikes
the batting order	el orden de bateo
to bunt	tocar
a bunt	un toque
to catch	parar/atajar
a curveball	una curva
a double	un doble/doblete
a double play	un juego doble
a fastball	una bola rápida
a flyball	un globo/fly
a ground ball	un roletazo, una rola
a hit	un hit
a home run	un jonrón/cuadrangular
the strike zone	la zona de estraic
to pitch	lanzar
a sacrifice bunt	un sacrificio
to score	marcar/anotarse
to steal a base	robar una base
to strike out	poncharse
to swing	doblar/guiar

to tag	tocar a un jugador que está fuera de base
to throw	tirar
to triple	hacer un triple/triplete

Useful phrases

Frases útiles

loaded bases	bases cargadas
I usually play first base.	Generalmente juego primera base.
We need an umpire.	Necesitamos un árbitro/ampáyer.
Throw it here.	Tíralo aquí.
You're out/safe.	Estás eliminado/a salvo.

Basketball

El básquetbol

The players

Los jugadores

the center	el centro/pivot
the defense	la defensa
a forward	un delantero/alero
a guard	un marcador/una defensa/una escolta

The court

La cancha

the backboard	el tablero
the baseline	la línea de fondo
the basket	la canasta/el cesto
the free throw line	la línea de tiro libre
the key/restricted area	la zona de tres segundos
the rim	el aro
the thirty-second clock	el reloj de treinte segundos
the sideline	la línea de banda
the timeline/half-court	la línea media
the zone	la zona

The play

El juego

to come off the bench	salirse del banquillo
to dribble	driblar/regatear
a field goal	un gol
to foul out	salirse fuera del cuadrado
halftime	descanso/medio tiempo
to lay up	enganchar
a layup	un gancho
man-to-man defense	la defensa con marcaje individual
a team penalty	un castigo de equipo

a three-point goal	un gol de tres puntos
a time out	un tiempo
a technical foul	un faul técnico
a personal foul	un faul personal
the first/second/third/fourth quarter	el primer/segundo/tercero/ cuarto cuarto
to take a shot	hacer un tiro/una tirada
to rebound/a rebound	rebotar/un rebote
to play overtime	jugar sobretiempo

Useful expressions   *Expresiones útiles*

That's a foul!	¡Eso es un faul!
Pass (it here)!	¡Pásalo (aquí)!
You have two free throws.	Tiene dos tiros libres
You're traveling!	¡Estás dando pasos!

Golf   *El golf*

The course   *El trayecto de golf*

the golf course	la cancha de golf
a hole	un hoyo
first	el primero
second	el segundo
third	el tercero
fourth	el cuarto
fifth	el quinto
sixth	el sexto
seventh	el séptimo
eighth	el octavo
ninth	el noveno
tenth	el décimo
eleventh	el once
twelfth	el doce
thirteenth	trece
fourteenth	catorce
fifteenth	quince
sixteenth	dieciséis
seventeenth	diecisiete
eighteenth	dieciocho
the fairway	la calle
the rough	la hierba
the green	el green

the putting green	el área del hoyo
a flag	una banderilla
the hole	el hoyo
a tee	una salida/tee

Hazards — *Los obstáculos*

long grass	la hierba
bushes	los arbustos
trees	los árboles
a bunker	un bunker
sand	la arena
a ditch	un dique
a pond	un estanque
a lake	un lago

Other parts of the golf club — *Otras partes del club de golf*

the clubhouse	la caseta del club
the bar	el bar
the practice ground/green	el campo/"green" de ensayo
miniature golf	el mini-golf

The equipment — *El material*

a golf bag	una bolsa de golf
a caddy	un cadi
a golf cart	un carro de golf
a set of golf clubs	un juego de palos
the woods	los palos de madera
a driver	un palo de golf para golpear
one/two/three/four/five	uno/dos/tres/cuatro/cinco
the irons	los palos de golf de hierro
six/seven/eight/nine	seis/siete/ocho/nueve
the putter	el putter
a golf ball	una pelota de golf
a tee	un primer golpe

The strokes — *Los golpes*

You must shout "Fore!"	Tienes que gritar "¡Por todas partes!/ ¡Fore!"
to tee up	dar el primer golpe
to strike	golpear
to drive	hacer un drive
a beautiful drive	un drive bueno

to hook	dejar colgada
to slice	dar efecto
to make an approach shot	dar un toque de acercamiento
to putt	hacer un putt
a putt	un putt
a tap-in	un golpecito/un toque
to hole	embocar/meter en el hoyo
a shot	un golpe
a long shot	un golpe largo
a chip shot	un empuje/un toque ligero
a low shot	un golpe bajo
a high shot	un golpe alto
to swing	un swing
a short swing	un swing corto
a long swing	un swing largo

The scoring

La puntuación

par	par
under par	bajo par
over par	sobre par
a birdie	un birdie
an eagle	un eagle
a double eagle	un doble eagle
a hole in one	un hoyo de una
a bogey	un bogey
a double bogey	un doble bogey
a handicap	un handicap
What is your handicap?	¿Cuál es tu handicap?

Gymnastics

La gimnasia

Qualities needed

La cualidades requeridas

agility	la agilidad
balance	el equilibrio
flexibility	la flexibilidad
grace	la gracia
rhythm	el ritmo
strength	la fuerza

The moves

Los movimientos

a balance	un equilibrio
a cartwheel	un giro completo

a drop	una caída
a back drop	una caída de espaldas
a front drop	una caída de frente
the floor exercises	los ejercicios de suelo
the grip changes	los cambios de muñecas
a handstand	un pino
a jump	un salto
a landing	un aterrizaje
a leap	un brinco
a skip	un brinco
a turn	una vuelta
a half turn	una media-vuelta
a full turn	un giro
a vault	un puente

The apparatus / *Los aparatos*

a horizontal bar	la barra horizontal
a horse vault	un caballo de anillas
the parallel bars	la paralelas
the rings	las anillas
the side horse	el caballo de salto
a springboard/trampoline	un trampolín
the bars	las barras

The stadium / *El estadio*

the arena	la arena
the track	la pista
the lanes	las calles/los carriles
the inside lane	la calle de dentro
the outside lane	la calle de exterior
the middle lane	la calle del medio
the starting line	la línea
the starting block	la casilla de salida
the starting pistol	la pistola de salida
a false start	la falsa salida
On your marks, get set, go!	¡En sus puestos/marcas, preparados, listos, ya!

The Olympics / *Los juegos Olímpicos/las Olimpiadas*

an Olympic medal	una medalla Olímpica
the Olympic games	los juegos Olímpicos

the Olympic torch	la antorcha Olímpica
to light	encender
to carry	llevar
to burn	quemar
an Olympic champion	un campeón Olímpico
the next/last Olympics	las próximas/últimas Olimpiadas

Medals

Las medallas

a gold/silver/bronze medal	una medalla de oro/plata/bronce
to be awarded	ser galardonado
to win	ganar
to be presented	ser presentado

Hockey

El hockey

Equipment

El equipo

a blade	una cuchilla de patín
elbow pads	los protectores de codos
a face mask	una careta
gloves	los guantes
a helmet	un casco
hip pads	los protectores de caderas
leg guards	los protectores de piernas
a pad	un protector
padded hockey pants	los pantalones de hockey acolchonados
a puck	un disco
the rink	la pista de hielo
shin pads	las espinilleras
shoulder pads	las hombreras
a skate	un patín
a stick	un palo de hockey

The rink

La pista de hielo

the boards	los marcadores
the defending/neutral/attacking zone	la zona de defensa/neutral/de ataque
the end zone	la diagonal
face-off spots	los lugares de salida
the goal crease	la zona de la portería
the goal line	la línea de gol
the goalpost	el poste de la portería/del arco
the goalkeeper's privileged area	el área protegida del portero/arquero

the net/the goal   la red/la portería
the penalty bench   el banquillo (de castigo)
the players' bench   el banquillo de los jugadores

The play   ### El juego

a brawl   una pelea/una rosca
the face-off   la salida
the goalkeeper   el portero/arquero
holding   el bloqueo
hooking   enganchar
icing   lanzando al otro extremo de la pista
overtime   sobretiempo
a power play   (la circunstancia de estar en)
                                             superioridad numérica

Ice-skating   # El patinaje sobre hielo

Would you like to go ice-skating?   ¿Te gustaría patinar sobre hielo?
Can you skate?   ¿Sabes patinar?
How long have you skated?   ¿Cuándo aprendiste a patinar?
Would you like to try it?   ¿Te gustaría intentarlo?

The ice rink   ### La pista de patinaje

the ticket office   la taquilla para la venta de entradas
Could we have four tickets, please?   Queremos cuatro entradas.
Do you have your own skates?   ¿Tienes vuestras propias botas?
Do you want to rent skates?   ¿Quieren alquilar patines?
Could I have two tickets for the   Quiero dos entradas para la pista de
   ice rink, and we would like to   patinaje, y nos gustaría alquilar
   rent skates, please.   patines, por favor.

Skate rental   ### Alquiler de patines

What size shoe do you wear?   ¿Qué talla de pies tiene?
I am a size six.   Tengo la talla seis.
You take your shoes off and hand   Tiene que quitarse los zapatos y
   them in at the skate rental shop.   dejarlos en la tienda de alquiler.
Try your skates on.   Pruébese los patines.
How do you fasten them?   ¿Cómo se abrochan?
You fasten them like this.   Se abrochan así.
Are they comfortable?   ¿Le quedan bien?
These skates hurt.   Estas botas me hacen daño.
Can I change my skates, please?   ¿Puedo probarme otras?

On the ice

Hold on to the handrail at first.
Should we skate around the edge until you're used to it?
to fall down
to get knocked down
Someone pushed me down.
Can you help me get up, please?
Are you OK?
You're doing really well.
I think I'll just watch for a while.

Types of skating

speed skating
figure skating
ice dancing
solo skating
pair skating

a leap
a spiral
a jump
a spin

Horseback riding

Can you ride?

How long have you ridden?
I've ridden for five years.
Would you like to take a riding lesson with me?
Shall we go for a ride?
You ride well.
Who are you riding?
What is your horse's name?

Clothes and equipment

a riding hat
a riding jacket
jodhpurs

Sobre el hielo

Sujétate a la barra al principio.
¿Quieres patinar cerca del borde hasta que te acostumbres?
caerse
ser derribado
Alguien me empujó.
¿Puedes ayudarme a levantarme?
¿Estás bien?
Lo estás haciendo muy bien.
Creo que voy a mirar por un ratito solamente.

Tipos de patinaje

patinaje (*m*) de velocidad
patinaje de exhibición
baile (*m*) sobre hielo
patinaje sobre hielo individual
patinaje sobre hielo en modalidad de parejas/en doble

un salto/un brinco
una espiral/un tirabuzón
un salto
un giro

Montar a caballo

¿Puedes montar a caballo?/¿Sabes montar a caballo?
¿Cuándo empezaste a montar?
Llevo montando cinco años.
¿Te gustaría tomar lecciones de equitación conmigo?
¿Vamos a montar a caballo?
Montas bien.
¿Quién montas?
¿Cómo se llama tu caballo?

La ropa y el equipo de monta

una gorra de montar
una chaqueta de montar
los pantalones de montar

riding boots	las botas de montar
a whip	una fusta
gloves	los guantes
the saddle	la silla de montar/montura
the girth	la cincha
the stirrups	los estribos
the bridle	la brida
the bit	el bocado/el freno
the reins	las riendas

The stable   *Los establos*

the tack room	la sala para los útiles de las caballerizas
a gate	una puerta
a mounting block	un edificio para la monta
the school	la escuela
a barn	un granero
a horse trailer	un remolque/un trailer

Riding terms   *Terminos de monta*

to hold the reins	sujetar las riendas
to give someone a leg up	poner apoyo para subir a alguien
to mount	montarse
to dismount	desmontar
to ride	montar
to walk	andar
to trot	trotar
to canter	ir a medio galope
to gallop	ir al galope
to jump	saltar
to kick	dar una patada
to rein in	tirar de las riendas
to fall off	caerse
to rear	dar coces/encabritarse/desbandarse
to buck	corcovear
to shy	espantarse
to walk a horse	pasear al caballo
to neigh	relinchar

Terrain   *El terreno*

to go for a ride	ir de monta
a road	una carretera

a lane	un callejón/un carril
a bridle path	un sendero
a footpath	un camino
a ditch	una zanja
a field	un campo
a gate	una verja/un portón
to jump	saltar
to open	abrir
to shut	cerrar
private land	propiedad privada

Types of horse   *Tipos de caballo*

a thoroughbred	un pura sangre
a mare	una yegua
a stallion	un semental
a foal	un potrillo
a colt	un potro
a pony	un jaca/un caballito
a cart horse	un caballo de tira
a draft horse	un percherón
a racehorse	un caballo de raza

Describing horses   *Describiendo caballos*

How old is your horse?	¿Cuántos años tiene tu caballo?
He/she is three years old.	Tiene tres años.
How tall is he/she?	¿Qué altura tiene?
She is . . . centimeters.	Tiene . . . centímetros de altura.
What color is your horse?	¿De qué color es?
gray	gris
bay	bayo(a)
chestnut	avellano(a)
palomino	palomino
dappled	moteado(a)
broken	domado(a)
unbroken	salvaje
the coat	el pelaje
the mane	las crines
the tail	el rabo/la cola
the hindquarters	los cuartos traseros
the temperament	el temperamento
frisky	brioso(a)
gentle	manso(a)

lazy	perezoso(a)
fast	rápido(a)
nervous	nervioso(a)
temperamental	temperamental

Useful expressions

Expresiones útiles

You can borrow a hat at the riding school.	Puedes pedir prestada una gorra en la escuela de equitación.
Does that hat fit you properly?	¿Te sienta/está bien?
Put your feet in the stirrups.	Pon los pies en los estribos.
Use your whip.	Usa la fusta.
Kick harder.	Hinca el talón más fuerte.
Can you trot/canter/gallop?	¿Puedes ir al trote/a medio galope/al galope?
Would you like to try a jump?	¿Te gustaría saltar?
What height can you jump?	¿A qué altura puedes saltar?/¿Qué altura puedes saltar?

Skiing

Esquiar

Clothes

La ropa

a ski suit	un equipo de esquí
a ski jacket	una chaqueta para la nieve
a hood	una caperuza
gloves	los guantes
mittens	manoplas
thermal	termal
sunglasses	gafas/lentes/anteojos de sol

Equipment

El equipo

skis	los esquíes
ski bindings	las ataduras
ski boots	las botas de esquiar
fasteners/clasps	los cierres
to tighten	apretar
to loosen	dejar suelto
ski poles	las guías
handgrips	las correas para las manos
straps	las correas
a ski pass	un pase para esquiar
a photo	una foto
suntan screen	la crema protectora para el sol

Useful expressions

Don't forget your . . .
Do you have your . . . ?
May I borrow . . . ?
I can't find my . . .
I've forgotten where I left my . . .

Ski rental

I would like to rent boots/skis/
    poles, please.
What size boots do you wear?
Try these.
Are those comfortable?
Where do they feel tight/loose?

How do you adjust them?
You can adjust the fasteners like this.
What length skis do you
    normally wear?
How tall are you?
What do you weigh? I weigh . . .
How experienced are you?
I'm a beginner.
I'm intermediate.
I'm experienced.
Try these poles.
Choose poles with yellow handles.
These poles are too short/too long.

Bring the boots back if they are
    uncomfortable.
Can I change my boots, please?
They are too narrow.
They squash my toes.
They hurt here.
Can you sharpen my skis, please?
Can you wax my skis, please?
Can I rent . . . ?
a toboggan
skating boots

Expresiones útiles

No te olvides de traer . . .
¿Tienes tus . . . ?
¿Puedes prestarme . . . ?
No puedo encontrar mi/mis . . .
He olvidado dónde deje mi/mis . . .

Alquiler de esquíes

Quiero alquilar botas de esquiar/
    esquíes/guías por favor.
¿Qué talla de pie tiene?
Pruébese éstas.
¿Le quedan bien?
¿Dónde le aprietan/le quedan
    grandes?
¿Cómo se ajustan?
Se ajustan así.
¿Qué tamaño de esquíes usa
    normalmente?
¿Cuánto mide?
¿Cuánto pesa? Peso . . .
¿Tiene experiencia?
Soy principiante.
Tengo algo de experiencia.
Tengo experiencia.
Pruebe estas guías.
Elija guías con mangos amarillos.
Estas guías son demasiado
    cortas/largas.
Tráigame las botas si no son cómodas.

¿Puedo cambiar estas botas?
Son demasiado pequeñas (estrechas).
Me están apretando mucho.
Me hacen daño.
¿Podría afilar los esquíes, por favor?
¿Puede poner cera a mis esquíes?
¿Quisiera alquilar . . . ?
un trineo
un par de botas para esquiar

| a crash helmet | un casco protector |
| a snowboard | una tabla de esquiar |

Weather conditions | ## *Las condiciones meteorológicas*

Have you heard the weather forecast?	¿Qué sabes del tiempo?
It's raining.	Está lloviendo.
It's cloudy.	Está nublado/hay nubes

Snow | ### *Nieve*

It's snowing.	Está nevando.
There's no snow.	No hay nieve.
It's snowing heavily.	Está nevando mucho.
The snow is a meter deep.	Hay un metro de nieve.
fresh snow	nieve suelta
powder	polvo
The snow is powdery.	La nieve es muy fina.
It's very icy.	La nieve está muy dura.
The snow is slushy.	La nieve está medio derretida.
a blizzard	una ventisca
danger of avalanche	peligro de avalancha

Temperature | ### *Temperaturas*

It's below zero.	Hace una temperatura de bajo cero.
It's six degrees below zero.	Hace seis grados bajo cero.
It's freezing.	Está helado.
It's thawing.	Se está descongelando.
The snow is melting.	La nieve se está derritiendo.

Visibility | ### *Visibilidad*

The visibility is poor.	La visibilidad es mala.
It's foggy.	Hace niebla/hay niebla.
It's misty.	Hay neblina.
It's difficult to see far.	Es difícil ver de lejos.
freezing fog	niebla fría

The ski runs | ## *Las pistas de esquí*

a map of the ski area	un mapa del área de esquí
the level of difficulty	el nivel de dificultad/peligrosidad
beginners' slopes	rampas para entrenamiento y principiantes
easiest runs	pistas para principiantes
easy runs/average runs	pistas fáciles/pistas corrientes
most difficult runs	pistas de alto nivel de dificultad

off-trail	fuera de pista
dangerous	peligroso(a)
narrow	estrecho(a)
wide	ancho(a)
gentle	suave

Accidents

Los accidentes

There has been an accident.	Ha habido un accidente.
Someone is hurt.	Alguien está herido.
Where do you hurt? *(See pages 311–313.)*	¿Dónde te duele?
Don't move him/her.	No lo/la mueva.
Can you stand up?	¿Se puedes levantar?
Get/find the rescue service.	Ve a buscar al equipo de rescate.
Help/get help.	Socorro/busque ayuda.
Warn other people.	Avise a la gente.

Rescue services

Los servicios de salvamento

a helicopter	un helicóptero
an airlift	un servicio aéreo
a doctor	un médico/un doctor
a stretcher	una camilla
an ambulance	una ambulancia
a broken arm	un brazo roto/quebrado
a broken leg	una pierna rota
What is your name?	¿Cuál es su nombre?/Como se llama?
Where are you staying?	¿Donde te alojas/sé aloja?
Are you insured?	¿Tiene un seguro?/¿Está asegurado?

How are you feeling?

¿Cómo te encuentras/se encuentra?

I am cold.	Tengo frío.
I am hot.	Tengo calor.
I am tired.	Estoy cansado.
I feel fine.	Estoy bien.
I am thirsty.	Estoy sediento/tengo sed.
I am hungry.	Estoy hambriento.
I want to stop now.	Quiero parar ahora.
I want to carry on.	Quiero seguir.
I can't do this.	No puedo hacer esto.
I am scared.	Tengo miedo.
This is good fun.	Esto es muy divertido.
Can we do it again?	¿Podemos hacerlo otra vez?

My legs hurt.	Me duelen las piernas.
My boots are rubbing.	Las botas me hacen daño.
Can we stop for lunch soon?	¿Podemos parar para el almuerzo?
I would like a drink.	Me gustaría una bebida/un refresco.
I need the restroom.	Necesito el servicio/el baño.
Let's go to that mountain café.	Vamos a la cafetería de esa montaña.
Shall we stop for a few minutes?	¿Hacemos un alto por unos minutos?
I'd like to go back to the hotel/ chalet now	Me gustaría volver al hotel/chalet ahora.
I have to be back at four o'clock.	Necesito volver a las cuatro en punto.
Shall we meet again after lunch?	Nos vemos de nuevo después del almuerzo?
Where/when shall we meet?	¿Donde/cuando nos vemos?

Soccer

The field

El fútbol

El terreno

the goal	la portería/el arco
the goalposts	los postes
the cross bar	el larguero
the netting	la red
the goal area	el área de gol
the goal line	la línea de gol
the penalty area	el área de penalty/castigo
the touch line	el punto de penalty/castigo
the corner	la esquina
offsides	las bandas
midfield	el medio campo
the terrace	los palcos
a stand	una tribuna
the bench	un banquillo
floodlights	los focos
muddy	embarrado(a)

The players

Los jugadores

an amateur	un amateur
the visiting team	el equipo de visita
a coach	un entrenador
a defender	un defensa
the favorites	los favoritos
a soccer player	un futbolista
a forward	un delantero

a goalkeeper	un portero/guardameta/arguero
the home team	el equipo de casa
a manager	un directivo
a midfielder	un centro campista
an opponent	un oponente/rival
a professional	un profesional
a referee	un árbitro
a striker	un puntero
the strong side	el punto fuerte
a substitute	un sustituto/suplente
to be substituted	ser sustituido(a)
a sweeper	un líbero/barredor(a)
the teams	los equipos
to transfer	cambiar/transferir
a transfer fee	un traspaso
the weak side	el punto flaco

The spectators

Los espectadores/seguidores

a spectator	un espectador
a fan	un fan/un hincha
a supporter	un seguidor
the crowd	la multitud
a ticket holder	el espectador
to cheer	animar
to shout	gritar
to chant	canturrear
to sing	cantar
the national anthem	el himno nacional
a hooligan	un vándalo/un porro

Play

El juego

a kick	una patada
to kick off	empezar el partido
a free kick	un tiro libre
a corner kick	un tiro/saque de esquina
a goal kick	un tiro/saque de portería
an indirect free kick	un tiro libre indirecto
to pass	pasar/regatear
to dribble	driblar
to head	pasar/dar de cabeza

a header	un cabeceador
to throw in	lanzar a
to tackle	entrar fuerte
a tackle	una entrada fuerte
to intercept	interceptar
to challenge	desafiar
a good/bad challenge	un buen/mal desafío
to take a corner	rechazar de tiro/saque de esquina/ lanzar un tiro/saque de esquina
to be offside	estar fuera de juego
to be sent off	expulsar
tactics	las tácticas
the rules	las reglas
the rule book	el libro de reglas/el reglamento
against the rules	en contra de las reglas
foul play	juego sucio
a foul	una falta
a yellow/red card	una tarjeta amarilla/roja
a penalty	un penalty
the penalty spot	el punto de penalty/castigo
a penalty goal	un gol de penalty/castigo
a penalty shot	un tiro de penalty/castigo
to award a free kick	otorgar un tiro libre
to be on the bench	estar en el banquillo
to blow the whistle	tocar el pito/pitar

The score — *El marcador*

an aggregate score	un marcador conjunto
What is the score?	¿Cuántos van?
to score an own goal	marcar un gol en propia meta/ un autogol
to equalize	igualar
to win	ganar

Stages of the game — *Los períodos del juego*

first half	primera mitad/parte
second half	segunda mitad/parte
halftime	la mitad del tiempo/el medio tiempo
full time	el final del tiempo
extra time	tiempo añadido
injury time	tiempo por lesión

The result

a win/a victory	una victoria
to win	ganar
a walkover	una victoria aplastante
a tie	un empate
to tie	empatar
overtime	el sobretiempo
sudden death period (shoot-out)	muerte súbita
a defeat	una derrota
to be defeated	ser derrotado
to lose	perder
a replay	una repetición de la jugada
a match	un partido
a friendly match	un partido amistoso
no score	empates a cero

El resultado

General terms

Términos generales

the soccer season	la temporada futbolística
the soccer league	la liga de fútbol
divisions	las divisiones
first/second/third division	primera/segunda/tercera división
league division one	la primera división de liga
a cup	una copa
a trophy	un trofeo

Equipment

El equipo

a soccer ball	un balón de fútbol
the uniform	el conjunto/los colores
the home colors	los colores /el conjunto de casa
the away colors	los colores/el conjunto para jugar fuera de casa
shorts	unos pantalones cortos de fútbol
a shirt	una camiseta
socks	unos calcetines
soccer shoes	unas botas de fútbol
a sweatband	una cinta

Useful expressions

Expresiones útiles

Who's playing?	¿Quiénes juegan?
What's the score?	¿Cómo van?
Is there any score yet?	¿No se han marcado goles todavía?

They're in injury time.	Están en una suspensión de tiempo por lesión.
They won five goals to nothing.	Ganaron por cinco goles a cero.
They failed to score.	No marcaron.
It was a draw.	Empataron.
They took the lead in the second half.	Se pusieron en cabeza en la segunda parte.

Table tennis

El ping-pong/tenis de mesa

Can you play table tennis?	¿Juegas al ping-pong?
Would you like to play table tennis/ping-pong?	¿Quieres jugar al ping-pong?
Do you have a table tennis table?	¿Tienes mesa de ping-pong?
Do you play much?	¿Juegas mucho?
I haven't played for ages.	No he jugado desde hace mucho tiempo.
I've forgotten how to play.	Se me ha olvidado cómo jugar.
Shall I teach you how to play?	¿Quieres que te enseñe a jugar?

Equipment

El equipo

a table tennis table	una mesa de ping-pong
the white line	la línea blanca
the net	la red
the edge of the table	el borde de la mesa
a paddle	una pala/una raqueta
What paddle do you prefer?	¿Qué pala/raqueta prefieres?
I'll take this one.	Me quedo con ésta.
a table tennis/ping-pong ball	una pelota de ping-pong
Do you have any more balls?	¿Tienes más pelotas?
This ball isn't bouncing properly.	¿Está pelota rebota raro?

Playing

Jugando

Let's choose sides.	Vamos a elegir el campo.
Spin the racket.	Lanza la raqueta.
Toss for it.	Échalo a suerte.
We change sides every game.	Se cambia de campo cada juego.

Doubles

Dobles/en parejas

In doubles the players take alternate shots.	En parejas los jugadores golpean alternativamente.
You have to serve from the right to the right.	Tienes que sacar desde la derecha hacia la derecha.

Each player receives service for
   five points.

Singles

You serve first.
You change service every five points.
Whose serve is it?
It's mine/yours.
It's your serve now because five
   points have been scored.

Shots

to hit forehand
to hit backhand
to serve
You hit the net.
Where did the ball land?
Was it in or out?
It was in/out.
It didn't land on the table.
It was a let.
Play it again.
Can you find the ball?
Did you see exactly where it went?

Scoring

What's the score?
Tied at zero.
One-zero.
Three-two.
Twenty-twenty.
The service changes every point now.
The winner is the first person to
   score twenty-one points.
You have to get two points ahead
   of me to win.
You won easily.
Well played!
Bad luck!
It was a close game.
Shall we play the best of three games?

Cada jugador tiene cinco saques.

Individuales

Sacas primero.
Se cambia el saque cada cinco puntos.
¿Quién saca?
Yo/tú.
Te toca sacar porque se han marcado
   cinco puntos.

Los golpes

golpear de derechas
golpear de revés
servir/sacar
Has dado en la red.
¿Dónde golpeó la pelota?
¿Está dentro o fuera?
Cayó dentro/fuera.
No cayó en la mesa.
Ha sido media.
Saca otra vez.
¿Puedes encontrar la pelota?
¿Viste dónde cayó exactamente?

Puntuando

¿Cómo vamos?
Iguales a cero.
Uno a cero.
Tres, dos.
Iguales a veinte.
El saque cambia en cada punto ahora.
El ganador es el primero en llegar
   a veintiuno.
Tienes que sacarme dos puntos de
   diferencia para ganar.
Me ganaste con facilidad.
¡Bien jugado!
¡Mala Suerte!
Ha estado muy empatado/reñido.
¿Jugamos a ver quién gana tres juegos?

Tennis

Do you play tennis?
Would you like to play tennis?
Shall we just volley for a while?
Is the net the right height?
Shall we check the height of the net?

It's too low/too high.
Up a bit/down a bit/OK.

Equipment

a tennis racket
Which racket would you prefer?
What weight of racket would
    you like?

a tennis ball
new balls
a racket press
a racket bag
a sportsbag
a towel

Clothes

I haven't got any tennis clothes
    with me.
You can borrow some clothes.
You can wear anything.
shorts/a T-shirt
a tennis skirt
a tennis dress
tennis shoes
socks
a sweatband/a headband
a sun visor
a track suit

The tennis court

the net
the baseline
the service line

El tenis

¿Juegas al tenis?
¿Quieres que juguemos al tenis?
¿Hacemos calentamiento un rato?
¿Está la red a la altura correcta?
¿Echamos un vistazo a la altura de
    la red?
Está demasiado baja/alta.
Un poco más arriba/abajo/ahí está.

El equipo

una raqueta de tenis
¿Qué raqueta prefieres?
¿Qué peso de raqueta prefieres?

una pelota de tenis
pelotas nuevas
un tensador
un bolsa para raquetas y pelotas
una bolsa de deportes
una toalla

Las ropas

No tengo ropa para jugar al tenis aquí.

Yo te puedo prestar algo.
Puedes ponerte cualquier casa.
pantalones cortos/una camiseta
una falda de tenis
una ropa de tenis/un vestido de tenis
unas zapatillas de tenis
unos calcetines
una cinta
una gorra/una visera para el sol
un sudadera/un equipo

La pista de tenis

la red
la línea de fondo
la línea de servicio

the center line

the tramlines

the side netting

the service box

the locker room

a locker

la línea central

las líneas laterales

la central vertical

el área de servicio/saque

los vestuarios

un armarío/un locker

Starting a game

Do you want to continue volleying?

Shall we start to play now?

How many sets shall we play?

to toss up

Let's toss for it.

Toss a coin.

Heads or tails? It's heads/tails.

Spin your racket.

Rough or smooth?

It's rough/it's smooth.

You serve first.

Which end do you prefer?

I prefer this/that end.

The sun is in my/your eyes.

Empezando el juego

¿Quieres seguir calentando?

¿Empezamos a jugar?

¿Cuántos set quieres jugar?

echar una moneda al aire/echar a suerte

Echémoslo a suerte.

Echa una moneda al aire.

¿Cara o cruz? Cara/cruz.

Gira tu raqueta.

¿Fuerte o suave?

Es fuerte/es suave.

Tu empiezas sacando/tienes el servicio.

¿Qué lado prefieres?

Prefiero éste/aquél.

Tengo el sol de frente/tienes el sol de frente.

Serving

to serve

to hold one's serve

to break someone's serve

to serve an ace

first/second serve

It's your serve.

Sacando

sacar

mantener el servicio

romper el servicio

hacer ace

primer/segundo servicio

Es tu servicio/tu saque.

In or out?

Was that in/out?

Out! The ball was definitely out.

In! The ball was just in.

I'm not sure.

I didn't see it land.

It touched the line.

Shall we play it again?

Dentro o fuera

¿Dentro o fuera?

¡Fuera! La pelota cayó fuera.

¡Dentro! La pelota entró.

No estoy seguro(a).

No la vi caer.

Tocó la línea.

¿Volvemos a jugar el punto?

Faults

a fault
a double fault
a foot fault

Let balls

to play a let
Should we play a let?

Keeping the score

What's the score?
I've forgotten what the score is.
The score is . . .
love-all
love-fifteen
fifteen-love
fifteen-all
thirty-forty
deuce
That's deuce.
My/our/your advantage.
Game/Game to you.
That's game.
Change sides.
Three games to two, first set.
Match point?
Game, set, and match.
a tiebreaker
a sudden-death tiebreaker
Shall we play another game?

Strokes

forehand
a forehand drive/volley
backhand
a backhand drive/volley
to lob/a high lob/a top-spin lob

a smash/an overhead smash
a service/an ace
first/second serve

Las faltas

una falta
una doble falta
una falta con el pie

Las pelotas de saque

echar una pelota para el saque
¿Echamos una pelota para ver
  quién saca?

Llevando los puntos

¿Cuántos vamos?
Se me ha olvidado como vamos.
El marcador es . . .
iguales a cero/nada
cero-quince
quince-nada
iguales a quince
treinta-cuarenta
deuce/iguales
Es deuce/iguales/iguales a cuarenta.
Mi/nuestra/tu/vuestra ventaja.
Juego/Juego a tu favor.
Juego.
Cambio de campo.
Tres juegos a dos en el primer set.
¿Punto de partido?
Juego, set, y partido.
un tiebreak
la muerte súbita
¿Echamos otro juego?

Los golpes

de derechas
un golpe/una volea de derechas
de revés
un golpe/una volea de revés
hacer un globo/un globo/globo al
  fondo
un mate/un mate profundo
un servicio/un ace
primer/segundo servicio

a drop shot/to slice

una dejada/cortar

a volley/a half-volley

una volea/una semi-volea

a slam

un mate a través/un slam

Losing the ball

Perdiendo la pelota

Did you see where the ball went?

¿Has visto dónde cayó la pelota?

We've lost the ball.

Hemos perdido la pelota.

It went somewhere here.

Cayó por allí.

I can't find it.

No la encuentro.

I've found it.

La encontré.

Let's look for it later.

¿Por qué no la buscamos luego?

Do you have more balls?

¿Tenemos más pelotas?

The officials

Los árbitros

an umpire

un árbitro

Will you be umpire?

¿Quieres ser árbitro?

the referee

el arbitro/el juez de silla

the net judge

el juez de red

the foot-fault judge

el juez de línea de fondo

the line judge

el juez de línea

a ball boy/a ball girl

un recogepelotas/una recogepelotas

Different games

Tipos/modalidades de tenis

singles

individual

women's singles/men's singles

individuales femeninos/masculinos

doubles

dobles/parejas

mixed doubles

dobles mixtos

women's doubles/men's doubles

dobles femeninos/dobles masculinos

lawn tennis

tenis sobre hierba

tennis on a hard surface

tenis sobre cancha dura

Tennis tournaments

Los torneos de tenis

the first round

la primera ronda

the second round

la segunda ronda

the quarterfinal

los cuartos de final

a semifinal

la semi final

the final

la final

the championship

el campeonato

the grand slam

el gran slam

a seeded player

un jugador clasificado

first seed

primer clasificado

He was seeded third.

Se ha clasificado el tercero.

How well you played

You play well.
Well played!/Good shot!
Bad luck!
I haven't played for ages.

Qué de bien jugaste

Jugaste bien.
¡Bien jugado!/¡Buen golpe!
¡Mala suerte!
No he jugado desde hace mucho.

Working out

aerobics
a barbell
cardiovascular exercises
an exercise bike
a stationary bike
fitness
a fitness program
a fitness trainer
a gym
to jog
to jump rope
a jump rope
to lift weights
a nutrition program
a weightlifter
push-ups
repetitions
a routine
a rowing machine
sit-ups
stamina
step aerobics
strength training
stretching/to stretch
sweat
to sweat
to train with weights
a treadmill
warm-up and cool-down routines

weights
weight training
yoga

El ejercicio

ejercicio/ejercicio aeróbico
una haltera
ejercicios cardiovasculares
una bicicleta de ejercicio
una bicicleta estática
aptitud física
un programa de aptitud física
un entrenador de aptitud física
un gimnasio
correr
saltar la cuerda
una cuerda comba
levantar pesas
un programa de nutrición
un levantador de pesas
el ejercicio de plancha
los repeticiones
una rutina
una máquina remadora
ejercicios abdominales
la resistencia
ejercicio aeróbico de escalón
el entrenamiento de fortaleza física
estirarse
el sudor
sudar
entrenar con pesas
una rueda de andar
ejercicios de calentamiento y
    relajación
las pesas
entrenar con pesas
el yoga

One more rep!   ¡Una vez más!

Bodybuilding   *El culturismo*

the abs	los abductores
the chest	el pecho
the buttocks	las nalgas
the deltoids	los deltoides
the legs	las piernas
muscle definition	la definición de músculos
the muscles	los músculos
the pecs	los pectorales
the torso	el torso

Health   *La salud*

accupuncture	la acupuntura
aromatherapy	la terapiaroma
a chiropractor	un quiropráctico
to detoxify	desintoxicar
herbal essences	las esencias de hierbas aromáticas
a manicure	una manicura
a massage	un masaje
mineral water baths	las baños de aguas minerales
a mud facial	un tratamiento facial de barro
a pedicure	un pedicuro
physical therapy	terapia física
radiology	radiología
a sanitarium	un sanatorio
a sauna	una sauna
a spa	un balneario
a steam room	un baño de vapor
thermal springs	las aguas termales
a treatment session	una sesión de tratamiento
an ultraviolet lamp	una lámpara de rayos ultraviolets
a whirlpool	una piscina de hidromasaje

Other sports   *Otros deportes*

bowling	jugar a los bolos
boxing	el boxeo
a prizefight	un pugilato
a bullfight	una corrida de toros
a bungee jump	el salto de bungee

hiking	ir de excursión
jet ski	la moto acuática
mountaineering	el alpinismo/el andinismo
off-track riding	la equitación fuera del hipódromo
hang-gliding	el vuelo con ala delta/deslizador
rappelling	el rappel/hacer rappel
river rafting	el piragüismo en ríos
skateboarding	el deporte del monopatín/de la patineta
white-water rafting	el piragüismo en aguas rápidas

Pool   *Los billares*

the black/eight ball	la bola negra
a red ball	una bola colorada/roja
a cue	un taco
the cue ball	la pinta/la bola blanca
a cushion	una banda/baranda
a foul shot	un tiro sucio
a free shot	un tiro libre
a pocket	una tronera
to pot	entronerar

18

Water Sports and the Beach
Los Deportes Acuáticos y la Playa

Swimming

Do you like swimming?
Yes, I love swimming.
I don't really like swimming.
Would you like to go swimming?
No, I'm sorry, but I can't swim.

Types of pools

a public swimming pool
a private swimming pool
an indoor pool
an outdoor pool
a diving pool
a heated pool

an unheated pool

an aquatic park

Clothes and equipment

a swimming suit
a bikini
trunks

shorts
a bathing cap
a towel
goggles
a snorkel

La natación

¿Te gusta nadar?
Sí, me encanta nadar.
No me gusta nadar.
¿Te gustaría ir a nadar?
No, lo siento, pero no sé nadar.

Tipos de piscinas

una piscina pública
una piscina privada
una piscina cubierta
una piscina al aire libre
una piscina de saltos
una piscina con sistema
  de calefacción

una piscina sín sistema
  de calefacción

un aquapark

La ropa y el equipo

un traje de baño
un bikini
unos pantalones cortos/un bañador
  boxer
unos pantalones cortos
un gorro para el agua
una toalla
una gafas de nadar
un esnórkel

flippers	una aletas
an inner tube	un flotador
armbands	unos flotadores/unas alitas
a float	un flotador

Buying tickets

Comprando la entrada

an adult's ticket	una entrada para adulto
a child's ticket	una entrada para niño
a swimmer's ticket	una entrada para nadar
a spectator's ticket	una entrada para el palco de espectadores

Could I have tickets for two children, please?	¿Me da dos entradas para menores?
Could I have two adult spectator tickets, please?	¿Me da dos entradas para adultos?
Are there slides at this swimming pool?	¿Hay toboganes en la piscina?
Could we have tickets to go down the slides, please?	¿Me da entradas para montar en los toboganes?

Times of sessions

Tipos de sesiones/turnos

When does this session start?	¿A qué hora empieza este turno?
When does this session end?	¿A qué hora termina este turno?
When does our session end?	¿Cuando termina nuestro turno?
They blow a whistle at the end of the session.	Hacen una señal con el silbato cuando se acaba.
When does the next session start?	¿A qué hora es el próximo turno?
What time does the pool open on Saturday?	¿A qué hora abre la piscina los sábados?
What time does the pool close?	¿A qué hora cierra la piscina?

The parts of the pool

Las partes de la piscina

non-swimming areas	areas fuera de la piscina
the spectator area	el palco de espectadores
I think I will sit and watch, if you don't mind.	Creo que si no te importa prefiero sentarme y mirar.
the café	el café/la cafetería
I'll go and get something to eat and drink.	Voy a comprar algo de beber y comer.
the vending machine	la máquina dispensadora de bebidas
What change does the vending machine take?	¿Qué moneda necesito para la máquina de bebidas?

The locker rooms

Where are the locker rooms?

Is there a family locker room?

They are all individual cubicles.

There are separate locker rooms for men and women.

The locker rooms are for both sexes.

Getting changed

Shall we get changed together?

I'll use this cubicle.

to get undressed

to get dressed

to dry oneself

to dry one's hair

to use talcum powder

a coin-operated hair dryer

a hairbrush

to brush

a comb

to comb

a mirror

to look in

The lockers

What coins do you need for the lockers?

How do the lockers work?

Don't forget the number of your locker.

Can you remember our locker number?

I have forgotten the number of my locker.

My locker was somewhere here.

to lock

to unlock the door

Don't lose your key.

Put your clothes in here.

Los vestuarios

¿Dónde están los vestuarios?

¿Hay vestuarios familiares?

Todos son cambiadores individuales.

Hay vestuarios de caballeros y señoras.

Los vestuarios son unisex.

Cambiándose

¿Nos cambiamos a la vez?

Voy a meterme en este cambiador.

desvestirse

vestirse

secarse

secarse el pelo

poner polvos de talco

un secador por monedas

un cepillo

cepillarse

un peine

peinarse

un espejo

mirarse en

Los armarios/los lockers

¿Qué moneda necesito para los armarios/lockers?

¿Cómo funcionan los armarios/lockers?

No olvides el número de tu armarios/lockers.

¿Te acuerdas del número de nuestro armario/locker?

Me he olvidado del número de mi armario/locker.

Mi armario/locker es un de éstos.

cerrar

quitar la llave para abrir

No pierdas la llave.

Pon tu ropa aquí dentro.

The footbath and showers

You have to walk through the footbath.

You are supposed to shower before getting into the pool.

The pools

the wading pool

the children's pool

the main pool

the deep end

the shallow end

a length

a width

the depth

How long is the pool?

How wide is it?

How deep is it at the deep/ shallow end?

the diving board

the slide

Wave machine

Does this pool have a wave machine?

They put the wave machine on at intervals.

The waves are just starting.

They usually have the waves on for five minutes.

There's also a water spout.

Water slides

Pick up a mat.

This session is using blue/ red/yellow mats.

You sit on a mat.

Wait till the slide is clear.

You can go down now.

What is this slide like?

El terraplén de agua para los pies y las duchas

Tienes que mojarte los pies aquí.

Tienes que ducharte antes de entrar en la piscina.

Las piscinas

la piscina para niños pequeños

la piscina para menores

la piscina principal

la parte profunda

la parte baja

un largo

un ancho

la profundidad

¿Qué longitud tiene la piscina?

¿Qué anchura tiene?

¿Cómo es de profunda en la parte profunda/en la parte baja?

el trampolín de saltos

el tobogán

La maquina de oleaje

¿Tiene esta piscina máquina de oleaje?

Ponen la máquina a intervalos.

Las olas van a empezar.

Normalmente ponen las olas unos cinco minutos.

También hay un tobogán con corriente de agua/bocas de agua.

Los tubos/toboganes

Toma una alfombrilla.

En este turno se usan las alfombrillas azules/rojas/amarillas.

Siéntate en una alfrombrilla.

Espera hasta que el tobogán esté desocupado.

Baja/tírate ahora.

¿Qué tal está el tobogán?

It's steep.	Está muy inclinado.
It has a gentle slope.	Está ligeramente inclinado.
It bends a lot.	Tiene muchas curvas.
There's a corkscrew.	Tiene un rizo.
That one is really fast.	Ése es muy rápido.
It's like a water chute.	Es como un chorro de agua.
What slide do you like best?	¿Qué tobogán te gusta más?
I like this one/that one best.	Me gusta éste/ése mucho más.
Have you been down all the slides?	¿Has probado todos los toboganes?
I didn't like that one.	No me gustó ése.
That one was great.	Ése está fenomenal.

Swimming strokes

Los estilos de natación

to swim	nadar
to go for a swim	ir a nadar
to float on your back/front	flotar boca arriba/abajo
to swim the breaststroke	nadar a braza
backstroke	estilo de espalda
sidestroke	estilo de lado
crawl	crawl
butterfly stroke	estilo mariposa
Can you swim the backstroke?	¿Sabes nadar de espalda?
I can't do the butterfly.	No se nadar a mariposa.

Underwater swimming

El buceo

Can you swim underwater?	¿Sabes bucear?
I only like swimming underwater with goggles on.	Sólo buceo con gafas de bucear.
How far can you swim underwater?	¿Cuánto aguantas bajo el agua?
to swim between someone's legs	nadar por entre las piernas de alguien

Racing

Echar carreras

to race	echar una carrera
Let's have a race.	Vamos a echar una carrera.
I'll race you to the far end.	Te echo una carrera a ver quien llega al otro lado primero.
I won/you won.	Gané/has ganado.
It was a tie.	Empates.
Let's see who can swim farthest?	¿Vamos a ver quien nada más lejos?
How many lengths can you swim?	¿Cuántos largos puedes hacerte nadando?

Diving

to dive	tirarse de cabeza
Is it deep enough for diving?	¿Tiene profundidad suficiente para tirarse de cabeza?
I can dive but I'm not very good.	Sé tirarme pero no lo hago bien.
Did I splash a lot then?	¿He salpicado mucho?
What did that dive look like?	¿Qué tal me he tirado?
Should we dive for coins?	¿Nos tiramos a buscar monedas?
Do you have any coins?	¿Tienes monedas?
Will you throw some coins in for us to find?	¿Quieres lanzar monedas para que las busquemos?

Tirarse de cabeza

Safety

La seguridad

the lifeguard	el salvavidas/el socorrista
the first aid station	la enfermería de primeros auxilios
Can you life save?	¿Has hecho socorrismo alguna vez?
Don't go out of your depth.	No vayas donde te cubre.
Stay in the children's pool.	Quédate en la piscina para menores.
Don't run in case you slip.	No corras, no vaya a ser que patines/resbales.
You shouldn't swim just after eating.	No creo que debieras nadar inmediatamente después de comer.
I sometimes get cramps.	A veces me dan calambres (*m*).
I have got a cramp in my right/left leg.	Me ha dado un calambre en la pierna derecha/izquierda.

Getting out of the pool

Saliendo de la piscina

They just blew the whistle to get out.	Han tocado ya el silbato para indicar que tenemos que salir.
It's the end of our session now.	Se ha acabado nuestro turno.
You're looking cold/shivering.	Tienes frío/estás temblando.
I think we should get out now.	Creo que debieramos salir ahora.
Can't we have five more minutes?	¿Nos podemos quedar cinco minutos más?

Other water sports
Waterskiing

Otros deportes acuáticos
El esquí acuático

to take a waterskiing lesson	tomar clases de esquí acuático
a motorboat	una lancha a motor
to tow	remolcar
to be towed	ser remolcado

a towrope	una cuerda o soga para remolcar
a handle	un gancho
skis	los esquíes
bindings	las correas
a life jacket	un chaleco salvavidas
to crouch	agacharse
to hold the towrope	agarrarse a la soga de remolque
to accelerate	acelerar
to stand upright	ponerse de pie
the surface of the water	la superficie del agua
to skim	deslizarse sobre la superficie
to zigzag	hacer zig zag
to fall	caerse
to get back up again	levantarse de nuevo

Surfing

El surf

to surf	hacer surfing
a surfboard	una tabla de surfing
a long/short board	una tabla larga/corta de surf
fiberglass	la fibra de vidrio/el fibravidrio
to windsurf	hacer surfing con vela
the tide	la marea
the surf	el oleaje
the crest of a wave	la cima/la cresta de la ola
a big/small wave	una ola grande/pequeña
a breaking wave	un rompeolas
There's a huge wave coming.	Viene una ola muy grande.

Scuba diving

El submarinismo/el buceo

an airtank	un tanque de oxígeno
an Aqua Lung®	una escafandra autónoma
a diving center	un centro de submarinismo/buceo
the fins	las aletas
goggles	las gafas de bucear
a mask	unas gafas de bucear/de buceo
to take lessons	tomar clases particulares
a weight belt	un cinturón lastrado
a wet suit	un traje de neoprene/neopreno

To snorkel

Hacer buceo con tubo/con esnórkel

to float	flotar
to ride on the waves	tomar las olas

a snorkel	un esnórkel
a mask	una máscara
a mouthpiece	una boquilla
a tube	un tubo
flippers	las aletas

Fishing — *La pesca*

rent a boat	alquilar un bote
full day	por el día
half day	por medio día
deep-sea fishing	la pesca de altura
fly fishing	la pesca con mosca
a fishing rod	una caña de pescar
a fishing reel	una carrete
a fishing line	un sedal
a fishing hook	un anzuelo
bait	un cebo
a lure	un cebo artificial/señuelo
a fishnet (large one)	un red de pesca
a hand net	un red de mano
wading boots	las botas de vadear/botas altas

Volleyball — *El voleiból/el balonvolea*

beach volleyball	el voleiból/balonvolea de playa
a ball	una pelota
a court	una cancha
to dig	cavar
a let	una let
the net	la red
to serve	sacar
to spike	rematar/remachar
Let's play to fifteen points.	Juguemos desde quince puntos.

The beach — *La playa*

the sand	la arena
a pebble	una piedrecita rodada
a rock	una roca
a rock pool	una charca entre rocas
a starfish	una estrella de mar
a seashell	una concha marina/un caracol marino
shingle	los trozos de almejas y otras conchas

the cliffs	los acantilados
a sand dune	una duna de arena
a jellyfish	una medusa
seaweed	las algas

The sea | ## El mar

the tide	la marea
high tide	la marea alta
low tide	la marea baja
to come in	entrar
to go out	retirarse
a wave	una ola
to break	romper
to spray	salpicar

Clothes and equipment | ## La ropa y el equipo de playa

a swimming suit	un bañador
a bikini	un bikini
trunks	unos boxers
to get changed	cambiarse
to get dressed	vestirse
to dry oneself	secarse
a towel	una toalla
an inner tube	un flotador
armbands	unos flotadores/unas alitas
a surfboard	una tabla de surf
an inflatable	un inflable
to float	flotar
to take a turn on/with	ser el turno tuyo/tocarme
a lawn chair	una hamaca/silla de playa
a beach mat	una alfombrilla de playa
a windbreaker	una pantalla para el aire/ un contravientos
a parasol	un quitasol
a beach umbrella	una sombrilla para el sol

Sunbathing | ## Tomando el sol
Sunbathing equipment | ### El equipo para tomar el sol

a sunbed/a deckchair	una silla de playa/hamaca
a beach towel	una alfombrilla/toalla de playa
a cushion	un cojín
a sunshade/beach umbrella	una sombrilla

suntan cream	crema bronceadora
sunscreen	filtro de sol
suntan lotion	loción bronceadora
suntan oil	aceite bronceador
coconut oil	el aceite de coco
water resistant	a prueba de agua
after sun lotion	la loción para después del sol
a sun bed	una cama de rayos solares
a sun lamp	una lámpara de rayos uva

Useful expressions · *Expresiones útiles*

Can you put some cream on my back, please?	Por favor, ¿me pones crema en la espalda?
May I borrow some suntan cream, please?	Por favor, ¿me das un poco de crema bronceadora?
What SPF factor is your cream?	¿Qué factor SPF tiene tu crema?
It's too hot for me.	Es demasiado caliente para mí.
I am going to move into the shade for a while.	Me voy a la sombra un rato.
I am going to cool off in the swimming pool/sea.	Me voy a pegar un baño en la piscina/ el mar.
I don't like to sunbathe in the middle of the day.	No me gusta tomar el sol en pleno día.
Can you see the mark where my strap was?	¿Ves la marca de mi bañador?
Is my back looking brown?	¿Tengo la espalda morena?
I got sunburnt.	Me he quemado.
My skin is peeling.	Me estoy pelando.
I am sore.	Me duele el cuerpo.
Have you any calamine lotion?	¿Tienes loción para sobre exposición?
Insects keep biting me.	Los insectos no paran de picarme.
I don't want skin cancer.	No quiero tener cáncer de piel.
You are looking rather red.	Estás muy rojo(a).

The weather · *El tiempo*

The sun has gone in.	El sol se ha ocultado.
I wish the sun would come out again.	Espero que el sol salga de nuevo.
The sun is about to go behind that cloud.	El sol se va a ocultar detrás de esas nubes.
There's not a cloud in the sky.	No hay nubes en el cielo./Está despejado por completo.

Building sandcastles

a bucket	un cubo
a spade	una paleta/pala
a sandcastle	un castillo de arena
battlements	las almenas
a drawbridge	un puente elevadizo
tower	una torreta/torre
a flag	una bandera
a moat	un foso
a mound	un montón
a tunnel	un túnel
to build	construir
to collect shells	amontonar/recoger conchas
to decorate with pebbles	decorar con piedras rodadas
to dig	excavar
to fill	llenar
to jump on	saltar/apretar
to knock down	derribar
to make	hacer
to pat	aplastar
to smooth	suavizar/limar/rebajar
to tunnel	hacer un túnel
to turn out	sacar
to wait for the tide to come in	esperar a/que la marea entre

Walking on the beach

Paseando en la playa

to go for a walk	ir de paseo
along the beach	a lo largo de la orilla
on the cliffs	en los acantilados
over the rocks	por las rocas
at the edge of the sea	a la orilla del mar

Collecting shells

Recogiendo conchas

an unusual one	una rara
a pretty one	una bonita
a different type	un tipo diferente
broken	rota
to wash the sand off	quitarle la arena
to put in a bucket	poner en un cubo

Shrimping

Cogiendo camarones

a fishing net	una redecilla/un rede de pesca

Haciendo castillos de arena

to catch	coger
to look at the rock pools	mirar en las charcas de las rocas
a crab	un cangrejo
a shrimp	un camarón

Other activities / *Otras actividades*

to paddle	chapotear
to get wet	mojarse
to play bowls	jugar a la petanca/a los bolos
to play catch	jugar a lanzar la pelota
to play with a beach ball	jugar a la pelota con una pelota de playa
to ride a horse	montar a caballo
to run into the water	correr dentro del agua
to stay at the edge	quedarse en la orilla
to swim a long way out	nadar más adentro

Eating on the beach / *Comiendo en la playa*

to have something to eat	tomar algo de comer
a stick of candy	un palo de caramelo
an ice cream	un helado
a popsicle	un polo
a cold drink	una bebida fría
a picnic *(See pages 165–166.)*	un picnic
a sandwich	un sándwich/un bocadillo
a barbecue *(See pages 120–121.)*	una barbacoa
a disposable barbecue	una barbacoa desmontable
to gather firewood	amontonar leña
driftwood	las maderas rotas/los trozos de madera
to build a wind shield	poner una protección para el viento

Problems / *Problemas*

Be careful, there is . . .	Cuidado, hay . . .
broken glass	cristales/vidrios rotos
a jellyfish	una medusa
Portuguese man-of-war	una medusa portuguesa
sewage	las aguas residuales
a steeply shelving beach	una playa con promontorio
a strong current	una corriente fuerte
a rip tide	una corriente de resaca

Warning and safety signs | *Las señales de seguridad y peligro*

Bathing forbidden	Prohibido bañarse
Unsupervised bathing	Ausencia de salvavidas/socorrista
First aid post	Puesto de primeros auxilios
Lifeguard	Salvavidas/socorrista
Lifebuoy	Boya de salvavidas

Boats | *Los botes*

a speedboat	una lancha
to have a ride on	montarse en
a rowboat	un bote de remos
an oar	un remo
to row	remar
a yacht	un yate
to sail	navegar
a sail	una vuelta en bote
the crew	la tripulación
to go yachting	ir de viaje en yate
to race	echar una carrera
to win	ganar
to lose	perder
a canoe	una canoa
a paddle	un patín
to paddle	chapotear
a pedal boat	un bote de pedales
to pedal	pedalear
to rent	alquilar

Cruises | *Los cruceros*

to go for a cruise	ir de crucero
to pay the fare	pagar el costo
a short/long cruise	un crucero corto/largo
a two-hour cruise	un crucero de dos horas
the captain	el capitán
the crew	la tripulación
a sailor	un marinero
to go aboard	embarcar
to go on deck	salir a la cubierta
to get soaked by the spray	mojarse con el oleaje
to go back inside	meterse dentro otra vez

to get out of the wind	cobijarse del viento/reguardarse del viento
to have a drink in the bar	tomar una bebida en el bar
to feel seasick	sentirse mal

The harbor

El puerto

the quay	el dique
the lighthouse	el faro
a flashing light	una luz intermitente
a warning siren	una sirena de aviso
the fishing boats	los botes pesqueros
the nets	las redes
the catch	la pesca
the fishes	los peces
to anchor	echar el ancla
an anchor	un ancla

19

Family and Friends
La Familia y los Amigos

Family household

mother/mom/mommy/ma
father/dad/daddy
a sister
an older sister
the oldest sister
a younger sister
the youngest sister
a brother
an older brother
the oldest brother
a younger brother
the youngest brother
a twin
identical twins
fraternal twins
a daughter
a son

Los familiares de casa

madre/mamá/mami
padre/papá/papi
una hermana
una hermana mayor
la hermana mayor
una hermana más pequeña
la hermana pequeña
un hermano
un hermano mayor
el hermano mayor
un hermano más pequeño
el hermano pequeño
un gemelo
mellizos
gemelos
una hija
un hijo

Common questions

How many brothers and sisters
    do you have?
I have one of each.
I have two sisters and one brother.
Are you the oldest or the youngest?
How old is your sister/brother?
What are your brothers and
    sisters called?

Cuestiones comunes

¿Cuántos hermanos y hermanas
    tienes?
Tengo uno de cada.
Tengo dos hermanas y un hermano.
¿Eres el mayor o el más pequeño?
¿Qué edad tiene tu hermano(a)?
¿Cómo se llaman tus hermanos?

The oldest is called . . .	El/la mayor se llama . . .
The youngest is called . . .	El/la pequeño(a) se llama . . .
The next one is thirteen and is called . . .	La/el siguiente tiene trece años y se llama . . .

The generations

Las generaciones

the older generation	la generación mayor
the younger generation	la generación más joven
my/our/your generation	mi/nuestra/tu generación
the generation gap	el salto generacional

Close relatives

Las familiares cercanos

a grandmother/granny/grandma	una abuela/abuelita/tata
a great-grandmother	una tatarabuela
a grandfather/granddad /grandpa	un abuelo/abuelito/tato
a great-grandfather	un tatarabuelo
a granddaughter	una nieta
a great-granddaughter	una hija de la nieta
a grandson	un nieto
a great-grandson	un hijo del nieto
an aunt/aunty	una tía
a great-aunt	una tía segunda
an uncle	un tío
a great-uncle	un tío segundo
a niece	una sobrina
a nephew	un sobrino
a cousin	un primo
a first/second cousin	un primo hermano/primo segundo
a cousin once/twice removed	un primo lejano

Relatives by marriage

Los familiares indirectos

a wife	una esposa
a husband	un marido
a mother-in-law	una suegra
a father-in-law	un suegro
a daughter-in-law	una nuera
a son-in-law	un yerno
a sister-in-law	una cuñada
a brother-in-law	un cuñado

Separation and divorce

La separación y el divorcio

to decide to separate	decidir separarse

to have a trial separation | tener un juicio para separarse

My parents are separated. | Mis padres se han separado.

to divorce | divorciarse

a divorce | un divorcio

My parents are divorced. | Mis padres son divorciados.

to decide where the children will live | decidir con quien van a vivir los hijos

I live with my father during vacations. | Vivo con mi padre durante el período de vacaciones.

I live with my mother during the school year. | Vivo con mi madre durante el periodo de colegio.

I spend alternate weekends with each parent. | Paso los fines de semana alternativamente con mi padre y mi madre.

a one-parent family | una familia de un solo padre

to have access to the children | tener derecho a ver a los hijos

to pay alimony | pagar la manutención

to spend the vacations with | pasar las vacaciones con

My father/mother has remarried. | Mi padre/madre se ha vuelto a casar.

My father and mother have both remarried. | Mi padre y mi madre se han vuelto casar con distintas personas.

a stepmother/a stepfather | una madrastra/un padrastro

a stepdaughter/a stepson | una hijastra/un hijastro

a stepsister/a stepbrother | una hermanastra/un hermanastro

a widow/a widower | una viuda/un viudo

Friends

Los amigos

an acquaintance | un conocido

a friend of the family | un amigo de la familia

a godparent | un padrino

to become friends | hacerse amigos

a good friend | un buen amigo/una buena amiga

a best friend | un mejor amigo/una mejor amiga

a friend of mine | un amigo mio/una amiga mia

a boyfriend | un novio

a girlfriend | una novia

a group of friends | un grupo de amigos

I go around with a group of people. | Salgo con una pandilla de gente.

I don't have one particular boyfriend/girlfriend. | No tengo un novio/novia.

I have a boyfriend. His name is . . . | Tengo un novio. Se llama . . .

My girlfriend is called . . .	Tengo una novia. Se llama . . .
a fiancée	una novia formal
a lover	un(a) amante
to live with	vivir con

Liking/not liking people
Liking

Caer bien o mal
Caer bien

to like	caer bien
to get along with	llevarse bien con
to socialize with	hacer vida social con
to make friends with	hacerse amigos
to fancy	gustar
to get on well with	llevarse bien con
to have a date with	tener una cita con
to go out with	salir con
to flirt with	flirtear/conquetear con
to fall for	estar enamorado de/morirse por
to fall in love	estar enamorado
to love	amar
to adore	adorar

Not liking

No caer bien/no gustar

not to get along with	no llevarse bien juntos
to fall out	reñir
to have a fight	tener una pelea
to dislike	no gustar/detestar
to get fed up with	hartarse de
to hate	odiar
to break up with	romper con
to finish a relationship	terminar una relación

Relationships

Las relaciones

They're seeing a lot of each other.	Estan saliendo juntos.
We fell in love at first sight.	Nos enamoramos cuando nos vimos.
She's infatuated with him.	Está deslumbrada con él.
They come from similar backgrounds.	Tienen los mismos valores.
Opposites attract.	Los opuestos se atraen.
We are open with each other.	Somos muy abiertos el uno con el otro.
We've been happily married for five years.	Estamos felizmente casados desde hace cinco años.

Relationship problems

They're going through a tough time.
He's playing around.

We don't seem to find the time
 to talk.
We've grown apart.
You're avoiding the issue.
Their parents don't approve.
money problems
health problems
a long-distance relationship

Physical relationships

to hold hands
to put your arm around someone
to cuddle
to kiss
to smooch
to go to bed together
to make love
to have sex
to be faithful/unfaithful
to live with
to use contraception
to have safe sex
to use a condom
to be on the pill
to sleep around
to take the morning-after pill

AIDS
VD (venereal disease)

Useful phrases

conception
a late period
a missed period
to do a pregnancy test
to be pregnant
a urine sample

Problemas con la relación

Están pasando por tiempos difíciles.
Él se la está jugando/Él la está
 engañando.
No parecemos encontrar tiempo
 para hablar.
Nos hemos distanciado.
Estás evadiendo el asunto.
Sus padres no lo aprueban.
problemas de dinero
problemas de salud
relación a larga distancia

Contacto corporal

cogerse de las manos
poner el brazo alrededor de alguien
abrazar
besar
besuquearse/atracar
ir a la cama
hacer el amor
tener sexo/tener relaciones sexuales
ser fiel/ser infiel
vivir con
usar contraceptivos
tener sexo seguro
usar condones
tomar la píldora
tener varias relaciones
tomar la píldora de la mañana
 siguiente

SIDA
Enfermedades venéreas

Frases útiles

la concepción
un retraso en el periodo
una falta
hacer un test de embarazo
estar embarazada
una prueba de orina

to see the doctor	ver al doctor
to go to the family planning clinic	ir a una clínica de planificación familiar
to get advice	pedir consejo
to decide on a termination	decir parar/interrumpir el embarazo
to have a baby	tener un bebé

Birth—Marriage—Death

El nacimiento—El boda— La muerte

Babies

Los bebés

birth	el nacimiento
to be born	nacer
What time were you born?	¿A qué hora naciste?
Where were you born?	¿Dónde naciste?
a baby/twins/triplets/quadruplets	un bebé/gemelos/trillizos/cuatrillizos
When is your birthday?	¿Cuándo es tu cumpleaños?
My birthday is . . .	Mi cumpleaños es el . . .
I am adopted.	Soy adoptado(a).

Babies' problems

Problemas con los bebés

to cry	llorar
to need the diaper changed	cambiar de pañal
disposable diapers	los pañales desechables/usar y tirar
cloth diapers	los pañales de paño
a safety pin	un alfiler de seguirdad/gancho
plastic pants	los pantis de plástico
to be tired	estar cansado(a)
to sleep	dormir
to be hungry	tener hambre
to have gas	tener gases

Feeding babies

El alimentando al bebé

to need to be fed	dar una toma
to have fed/to feed	tomar una comida/alimentar
breast-fed	amamantado
bottle-fed	alimentado con biberón/con mamadera
to sterilize the bottles	esterilizar los biberones/las mamaderas
to warm a bottle	calentar/entibiar un biberón/una mamadera

to demand feeding	esigir alimento
to be fed every four hours	ser alimentado cada cuatro horas
milk	leche
solid food	comida sólida (papillas)

Baby equipment   *Los utensilios del bebé*

a baby basket	un carricoche/una cuna portátil
a crib	una cuna
a stoller	un carricoche/un cochedito
a baby sling	unas correas para llevar al bebé/ unas correas indias
a baby seat for the car	un asiento de bebé para el coche
a high chair	una silla alta para el bebé
a playpen	un corral
a changing mat	una alfombrilla para cambiar al bebé
a bib	un chupete
toys	los muñecos/los juguetes
a musical box	una caja musical
a mobile	un juguete desmontable

Young children   *Los niños*

to learn to roll over	aprender a darse vuelta
to crawl	gatear
to stand up	levantarse
to walk	andar
for the first time	por primera vez
to say his/her first words	decir las primeras palabras
to go to nursery school	ir a la guardería
to play	jugar
to draw	dibujar
to color	colorear
to paint	pintar
to do jigsaw puzzles	hacer rompecabezas (*m*)
to learn the alphabet	aprender el alfabeto
to learn to count	aprender a contar
to learn to read and write	aprender a leer y escribir

Adolescence   *La adolescencia*

to be a teenager	ser un adolescente
to be independent	ser independiente
to grow up	crecer
a social life	una vida social

to go out with friends	salir con amigos
to go to parties	ir a fiestas
to go to bed late	ir a la cama tarde
to sleep in	quedarse dormido hasta tarde
a curfew	una queda/un toque de queda
to come of age	ser mayor de edad
to have the right to vote	tener derecho a votar
to be old enough to drink	tener edad para beber
to learn to drive *(See pages 295–296.)*	aprender a conducir
to be an adult	ser un adulto

Marital status   *El estado civil*

unmarried	soltero(a)
a spinster/bachelor girl	una solterona
a bachelor	un licenciado
to get engaged	estar comprometido
a fiancé/fiancée	una novia/novio formal
an engagement ring	una alianza/un anillo de compromiso
to announce the engagement	anunciar el compromiso

Weddings   *Las bodas*

to decide on a wedding day	decidir el día de la boda/fijar la fecha
to send out invitations	enviar las invitaciones
to look at a bridal registry	mirar a la lista de regalos de boda
to get married in church	casarse por la iglesia
to get married in a government office/civil ceremony	casarse por el juzgado/por el civil
the bride	la novia
the bridegroom	el novio
the best man	el padrino de boda
a bridesmaid	la dama de honor
a ring bearer	un paje
the reverend	el reverendo
the priest	el cura/el padre
the registrar	el registro oficial
the organist	el organista
the choir	el coro
the photographer	el fotógrafo
to pose for photos	posar para las fotos
to have photos taken	tomarse fotos
the guests	los invitados
the wedding dress	el vestido de bodas

the veil	el velo
the train	la cola
the wedding ring	el anillo de bodas
a bouquet	un ramo
to carry	llevar
to throw	lanzar
to catch	coger al vuelo
a boutonniere	un ojal
the wedding service	el servicio de bodas
to walk down the aisle	andar a lo largo del pasillo
the father of the bride	el padre de la novia
to kneel	ponerse de rodillas/arrodillarse
to sing hymns	cantar himnos
to pray	rezar

The wedding reception *La recepción de bodas*

to shake hands	darse la mano
to welcome guests	dar la bienvenida a los invitados
to make a speech	dar un discurso
the best man's speech	el discurso del padrino
to make a joke	gastar bromas
to make a toast	hacer un brindis
to raise your glasses	levantar las copas para brindar

The honeymoon *La luna de miel*

to leave the reception	salir de la celebración
to get changed	cambiarse de ropa
to go on a honeymoon	ir de luna de miel
to decorate the car	decorar el coche
newly married	recién casados
to throw confetti/rice	lanzar confeti/arroz
to wave goodbye	decir adiós

Wedding anniversaries *Los aniversarios de bodas*

a silver wedding	bodas de plata
a golden wedding	bodas de oro
a diamond wedding	bodas de diamantes
to celebrate a wedding anniversary	celebrar un aniversario de bodas

Middle age *La edad media*

to be middle-aged	tener/ser de edad media
to raise children	criar niños
to have grown children	tener hijos adultos

to become a grandparent	convertirse en abuelos
to go through menopause	atravesar la menopausia
middle-aged spread	la curva de la felicidad
hormone replacement therapy	la terapia de hormonas
to feel depressed	sentirse deprimido
to start getting wrinkles	aparecer las primeras arrugas
to have more free time	tener más tiempo libre
to take up new interests	tener nuevos hobbies

Old age · *La senectud*

to retire	retirarse/jubilarse
to take partial/early retirement	retirarse parcialmente/retirarse antes de tiempo/jubilar temprano
to enjoy retirement	disfrutar la jubilación
a pension	una pensión
a senior citizen	una ayuda por tercera edad
to get discounts	tener derecho a descuentos
to live on one's own	vivir solo
to live with one's family	vivir con la familia
to go into sheltered housing	ir a una casa albergue
a retirement home	un retiro de ancianos
to be looked after/to be nursed	ser cuidado/ser atendido por una enfermera

Death · *La muerte*

to die	morir
to have a heart attack	sufrir un ataque al corazón
to have a stroke	tener un ataque de apoplejía/un derrame cerebral
to have cancer	tener cáncer
to be unconscious	estar inconsciente
to be unable to talk properly	ser incapaz de hablar bien
to forget things	olvidar cosas
to be in pain	tener dolores
to take painkillers	tomar tranquilizantes
to die in one's sleep	morir mientras se está durmiendo
to die peacefully	morir en paz
to call the doctor	llamar al doctor
to sign the death certificate	firmar el certificado de defunción
to call the mortuary	llamar a la funeraria
the funeral	el funeral

a church	una iglesia
a crematorium	un crematorio
the coffin	un ataúd
a grave	una tumba
a wreath	una corona
flowers	flores
to mourn	lamentar
to weep	llorar
to pray	rezar
to comfort	consolar
a widow	una viuda
a widower	un viudo

20

Contacting People
Poniéndose en Contacto con Gente

By mail	***Por correo***
Stationery	***Los artículos de escritorio y oficina***
Notepaper	***El papel para notas***
personalized/letterhead	con membrete/cabecera
lined	con rayas
unlined	sin rayas
white	blanco
cream	color crema
azure	azul celeste
blue	azul
a margin	una línea de margen
Postcards	***Las postales***
a picture postcard	una postal de un cuadro
a funny postcard	una postal graciosa
a scenic postcard	una postal paisjística/una tarjeta postal
a photograph	una foto
an art reproduction	una reproducción de obra de arte
Envelopes	***Los sobres***
an envelope	un sobre
to seal	cerrar
to lick	lamer
to open	abrir
to address	dirigir
a padded envelope	un sobre para objetos o papeles delicados

to enclose a stamped self-addressed envelope	adjuntar un sobre con la dirección y sello

Stamps

Los sellos/las estampillas

a stamp	un sello/una estampilla
to lick	lamer
to stick on	pegar/poner
to buy	comprar
a book of stamps	un libro de sellos/de estampillas
a first-class stamp	un sello/una estampilla de primera clase
a second-class stamp	un sello/una estampilla de segunda clase

Useful expressions

Expresiones útiles

What stamp do I need for . . . ?	¿Qué sello/estampilla le pongo a . . . ?
How much does it cost to send a letter to the United States?	¿Cuánto cuesta enviar una carta a los Estados Unidos?
by the cheapest means possible	de la forma más barata posible
as fast as possible	tan rápido como sea posible
How long will it take to get there?	¿Cuánto va a tardar en llegar allí?
How much does it weigh?	¿Cuánto pesa?
Put it on the scales.	Póngala en la pesa.
guaranteed next-day delivery	Reparto garantizado en el día siguiente.
to send by registered mail	enviar por correo registrado/certificado
by air mail	por avión/por vía aérea
an international reply form/return receipt	una vuelta de correo internacional
to fill out details on a form	rellenar los detalles en un formulario
the sender	el remitente
the recipient	el destinatario
surname	apellido (*m*)
first names	nombres (*m*)
address and zip code	dirección (*f*) y código (*m*) postal
date	fecha
contents	contenidos (*m*)
value	valor

Packages

Los paquetes

to wrap up a package	envolver un paquete

wrapping paper	papel (*m*) para envolver
gift wrap	papel de regalo
brown paper	papel marrón
tissue paper	papel de seda
corrugated paper	papel ondulado
bubble wrap	papel burbujas
adhesive tape	cinta adhesiva
to tape	pegar con cinta adhesiva
string	la cuerda
to tie a knot	hacer un nudo (atar)
to put your finger on the knot	poner el dedo sobre el nudo
scissors	las tijeras
a knife	un cuchillo
to cut	cortar
tape	la cinta
to stick	pegar
to undo	deshacer
Fragile!	¡Frágil!
Handle with care!	¡Material delicado!
This way up!	¡Hacia arriba!

Mailboxes   *Los buzones de correos*

Is there a mailbox near here?	¿Hay un buzón cerca de aquí?
to take a letter to the post office	llevar una carta al correo
What are the collection times?	¿Cuáles son las horas de recogida?
the first pickup/the next pickup	la primer recogida/la próxima recogida
to catch the last pickup	llegar a punto a la última recogida
to miss the pickup	llegar tarde para la recogida
local and national mail	nacionales y correo local
international mail	internacionales
working days	días laborales
public holidays	días feriados/días puente/días festivos/fiestas

The post office   *La oficina de correos/el correo*

to line up	hacer cola
to wait to be served	esperar a ser atendido
to go to the counter	ir al mostrador

Postal deliveries   *Las entregas/los repartos postales*

a letter carrier/mailperson	un cartero/una cartera

a mail van	una camioneta de entregar correo
a postal route	un recorrido postal
What time does the mail usually arrive?	¿A qué hora llega el correo normalmente?
Has the mail been delivered yet?	¿Ha llegado el cartero?
Is there a letter for me?	¿Hay alguna carta para mí?

Writing letters
Formal letters

Dear Sir	Estimado Señor
Dear Mr./Mrs./Ms.	Querido Señor/Señora/Señorita
Yours faithfully/sincerely	Atentamente

Informal letters

Dear James	Querido Jaime
With best wishes	un abrazo
Affectionately	con cariño
Love	un beso
Lots of love	con mucho cariño
All my love	con todo mi cariño

By telephone

Escribiendo cartas
Cartas formales

Cartas informales

Par teléfono

Spanish directory assistance = 003	Información nacional (Española) = 003
Spanish international directory assistance = 025	Información internacional (Española) = 025

The telephone

El teléfono

the receiver	el auricular
to pick up	levantar
to listen	escuchar
The telephone is ringing.	El teléfono está sonando.
Shall I answer it?	¿Lo contesto?
I'll get it.	Yo lo contesto.
I'll take it in the kitchen.	Lo contesto en la cocina.
the dial	el marcador/el dial
to dial a number	marcar un número
a car phone	el celular de automóvil
a mobile phone	el teléfono portátil
a cellular phone	el celular

The tones

Los tonos

the dial tone	el tono de marcar

to get the busy signal	obtener un tono de "ocupado"
It's busy.	Está ocupado./La línea está ocupada.
It's ringing.	Está sonando/da línea.
It's out of order.	Está roto/descompuesto (averiado).
It's disconnected.	El número está desconectado.
There isn't any dial tone.	No hay tono de marcar.
Can you help me, please?	¿Puede ayudarme, por favor?
I was cut off.	Se me cortó la línea./Se me desonectó.

Answering the phone
Respondiendo/contestando el teléfono

Hello, is that Peter?	¡Hola! ¿es Pedro?
Could I speak to your mother?	¿Puedo hablar con tu madre?
Is Julia there, please?	¿Está Julia, por favor?
Who is this speaking?	¿Quién es?/¿Quién habla?
Who do you want to talk to?	¿Con quién quiere hablar?/¿A quién llama?
To whom do you want to speak?	¿Con quién quiere hablar?
Hang on.	Espere, un momento.
I'll get him/her for you.	Voy a llamarlo/llamarla.
He/she won't be a minute.	Viene en un minuto./Ya viene.
I am sorry he/she isn't in at the moment.	Lo siento pero no está en este momento.
When will he/she be back?	¿Cuándo va a volver?
Can you say I called?	¿Puede decirle que he llamado?
Could you give him/her a message, please?	¿Puedo dejar un mensaje para él/ella, por favor?
I will call again another time.	Llamaré más tarde.
We are just about to eat. Can we call you later?	Estamos a punto de comer. ¿Puedes llamarnos más tarde?
What is your number?	¿Cuál es su número de teléfono?
Can I take a message?	¿Quiere dejar un mensaje?
Whom shall I say called?	¿Quién digo que lo/la llamó?

Finding telephone numbers
Buscando números de teléfono

a telephone directory	una guía de teléfonos
an address book	una libreta de direcciones/ un diario/una agenda
to look up a number	mirar un número
What is their name?	¿Cuál es su nombre?
How do you spell it?	¿Cómo se escribe/se deletrea?

What is their address?	¿Cuál es su dirección?
yellow pages	las páginas amarillas
directory information	información (*f*)

Using a public phone booth

I need some change.	Necesito cambio.
What coins does it take?	¿Qué monedas se necesita?
a telephone token	una ficha telefónica
Does it take a phone card?	¿Funciona con tarjetas telefónicas?
a twenty-five unit card	una tarjeta de veinticinco unidades
Could I reverse the charge, please?	¿Puedo llamar a cobro revertido, por favor?
out of order	averiado(a)/fuera de uso
How do you use this telephone?	¿Cómo se utiliza este teléfono?
Can you use a charge card?	¿Funciona con tarjeta de crédito telefónico?

Answering machine

to turn on/off	encender/apagar
Is the answering machine on?	¿Está puesto el contestador?
There is a message on the answering machine for you.	Hay un mensaje en el contestador para tí.
The answering machine is flashing.	El contestador tiene el intermitente encendido.
The answering machine is beeping.	El contestador está dando la señal para dejar el mensaje.
to play back the tape	rebobinar la cinta
to listen to the messages	escuchar los mensajes
to record a message	grabar un mensaje
to rewind	rebobinar
to reset	volver a poner
to screen phone calls	seleccionar las llamadas
voice-mail	el correo auditivo/de voz

Usando una cabina pública de teléfono and **El contestador automático** appear as the Spanish section headings.

21

School and College
La Escuela y el Colegio

I go to . . .   Yo voy a . . .
a nursery school   una guardería
a primary school/an elementary   un colegio/una escuela de enseñanza
   school   primaria
a secondary school   un instituto de enseñanza secundaría
a private school   un colegio privado
a state school   un colegio estatal
a coeducational school   un colegio de educación mixta
a college/university   una universidad
a technical school   una escuela técnica/un colegio técnico

School buildings and rooms

Los edificios y las habitaciones en el colegio

the school office   la oficina del colegio
the staff room   la oficina del personal/del profesorado

The assembly hall

La sala de reuniones

the platform   el escenario
a microphone   un micrófono
the chairs   las sillas
to stack   apilar
to put out in rows   poner las sillas en hileras

The classroom

Las clases/las aulas

a desk   un pupitre/un escritorio
a desk top   un cajón de pupitre
to open   abrir
to close   cerrar
a chair   una silla
to sit down   sentarse
the blackboard   la pizarra
to write on   escribir
chalk   la tiza
a blackboard duster   un borrador
to wipe the blackboard   borrar la pizarra
the bulletin board   el tablero de anuncios
to pin up a bulletin   clavar un mensaje

The dining room

El comedor

the canteen   la cafetería
to line up   hacer cola

to take a tray	tomar una bandeja
to ask for	pedir
to help yourself	servirse uno mismo
self-service	autoservicio
Could I have a little . . . , please?	¿Me pone un poco de . . . ? Por favor.
Could I have a lot of . . . , please?	¿Me pone mucho (de) . . . ? Por favor.
to clear the table	limpiar la mesa/recoger la mesa
to wipe the table	limpiar la mesa

The gymnasium   *El gimnasio*

the wall bars	las espalderas
a vault	un potro sin anillas
to vault	saltar un obstáculo
a horse	un potro de anillas
a monkey bar	una barra
to balance	hacer equilibrio
a rope	una soga
to climb	trepar/subir
to swing	balancearse/columpiarse
a rope ladder	una soga con nudos
a springboard/a trampoline	un trampolín
a mat	una alfombrilla
the showers	las duchas
a changing room	los vestuarios

The music room   *La clase de música*

a practice room	un auditorio
a piano	un piano
a music stand	un atril
lockers	los armarios
soundproof	aislado de ruidos/a prueba de ruidos

(See pages 97–99 for music lessons and practice.)

The art room   *La clase de arte*

an easel	un caballete
paints	las pinturas
paintbrushes	los pinceles
paper	el papel
to have a painting on the wall	tener un fresco/una pintura al fresco
to be on display	tener expuesto

an exhibition of work	una exposición de obras

(See page 161 for details of art equipment.)

The science block

La sección de ciencias

a laboratory	un laboratorio de experimentos
a lab coat	una bata blanca/de laboratorio
safety glasses	gafas anteojos de seguridad
a work bench	un banco
a sink	un fregadero
acidic/alkaline	ácido(a)/alcalino(a)
litmus paper	el papel universal para medir el PH
the periodic table	la tabla periódica

Apparatus

Los aparatos

a beaker	un vaso de precipitación
a Bunsen burner	un quemador Bunsen
a tripod	un trípode
gauze	la gasa
a condenser	un condensador
a crucible	un crisol
a delivery tube	una pipeta
an evaporating basin	una desvanecedora
filter paper	un filtro de papel
a flask	un termo/una probeta
conical	cónico(a)
round-bottomed	aforado(a)/con el fondo esférico
flat-bottomed	con el fondo plano
a fractionating column	una probeta métrica
a funnel	un embudo
a gas jar	una jarra de cristal
a measuring cylinder	una probeta graduada
a pair of tongs	unas tenacillas
a pipette	una pipeta
scales	una pesa/una balanza
mortar and pestle	un mortero y mano
a spatula	una espátula
a stand	un soporte
a clamp	una pinza
a syringe	una jeringuilla
a test tube	un tubo de ensayo

a test tube holder	un soporte para el tubo de ensayo
a test tube rack	una base para tubos de ensayo
a thermometer	un termómetro

The library

La biblioteca

the librarian	el bibliotecario/la bibliotecaria
to take a book out	sacar un libro
to return a book	devolver un libro
to be overdue	sobrepasar el plazo
to reserve	reservar
to read	leer
a reference book	un libro de referencias
a catalog	un catálogo
a list of authors	una lista de autores
a list of titles	una lista de títulos
alphabetical	alfabético(a)
to look up	mirar/consultar

The cloakroom

El ropero

a peg	un colgador/un perchero
to hang up	colgar
a locker	un armario
to lock	cerrar
to unlock	abrir con llave
to put away	quitar del medio
to get out	sacar

The restroom/washroom

Los servicios/los baños

engaged	ocupado
vacant	vacante
the washbasin	el lavabo
to wash one's hands	lavarse las manos
to dry one's hands	secarse las manos
a towel	una toalla
a mirror	un espejo
to look in	mirarse en
to brush one's hair	cepillarse el pelo

The nurse's office

La enfermería

the nurse	la enfermera
to feel sick	sentirse mal
to lie down	tumbarse/botarse

to have a headache	tener dolor de cabeza
to feel sick	estar enfermo
to take your temperature	tomar la temperatura
to have an accident	tener un accidente
to go to the hospital	ir al hospital
to go home	ir a casa
to call your family	llamar a su familia

(For details of illnesses see pages 303–308.)

The school grounds   *Los patios de recreo en el colegio*

the playground	el patio de recreo
the volleyball courts	las pistas de juegos/de deportes
the tennis courts	las pistas de tenis
the sports field	los campos de deportes
the hockey/lacrosse field	el campo de hockey/de lacrosse
the swimming pool	la piscina

(See pages 213–217 for playing tennis and pages 220–225 for swimming.)

School life   *La jornada en el colegio*
The staff   *La plantilla/el profesorado*

the principal	el director/la directora
the assistant principal	el subdirector/la subdirectora
the home room teacher	el responsable del año/el tutor del curso
the department head	el jefe de departamento
the course teacher	el profesor de curso
a subject teacher	el profesor/maestro de una asignatura
the kitchen staff	los cocineros/as
the maintenance staff	los empleados de mantenimiento
the security staff	el personal de seguridad/los guardias

The students   *El alumnado*

a student	un alumno
a day student /a boarding student	un estudiante de día/un interno
a weekly boarder	un interno durante la semana
a new girl/a new boy	una chica nueva/un chico nuevo
a first-year student	un novato/un recién llegado

The school year

the terms/semesters
the fall term
the spring term
the summer term
the holidays
a half-term holiday

the Christmas vacation
the Easter vacation
the summer vacation
graduation day
a public holiday

Useful expressions

My school is . . .
coeducational
a girls' school
a boys' school
selective
mixed-ability

large/small
boarding/day school

My school starts at nine o'clock.

My lessons last forty minutes.
We have/don't have school on
    Saturdays.
We have four French lessons a week.

What's your favorite subject?
I like math best.
I hate Latin.
I think history is really interesting.

What is your teacher like?

I think my teacher is . . .
boring

El año escolar

los trimestre/los semetres
el trimestre de otoño
el trimestre de primavera
el trimestre de verano
las vacaciones
las vacaciones de mediados de
    trimestre

las vacaciones de Navidad
las vacaciones de Semana Santa
las vacaciones de verano
el día de la graduación
un feriado

Expresiones útiles

Mi colegio es . . .
un colegio mixto
un colegio de mujeres
un colegio de hombres
un colegio selectivo por examen
un colegio de educación selectiva en
    función de la habilidad intelectual
grande/pequeño
un colegio con residencia/un colegio
    medio-pensionista

Mi colegio empieza a las nueve en
    punto.
Mis clases duran cuarenta minutos.
Tenemos clase/no tenemos clase los
    sábados.
Tenemos cuatro clases de francés a la
    semana.

¿Cuál es tu asignatura favorita?
Me gustan las matemáticas sobre todo.
Odio el Latín.
Pienso que la historia es muy
    interesante.

¿Cómo es tu profesor(a)?

Creo que mi profesor(a) es . . .
aburrido(a)

excellent	excelente
very good	muy bueno(a)
strict	estricto(a)
unable to keep order	no puede manejar la clase
funny	divertido(a)
eccentric	excéntrico(a)
My teacher is . . .	Mi profesor(a) es . . .
old/young	viejo(a)/joven
male/female	un hombre/una mujer

What are you going to do when you leave school?

¿Qué quieres ser cuando salgas del colegio?

I am planning to . . .	Me gustaría . . .
I have a place at . . .	Tengo un lugar en . . .
I don't know yet.	No lo sé todavía.

Registration

Pasando lista

to register	pasar lista
to be present	estar presente
to be absent	faltar/estar ausente
to give out notices	dar notas
school assembly	la sala de reuniones
to walk in single file	marchar en fila

Clothes and equipment

La ropa y el equipo

school uniform	el uniforme del colegio
a lab coat	una bata blanca/bata de laboratorio
Do you have to wear a school uniform?	¿Tienes que llevar uniforme?
What color is your school uniform?	¿De qué color es tu uniforme?
Do you like your uniform?	¿Te gusta llevar uniforme?

A briefcase

Un maletín

a gym bag	una bolsa de deporte
a backpack	una mochila
a schoolbag	una bolsa para el colegio
a duffle bag	un saco
a calculator	una calculadora

A sports bag

Una bolsa de deportes

athletic shoes	zapatillas de deportes/deportivas
shorts	unos pantalones cortos
a T-shirt	la camiseta/la playera/la remera
a towel	una toalla

Stationery
Paper

accounting paper
colored paper
file paper
ring reinforcers
graph paper
notepaper
lined paper
unlined paper
tracing paper
writing paper

Books

an exercise book
a draft book
a notebook
a textbook

Files

to file
a ringbinder file
an envelope file
a folder
a file divider

Writing equipment
A pencil case

to open
to close
to zip up
to unzip
a zipper

Pens

a ballpoint pen
a felt-tip pen
a fine tip
a thicker tip
a fountain pen
a fine point
a medium point

Los artículos de escritorio y oficina
El papel

papel cuadriculado
papel de color
papel de archivo
las anillas
papel para gráficas
papel de carta con membrete
papel con rayas
papel sin rayas
papel de calco
papel de escribir

Los libros

un libro de ejercicios
un libro de apuntes
un libro de notas
un libro de texto

Los ficheros

fichar/archivar
una carpeta de anillas/clasificador
un archivador de cartas
un archivo/un archivador
un divisor/un partidor/un separador

El equipo de escribir
Un estuche de lápices

abrir
cerrar
cerrar la cremallera
abrir
cremallera

Los bolis/los bolígrafos

un bolígrafo (bic)
un rotulador
un boli de punta fina
un boli de punta gorda
una estilográfica
una punta fina
una punta mediana

a thick point	una punta gorda
a cartridge pen	una pluma de cartuchos

Ink

La tinta

a bottle of ink	un tintero
to fill the pen	llenar el boli/la estilográfica
to run out of ink	quedarse sín tinta
a cartridge	un cartucho
to need a new cartridge	necesitar un cartucho nuevo
to put a cartridge in	poner un cartucho
a full/half-full/empty cartridge	un cartucho lleno/medio/vacío
What type of cartridge does it take?	¿Qué tipo de cartucho necesita/usa?
an ink eradicator	un quitador/estripador de tinta
a mistake	un error/una falta
blotting paper	papel secante
to blot	secar
an ink blot	una mancha de tinta
to spill the ink	derramar la tinta

Pencils

Los lápices

a lead pencil	un lápiz de carbón/de minas
a colored pencil	un lápiz de color
hard	duro
soft	blando
the point	la punta
blunt	rota
sharp	afilada
to break the lead	romper la mina
a pencil sharpener	una sacapuntas
to sharpen	sacar punta
to throw away the shavings	tirar las virutas

Erasers

Las gomas

to make a mistake	cometer un error/una falta
to rub out	borrar
an ink eraser	un borrador de tinta

Rulers

Las reglas

metric/imperial ruler	una regla métrica/británica
to measure	medir
to draw a straight line	dibujar/trazar una línea
to underline	subrayar
to double underline	volver a subrayar

Geometry equipment

a compass
a protractor
a set square
to draw an angle
to measure an angle

El equipo de geometría

un compás
un alargador/un brazo/un portador
una escuadra
trazar/dibujar un ángulo
medir un ángulo

Other equipment

Scissors

to cut
sharp
blunt
to cut along a line
to cut out

Otros materiales

Las tijeras

cortar
afiladas
desafiladas/mochas
cortar siguiendo una línea
cortar

Fastening things together

glue
adhesive tape
double-sided tape
a stapler
to staple
a staple
to run out of staples
Do you have any more staples?

Juntando cosas

goma de pegar/pegamento
la cinta adhesiva/el Scotch®
la cinta doble-adhesiva
una grapadora
grapar
una grapa
quedarse sin grapas
¿Tiene más grapas?

A hole puncher

to punch holes
to use ring reinforcers

Una máquina de hacer agujeros/ taladradora

taladrar
usar anillas

Stencils

to stencil
a stencil
an alphabet stencil
capital letters
lowercase letters

Las plantillas

imprimir con plantilla
una plantilla
una plantilla de letras
letras mayúsculas
letras minúsculas

Studying and taking exams

The classes

art
biology

Estudiar y hacer los examen

Las clases

el arte
la biología

business studies	el comercio
chemistry	la química
design	ed diseño
general studies	los estudios generales
geography	la geografía
gymnastics	la gimnasia
history	la historia
home economics	el hogar
information technology/ computer science	la informática/la ciencia informática
Latin	el Latín
mathematics	las matemáticas
algebra	la algebra
arithmetic	la aritmética
calculus	la cálculo
geometry	la geometría
trigonometry	la trigonometría
metalwork	el trabajo de metal
modern languages	los idiomas
English	el inglés
Spanish	el español
French	el francés
German	el alemán
Italian	el italiano
Russian	el ruso
Portuguese	el portugués
literature	la literatura
language	la lengua
vocabulary	el vocabulario
grammar	la gramática
music	la música
physical education	la educación física
physics	la física
religious studies	la religión
technical drawing	el diseño técnico
woodworking	los trabajos en madera

The schedule

El horario

a free period	un período libre
the mid-morning break	el recreo de la mañana
recess	el recreo
lunchtime	el almuerzo

afternoon break	el recreo de la tarde
a bell	la campana
to ring	tocar
the end of the school day	el final del día escolar
homework	deberes/tareas

Studying

Estudiando

to study	estudiar
to work	trabajar
to concentrate	concentrarse
to do homework	hacer los deberes
to read	leer
to write	escribir
to take notes	tomar notas
headings	los títulos
a synopsis	un resumen
an abbreviation	una abreviación
shorthand	la taquigrafía

Writing an essay

Escribiendo un ensayo

the title	el título
to plan an essay	hacer un esquema para el ensayo
an introduction	una introducción
a new paragraph	un párrafo nuevo
a conclusion	una conclusión
to sum up	resumir
a quotation	una cita
a bibliography	una bibliografía/una referencia bibliográfica
to argue	argumentar
an argument	un argumento
to discuss	discutir
a discussion	una discusión
to describe	describir
a description	una descripción
to look at both sides	mirar a ambos lados
to examine	examinar
to include facts/dates	incluir hechos/fechas

Learning

Aprendiendo

to learn	aprender
to memorize	memorizar

facts	los hechos/los datos
dates	las fechas
a poem	un poema
to review	revisar
to be tested on	tener en examen en
to test yourself	examinarse uno mismo

Exams

Los exámenes

to take an exam	hacer/dar un examen
to pass exams	pasar un examen
to fail exams	fallar un examen/no pasar
to retake exams	hacer un examen por segunda vez/ repetir
to take a course in	tomar un curso sobre
to wait for the results	esperar los resultados
When do you hear your results?	¿Cuándo te dan las notas?
The results come on Wednesday.	Las notas salen el miércoles.
How do you get your results?	¿Cómo anuncian las notas?
We have to go to school for them.	Tenemos que ir al colegio a recogerlas.
The results come by mail.	Las notas las envían por correos.

Assessments

La evaluación

a report card	un informe del colegio
a mark	una nota
a percentage	un porcentaje
a grade	una nota de letras/un grado
an A grade	una A (un sobresaliente)
a B grade	una B (un notable)
to be graded	ser puntuado(a)/calificado(a)
a distinction	una matrícula de honor
to be first in the class	ser el primero de la clase
to be about average	estar dentro de la media
to be near the bottom	sacar un nota muy baja
to make one's corrections	hacer correcciones/corregir
to do better/worse than one had thought	hacer mejor/peor que lo que se esperaba
to be upset/disappointed	estar triste/desilusionado(a)
to be relieved	estar aliviado(a)
to be delighted	estar encantado(a)

Higher education
University entrance

to apply for admission to . . .
an interview
to be called for an interview
to take an exam
to get the examination results
the grades
to go to college

to go to business school
technical college
to be admitted to
to study for a degree in

Funding for college

I'm eligible for financial aid/
 student aid.
I'm on a sports scholarship.
a student loan

Living at college

to be in your first/second year
to be a freshman

to be in your third/last year
to be an undergraduate/a student

to live in a residence hall
non-boarding .
to live in off-campus housing
to rent an apartment
to live with some friends
the student union building
the administration building
the library

College activities

I'd like to get involved with
 college clubs.
What university clubs do you
 recommend?

Los estudios universitarios
La admisión en la universidad

pedir ser admitido en . . .
una entrevista
ser llamado para hacer una entrevista
dar un examen
obtener los resultados
las notas
ir a un instituto de educación
 avanzada

ir a un instituto comercial
una escuela técnica/un colegio técnico
ser admitido(a)
estudiar la carrera de

La financiamiento para la universidad

Califico para ayuda financiera a los
 estudiantes.
Tengo un beca deportiva.
un préstamo estudiantil

Viviendo en la universidad

estar en primer/segundo año
ser un novato/estudiante de
 primer año
estar en tercer/cuarto año/último año
ser un estudiante universitario/
 de licenciatura

vivir en la residencia de estudiantes
autónomo
vivir en un piso en la ciudad
alquilar un piso
vivir con amigos
la federación de estudiantes
una facultad
la biblioteca

Las actividades universarias

Me gustaría tomar parte en clubes
 universitarios.
¿Qué clubes universitarios
 recomienda?

How many members do you have?	¿Cuántos afiliados/miembros tienen?
How often do have meetings?	¿Con qué regularidad hacen reuniones?
Are there interesting speakers?	¿Hay oradores ineresantes?
What type of social events do you hold?	¿Qué tipo de actividades sociales tienen?
the debate society	la sociedad de debates
folkloric clubs	los clubes folclóricos
martial arts clubs	los clubes de artes marciales
the movie club	el club de cine
musical groups	los clubes de música
the choral society	la sociedad coral
the student orchestra	la orquesta estudiantil
political clubs	los clubes de política
sports clubs	los clubes deportivos
the student association	la asociación de estudiantes
the theatrical society	la sociedad de teatro
a fraternity	un club/una organización masculina estudiantil
a sorority	un club/una organización femenina estudiantil

Academic staff

El personal académico

the administrator	el administrador
an assistant professor	un asistente de catedrático
a coordinator	un coordinador
the dean	el decano
a doctor	un doctor
a lecturer	un conferenciante
a professor	un profesor/un catedrático
the registrar	el secretario general
a student counselor	un consejero de estudiantes

University degrees

La carrera universitaria

a bachelor's degree	una licenciatura
a master's degree	una post-licenciatura/una maestría
a doctorate	un doctorado
a degree in	una carrera de/un título de
a graduate	un licenciado/una licenciada
What did you major in?	¿De qué te especializaste?
What class of degree did you get?	¿Qué nota de licenciatura sacaste?

a degree with honors	una licenciatura con honores (de categoría superior)

Degree courses   *Las carreras*

accounting	la contabilidad
archaeology	la arqueología
architecture	la arquitectura
art history	la historia del arte
biochemistry	la bioquímica
botany	la botánica
business studies	las empresariales
chemical engineering	la ingeniería química
chemistry	la química
civil engineering	la ingeniería civil
classics	las clásicas
computer sciences	la informática/la ciencia informática
dentistry	la dentística
divinity	la religión
ecology	la ecología
economics	la economía
electrical engineering	la ingeniería electrónica
engineering	la ingeniería
film production	la cinematografía
fine arts/the arts	las bellas artes
gender studies	los estudios de identidad sexual
geography	la geografía
geology	la geología
geophysics	la geofísica
Hispanic studies	los estudios hispánicos
history	la historia
international studies	los estudios internacionales
journalism	el periodismo
law	el derecho
librarianship	el bibliotecario/la dirección de bibliotecas
literature	la literatura
mathematics	las matemáticas
mechanical engineering	la ingeniería mecánica
media studies	el periodismo/las comunicaciones
medicine	la medicina
modern languages	las idiomas/la filología

nursing	la enfermería
philosophy	la filosofía
political science	la ciencia política
psychology	la psicología
public health	la salud pública
social sciences	las ciencias sociales
social work	la asistencia social
sociology	la sociología
statistics	la estadística
teacher education	la educación de enseñanza
theater production	la dirección dramática
theology	la teología
veterinary science	la veterinaria
zoology	la zoología

College education — *La educación universitaria*

I'm in . . . year at college.	Estoy en el . . . año de la uiversidad.
a freshman/sophomore/junior/senior	un estudiante del primer año/de segundo año/de penúltimo año/de último año
a graduate student/assistant	un estudiante/asistente de universidad de graduados
a doctoral candidate	un candidato doctoral
an academic program	un programa académico
to enroll	matricularse
the curriculum	el currículo/el programa de estudios
to take a course	seguir un curso
a semester	un semestre
a major	una especialización
a degree	un título
the grades awarded	las calificaciones otorgadas
level 1	el nivel 1
the coursework	el trabajo de curso
a lecture	una conferencia
a tutorial	los cursos tutoriales/las clases prácticas
a field trip	una excursión de estudio
a paper	un ensayo
a dissertation	una tesis
to study	estudiar
credits	los créditos

to obtain credit hours	obtener horas de crédito
a certificate of attendance	un certificado de asistencia
a diploma	un diploma
an accredited course	un curso acreditado
a non-credit course	un curso sin calificación académica
I will receive 3 U.S. credits for 50 hours of tuition.	Voy a recibir 3 créditos estadounidenses por 50 horas de enseñanza.
I need to obtain approval from my college before I transfer to this course.	Necesito obtener autorización de mi universidad antes de transferir a este curso.
Please send a transcript to my college registrar.	Por favor mande una copia del certificado académico al secretario general de mi universidad.
I need to contact/E-mail my adviser at my U.S. college.	Necesito ponerme en contacto/ mandar un correo electrónico a mi consejero en mi universidad en los Estados Unidos (EEUU).

Spanish language program
La programa de español

individual tuition	la enseñanza individual
a private tutor	un tutor privado
personalized instruction	la instrucción particular
classroom instruction	la instrucción en el salón de clase
total immersion	la inmersión total
daily instruction	la enseñanza diaria
continuing education	la educación continua
a cultural workshop	un taller cultural
preparation	la reparación
beginner level	el nivel de principiante
intermediate level	el nivel intermedio
advanced level	el nivel avanzado
summer school	la escuela de verano

Language lessons
Los lecciones de idioma

entry requirement	el requisito de matriculación
a proficiency test	un examen de habilidad
a placement test	un examen de posición
specialized studies	los estudios especializados
business etiquette	el comportamiento en negocios

business Spanish	el español comercial
communicative language	el lenguaje de comunicación
composition	la composición
grammar	la gramática
language laboratory	el laboratorio de lenguaje
listening comprehension	la comprensión auditiva
literature	la literatura
oral fluency	la fluidez oral
phonetics	la fonética
reading	la lectura
sentence structure	la estructura de las oraciones
written Spanish	el español escrito
I have difficulty coping with class. Is there a lower level?	Tengo dificultades en seguir a la clase. ¿Hay un nivel más bajo?
My classes are not very challenging. Can I move to a higher level?	Mis clases son muy fáciles. ¿Puedo entrar a un nivel más alto?

22

Current Events
Los Sucesos Cotidianos

Politics
Elections

to call/hold an election	convocar/tener elecciones
to hold a referendum	tener un referéndum
a general election	una elecciones generales
to nominate	nombrar
a nomination	una nominación
to choose a candidate	elegir un candidato
to run for election	presentarse a una elección
to canvass opinion	hacer una colecta de opinión
to campaign	hacer una campaña
to give a speech	dar un discurso
the election day	el día de la elección
a polling station/place	un punto electoral local/un centro electoral
a ballot paper	un voto
to put a cross	marcar con una cruz
to vote for/against	votar en favor/en contra de
to vote by secret ballot	hacer uso del voto secreto
a postal vote	un voto postal
an absentee ballot	un voto por correo
the results of an election	los resultados de la elección
to announce the result	anunciar los resultados
to win/lose an election	ganar/perder unas elecciones
by a narrow margin	por un margen muy ligero
by a large majority	por una mayoría cómoda
to be elected	ser elegido

to be defeated	ser vencido/derrotado
to demand a recount	pedir un segundo cuento de votos
How would you vote?	¿Cómo vas a votar?
I don't bother to vote.	No me molesto en votar.
I voted for . . .	Voté por . . .
private versus public life	vida privada frente a la vida pública
media attention	la atención de los medios de comunicación

The economy   *La economía*

to pay taxes	pagar impuestos
high/low taxation	los impuestos altos/bajos
VAT (Value Added Tax)	IVA
sales tax	impuesto sobre las ventas
income tax	impuesto sobre la renta
property tax	impuesto sobre la propiedad inmobiliaria
exempt from tax	exento(a) de impuestos
the budget	el presupuesto
the recession	la crisis/recesión
inflation	la inflación
the depression	la depresión
unemployment	la cesantía
the welfare state	el estado benefactor

The workers   *Los trabajadores*

a trade union	un sindicato
to call a strike	llamar a la huelga
to go on strike	ir en huelga
to go out in sympathy	ir en apoyo/simpatizar con una causa
to demand	demandar/exigir
a pay raise	una subida salarial
better hours	una jornada de trabajo mejor
better conditions	mejores condiciones
equality	la igualdad
a minimum wage	un salario mínimo
to wave a banner	agitar una pancarta
to picket	hacer un piquete
to boycott	boicotear
a peaceful/violent demonstration	una manifestación/demostración pacífica/violenta

Emergencies

to declare a state of emergency	declarar un estado de emergencia
a riot	un levantamiento
the riot police	la policía antidisturbios
shields	los escudos
truncheons	las cachiporras/las porras
a bomb scare	una amenaza de bomba
a car bomb	un cochebomba
terrorists	terroristas
to evacuate the area	evacuar el área
the bomb disposal squad	la brigada anitexplosivos

War

La guerra

to declare war on	declarar la guerra
to be at war with	estar en guerra con
to fight	luchar
to wound	herir
casualties/the wounded	los heridos
the number of dead	el número de muertos
guerrilla warfare	la guerrilla
nuclear war	una guerra nuclear
a nuclear explosion	una explosión nuclear
radiation/fallout	la radiación/la lluvia radioactiva
an antinuclear protest	una protesta antinuclear
to be a pacifist	ser un pacifista
to campaign for	hacer una campaña en favor de
a protest march	una marcha de protesta
a peaceful demonstration	una manifestación/demostración pacífica
unilateral/multilateral disarmament	desarmamento unilateral/multilateral
to declare a truce	declarar una tregua
a cease-fire	un cese del fuego

Law and order

Ley y orden

the police	la policía
a policeman/a policewoman	un policía/una policía
a police car	un coche patrulla
a siren	una sirena
to break the law	romper/infringir la ley
to go over the speed limit	pasar el límite de velocidad

a speed camera/radar	una cámara de velocidad
to be over the breathalyzer limit	estar sobre el límite de alcoholemia
to have one's license suspended	ser suspendida la licencia de conducir/manejar
to take illegal drugs	tomar drogas ilegales
to be underage	ser menor de edad
to caution	retener
to arrest	arrestar
to imprison	meter en la cárcel
to witness	ser testigo
to give evidence	dar evidencia
to sign a statement	firmar una declaración
to telephone your home	llamar a la casa
to ask for a lawyer	pedir un abogado de oficio
to remain silent	permanecer en silencio

Law courts

Los juzgados

the judge	el juez
the jury	el jurado
to try	juzgar
the case for the prosecution	la acusación
to prosecute	acusar
the case for the defense	la defensa
to defend	defender
a prosecuting attorney	un abogado por la acusación/fiscal
a defense attorney	un abogado defensor
a summons	una citación judicial/un emplazamiento
a criminal	un criminal
to acquit	absolver exculpar
to be let off	conseguir ser absuelto
to find guilty	ser juzgado culpable
a sentence	una pena/sentencia
a fine	una multa
to fine	multar
to be put on probation	ser dejado en libertad condicional
a term of imprisonment	una sentencia de encarcelamiento
censorship	censura
freedom of speech	libertad de expresión

Sexuality

heterosexual
homosexual
lesbian/gay
sexually transmitted disease
HIV positive
AIDS
a blood test
a clinic
confidential
pornography
prostitution
equal opportunity
sexual discrimination

The lottery

to buy a lottery ticket
to buy an instant lottery ticket
to choose your numbers
a bonus number
to watch the lottery draw
The first ball/the final ball is . . .
The results of the lottery were . . .
The jackpot is . . .
a roll-over week

No one won the lottery.
a ten dollar prize
to share the winnings
How much is the lottery jackpot
    this week?
Do you approve of the lottery?
The charities are suffering because
    of the lotteries.
It gives people an interest.
It's just good fun.
Some people get addicted to it.
What would you do if you won
    the lottery?
I got only two numbers right.

La sexualidad

heterosexual
homosexual
lesbiana/gay
enfermedad de transmisión sexual
Enfermo de SIDA
SIDA
un test de sangre
una clínica
confidencial
pornografía
prostitución
igualdad de oportunidades
discriminación sexual

La lotería

comprar un boleto de lotería
comprar una tarjeta de rascar
elegir tus números
un número reintegro
ver el sorteo de lotería
La primer bola/la última bola es . . .
Los resultados de la lotería son . . .
El bote/gordo es . . .
un bote/gordo acumulado para la
    próxima semana
Nadi ganó la lotería.
un premio de diez dólares
compartir las ganancias
¿Cuál es el bote/gordo de esta
    semana?
¿Qué opina sobre la lotería?
Las organizaciones caritativas están
    siendo perjudicadas por la lotería.
Da alegría a la gente.
Es divertido.
Algunos son adictos a la lotería.
¿Qué haría si ganara la lotería?

Sólo tengo dos aciertos.

23

Travel
Viajar

Signs

Restrooms

ladies	señoras
gentlemen	caballeros
vacant	desocupado
occupied	ocupado
out of order	averiado/fuera de servicio
hot water	agua caliente
cold water	agua fría
no smoking	prohibido fumar

Entrances and exits

entrance	entrada
push	empuje
pull	tire
no entry	cerrado
exit	salida
fire exit	salida de emergencias
fire escape	salida de evacuación

Elevators and escalators

elevator	ascensor
up/down	arriba/abajo
It's coming.	Ya viene.
Push the button.	Presiona el botón.
Which floor do you want?	¿A qué piso quieres ir?
I want the third floor.	Quiero ir al tercer piso.
Which floor is it for . . . ?	¿En qué piso está . . . ?
the top floor/the ground floor	al piso de arriba/al piso de abajo
the basement	al sótano
Excuse me, I want to get out here.	Perdone, quiero salir de aquí.
escalator	la escalera eléctrica
the up escalator	la escalera eléctrica para subir
the down escalator	la escalera eléctrica para bajar
Hold on to the handrail.	Sujétese a la barandilla.
Stand in the middle.	Permanezca de pie en el centro.
Watch your feet.	Cuidado con el suelo/cuidado al poner los pies.

Open and closed

When do you open?	¿A qué hora abren?
We open at . . .	Abrimos a las . . .

Los señales/los letreros

Los servicios/los baños

Las entradas y las salidas

Los ascensores y las escaleras eléctricas

Abierto y cerrado

opening hours	Horas de apertura
open from . . . until . . .	Abierto de . . . hasta . . .
When do you close?	¿Cuándo cierran?
We close at . . .	Cerramos a las . . .
We are just about to close.	Estamos a punto de cerrar.

Sale

Las rebajas/la liquidación

Great reductions!	¡Super Rebajas!/¡Descuentos increíbles!
10 percent off everything	10% de descuento en todos los artículos
one third off	un tercio de descuento
half price	a mitad de precio
a bargain	una ganga
liquidation sale	rebajas por cierre/liquidación
Sale ends on . . .	La rebajas acaban el día . . .

Private

Privado

no admittance	admisión reservada
strictly private	estrictamente privado
staff only	sólo personal
trespassers will be prosecuted	no traspasar
beware of the dog	cuidado con el perro

Traveling by train

Viajando en tren

At the station

En la estación

the entrance	la entrada
the main concourse	la estación/la explanada principal
Shall we meet by the . . .?	¿Nos encontramos en . . .?
the bookstall	el quiosco/puesto de revistas y libros
the newstand	el quiosco de periódicos
the big clock	el reloj grande
the waiting room	la sala de espera
the restrooms	los servicios/los baños

(See page 33 for using the toilet and page 255 for public restrooms.)

The buffet

El autoservicio

to buy	comprar
a sandwich	un bocadillo/un sándwich
a coffee	un café

a cup of tea   una taza de té
a bottle of water   una botella de agua

The lost and found office   ## *La oficina de objetos perdidos*

I have lost my . . .   He perdido mi . . .
Has my wallet been handed in?   ¿Han traído mi cartera aquí?
Can I leave my suitcase here?   ¿Puedo dejar mi maleta aquí?
Do you have lockers?   ¿Tienen armarios?
How much are they?   ¿Cuánto es?/¿Cuánto cuesta?
What coins do they take?   ¿Qué monedas se necesita?
Do you have any change?   ¿Tiene cambio?
How do they work?   ¿Cómo funcionan?

Taxi   ## *El taxi*

the taxi stand   la parada de taxis
Shall we take a taxi?   ¿Tomamos un taxi?
There is a very long line.   Hay una fila larguísima.
to give a tip   dar una propina
How much would it cost for   ¿Cuánto cuesta ir a . . . en taxi?
  a taxi to . . . ?
Take me to the station.   Lléveme a la estación.
What is the fare?   ¿Cuál es la tarifa?

The information office   ## *La oficina de información*

Could I have a schedule for . . . ? ¿Me puede dar un horario?
What time is the next train for . . . ? ¿A qué hora es el próximo tren?
Is it a direct train?   ¿Es un tren directo?
Do I have to change?   ¿Tengo que cambiar?
Where do I have to change?   ¿Dónde tengo que cambiar?
Is there a good connection?   ¿Hay una buena conexión?
What time is the connection?   ¿A qué hora es la conexión/el
                                       transbordo?

What time does it arrive at . . .?   ¿A qué hora llega?
What time is the one after that?   ¿A qué hora es el siguiente?
How long does it take?   ¿Cuánto se tarda?
What platform does it leave from?   ¿De qué andén sale?

The ticket office   ## *La ventanilla de venta de boletos*

May I have . . . ?   ¿Quiero . . . ?
How much is . . . ?   ¿Cuánto es . . . ?
a round-trip ticket   un billete de ida y vuelta
a round-trip ticket returning today un billete de ida y vuelta en el
                                       mismo día

returning tomorrow	para volver mañana
returning next week/next month	para volver la próxima semana/el próxima mes
a one-way ticket	un billete de ida/sencillo
first class	primera clase
second class	segunda clase/clase turismo
a child-rate ticket	un billete para niño
a student-rate ticket	un billete de estudiante
a season ticket	un billete de temporada
for a week/a month	para una semana/un mes
a book of tickets	una libreta de billetes
May I reserve a seat on . . . ?	¿Quisiera reservar un asiento en . . . ?
Is there a discount for students?	¿Hacen descuentos para estudiantes?
Do you have a student card?	¿Tienes carnet de estudiante?
Do you have proof of your age?	¿Puede probar su edad?

The ticket punching machine — *La picadora/La perforadora*

to punch your ticket	picar/perforar el billete
You have to punch your ticket before boarding the train.	Tienes que picar/perforar tu billete antes de subir al tren.

The arrivals/departures board — *La pantalla de llegada/salidas*

due to arrive/depart at . . .	se espera a/sale a . . .
delayed by ten minutes	con retraso de diez minutos
on time	puntual
early	temprano
just arrived	acaba de llegar
leaving from platform nine	sale del andén número nueve
now boarding	embarcando ahora

Announcements — *Los anuncios*

What was that announcement?	¿Qué dijeron en los altavoces?
I didn't hear what he/she said.	No pude oír lo que dijo.
The next train to depart from platform one is the 3:45 for Barcelona, calling at all stations.	El próximo tren que sale del andén uno es el tren de las 3:45 que va a Barcelona, parando en todas las estaciones.
The train just arriving at platform four is the 2:30 from Guadalajara.	El tren que acaba de llegar en el andén cuatro es el de las 2:30 de Guadalajara.
We apologize for the delay.	Disculpen por el retraso.

The platform

a barrier	una barrera
a ticket inspector/collector	un revisor/un revisor de billetes
to catch the train	alcanzar el tren
to miss the train	perder el tren
a seat	un asiento
to sit down	sentarse
a luggage cart	un carrito/una carretilla para el equipaje
a porter	un portero

Types of trains

Tipos de trenes

an intercity	un interurbano
an express train	un tren expreso
a local train	un tren local/un tren de cercanías
a sleeper	un coche cama/coche dormitorio
Spanish Railway system	la Red Nacional de Ferrocarriles Españoles (RENFE)
Spanish high-speed trains	la Alta Velocidad Española (AVE)

Boarding a train

Subiendo al tren

the wagons/cars	los vagones
the front/rear carriage	el vagón de cabeza/del final
a compartment	un compartamiento
no smoking/smoking	prohibido fumar/fumadores
first class/second class	primera clase/de turismo
the buffet	el autoservicio
the dining car	el vagón restaurante/comedor
the bar	el bar
a snack cart	un carrito con comida
the sleeping compartment	la litera/el camarote
the door	la puerta
to open/to close	abrir/cerrar
Press the button to open the door.	Presionar el botón para abrir la puerta.
the windows	las ventanillas
Do you mind if I open/shut the window?	¿Le importa si abro/cierro la ventanilla?
the corridor	el pasillo
to walk along/to look for a seat	andar a lo largo/buscar un asiento
the emergency cord	la cuerda de emergencia
to pull	tirar

an emergency	una emergencia
to stop the train	parar el tren

The seats

Los asientos

Is this seat taken?	¿Está ocupado?
May I sit here?	¿Puedo sentarme aquí?
I'm sorry, someone is sitting here.	Lo siento, está ocupado.
That is a reserved seat.	Ese sitio está reservado.
Would you like to sit by the window?	¿Quiere sentarse al lado de la ventana?
Do you prefer to face the way we are going?	¿Quiere sentarse en la dirección en la que viajamos?
Shall we sit together?	¿Nos sentamos juntos?

The luggage rack

El portamaletas/el portaequipaje

Can I help you to put your suitcase up?	¿Puedo ayudarle a subir su maletín?
Can you manage to get your coat down?	¿Necesita ayuda para bajar su abrigo?

The passengers and railway staff

Los pasajeros y el personal de la estación de trenes

a commuter	un viajero
the driver	el conductor
the guard	el guarda
the ticket inspector	el revisor de boletos/billetes
Tickets please.	su boleto por favor.
Could I see your ticket, please?	¿Puedo ver su boleto?
I didn't have time to buy one, I'm afraid.	No tuve tiempo de comprar uno, me temo.
Can I pay now, please?	¿Puedo comprarlo ahora?
The ticket office was shut.	La ventanilla de ventas de boletos/ billetes estaba cerrada.
I can't find my ticket.	No puedo encontrar mi boleto/billete.
to be fined	poner una multa/multar
to be surcharged/to pay extra	pagar más/pagar extra

Traveling by subway

Viajando en el metro

Common expressions

Expresiones comunes

Shall we go by subway?	¿Vamos en el metro?
Which line is this station on?	¿En qué línea está esta estación?
Which line do we need to take?	¿Qué línea necesitamos?
What is this line called?	¿Cómo se llama esta línea?

What is this line number?	¿Cuál es el número de esta línea?
Let's look at a plan of the subway system.	¿Por qué no miramos un plano del metro?
We are here.	Estamos aquí.
We need to go there.	Tenemos que ir allí.
Which line do I take for the Plaza de Armas?	¿Qué línea necesito para ir a la Plaza de Armas?
Take this line.	Toma esta línea.
Where do I get off for . . . ?	¿Dónde tengo que bajarme para ir a . . . ?

Changing trains / *Cambiando de tren*

You need to change at León.	Tienes que cambiar en León.
We will have to change here.	Tenemos que cambiar aquí.
a connecting station	una estación para hacer conexión/ transbordo

Buying tickets at the ticket office / *Comprando el billete en la ventanilla*

Please could I have two tickets for . . .	Por favor, dos billetes para ir a . . .
to buy	comprar
a one-way/a round-trip ticket	uno de ida/de ida y vuelta
a child's ticket	un billete para niños
an adult's ticket	un billete para adultos
a student's ticket	un billete para estudiante
a daily pass	un billete para el día/un pase de día
a weekly pass	un billete semanal/un pase semanal
a book of ten tickets	una libreta de diez pases
Can you use the passes on the buses too?	¿Se puede utilizar el pase en el autobús también?
Is it more expensive at certain times of the day?	¿Es más caro dependiendo de las horas del día?
When does the cheap rate start?	¿Cuándo es más barato?
There is a flat rate fare.	Hay una tarifa fija.
the central zone	la zona central
an outer zone	la zona periférica
zone one/two/three	zona uno/dos/tres

At the ticket barrier / *En los controles de billetes*

Put your ticket in here.	Pon tu pase aquí.
Take your ticket out there.	Saca el pase por allí.
You have to show your ticket.	Tienes que enseñar el pase.
The barrier isn't working.	El control no funciona.

Escalators

a down/up escalator

to read the advertisements
to stand on the right

Las escaleras eléctricas

una escalera eléctrica de bajada/
   de subida
leer los carteles/avisos publicitarios
permanecer a la derecha

Traveling by bus
Bus stops

Which buses stop here?
Is this the right bus stop for . . . ?
How often do the buses run?

Have I just missed a bus?
How long have you been waiting?
to look at the timetable
a request stop
the next stop
You have to put your arm out to
   stop the bus.
This is the bus you want.
to get on/off the bus
a single-/double-decker
a coach

Viajando en el autobús
Las paradas de autobús

¿Qué autobuses paran aquí?
¿Es ésta la parada de autobús para . . . ?
¿Con qué regularidad paran los
   autobuses?
¿He perdido el autobús?
¿Cuánto tiempo llevas esperando?
mirar al horario
una parada opcional/solicitada
la siguiente parada
Tienes que levantar el brazo para
   parar al autobús.
Este es el autobús que quieres.
subirse al/bajarse del autobús
un autobús/un autobús de dos pisos
un autocar

Getting on the bus

Do you want to sit upstairs or
   downstairs?
Shall we go upstairs?
Press the button to stop the bus.
You pay the driver/conductor.

Could I have a one-way ticket to . . . ?
a round-trip ticket to . . .
I have a bus pass.

Subiéndose al autobús

¿Quieres sentarte arriba o abajo?

¿Por qué no vamos arriba?
Pulsa el botón para parar el autobús.
Pagas tú al conductor/paga al
   conductor.
Deseo un billete de ida a . . . ?
un billete de ida y vuelta a . . .
Tengo un pase de autobús.

Traveling by air
Airports
The terminal
Which terminal does Iberian
   Airways use?

Viajando por avión
Los aeropuertos
El terminal
¿Qué terminal usa la línea Iberia?

United Airlines flights use terminal . . .	Los vuelos de la United Airways salen de la terminal . . .
Which airline are you flying on?	¿Con qué línea aérea vuelas?

The parking lot — *El estacionamiento/aparcamiento*

a short-term parking lot	un estacionamiento/aparcamiento de plazo corto
a long-term paking lot	un estacionamiento/aparcamiento de larga estancia
to get a ticket	obtener/sacar un billete
You pay before leaving.	Paga/pagas antes de salir
How much is the ticket?	¿Cuánto cuesta el billete?
Can we take a bus to the terminal?	¿Podemos tomar un autobús hasta la terminal?

At the terminal — **En el terminal**

automatic doors	las puertas automáticas
an escalator	una escalera eléctrica
a moving floor	una cinta transportadora
an elevator	un ascensor
the shops/stores	las tiendas
the restrooms	los servicios/los baños
a restaurant	un restaurante
a bar	un bar

Luggage carts — *Los carritos/las carretillas para maletas/equipaje*

Can you find a luggage cart?	¿Puedes encontrar un carrito/una carretilla para equipaje?
to push	empujar
to pull	tirar
to steer	guiar/dirigir
to brake	parar/frenar

The arrivals/departures board — *La pantalla de llegadas/de salidas*

destination	destino
due to arrive at	hora de llegada
just arrived	aterrizó
delayed	atrasado
about to depart	a punto de salir
last call	última llamada/aviso
now boarding	embarcando

The information desk

Can you tell me . . . ?
Has flight number . . . arrived yet?
Is the flight delayed?
How late is it likely to be?
Why is it so late?
Is there a problem?
Where is the arrival gate?
I am supposed to meet a passenger
    named . . . but I can't find him/her.

Have there been any messages
    left for me?
My name is . . .
Can you put a message out on the
    loudspeaker for me, please?

The check-in desk

to get in line
Can you put your luggage on the
    scales, please?
to lift a suitcase up
How many suitcases do you have?
Is this one yours?
the baggage allowance
excess baggage
to pay a surcharge
carry-on luggage
Did you pack your suitcase yourself?
Are there any prohibited articles
    in your luggage?
Your carry-on luggage is too large.

It will have to be checked.

Could I see your ticket, please?
Do you prefer smoking or
    nonsmoking?
This child is traveling alone and
    needs looking after.

El punto de información

¿Me puede decir . . . ?
¿Ha llegado ya el vuelo número . . . ?
¿Trae retraso el vuelo?
¿Cuánto retraso se cree que trae?
¿Por que llega tan tarde?
¿Hay problemas?
¿Dónde está la puerta de embarque?
Estoy buscando a un pasajero que se
    llama . . . pero no puedo
    encontrarlo(la).
¿Ha dejado algún mensaje para mí?

Mi nombre es . . .
¿Puede poner un mensaje en al
    altravoz, por favor?

El mostrador de facturación

hacer cola
¿Puede poner su equipaje aquí para
    pesarlo?
levantar la maleta
¿Cuántas maletas tiene?
¿Es ésta suya?
el límite de equipaje
equipaje de exceso
pagar por exceso de peso
el equipaje de mano
¿Praparó sus propias maletas?
¿Hay algún artículo no autorizado en
    su equipaje?
Su equipaje de mano es demasiado
    grande.
Lo tenemos que poner en la bodega./
    Lo tenemos que chequear.
¿Puedo ver su carta de embarque?
¿Quiere asiento para fumador o no
    fumador?
Este niño viaja solo y necesita alguien
    que le ayude.

Could I have a seat with extra leg room, please?

¿Me puede dar un asiento con espacio extra para las piernas?

Could I possibly have an aisle/ a window seat?

¿Me puede dar un asiento junto al pasillo/a la ventanilla?

Here is your boarding pass.

Aquí tiene su billete de embarque.

Go to passport control when you are ready.

Vaya hacia el control de pasaportes cuando esté listo(a)/preparado(a).

Passport control

El control de pasaportes

to show your passport

mostrar el pasaporte

to put your hand luggage on the conveyor belt

poner el equipaje de mano en la banda transportadora

to walk through the detector

atravesar el detector

to be stopped

ser parado

to be searched

ser registrado

to have your bag searched

inspeccionar/registrar la bolsa/ maleta

The departure lounge

La sala de espera para embarcar

the duty-free shop

la tienda de artículos libres de impuestos/el duty free

your duty-free allowance

el límite permitido de artículos libres de impuestos

to buy

comprar

perfume

la colonia/el perfume

cigarettes/alcohol

los cigarrillos/el alcohol

The boarding gate

La puerta de embarque

Our flight has been called.

Nuestro vuelo ha sido anunciado.

now boarding

embarcando

last call

la última llamada/aviso

They are boarding at gate . . .

Embarque en la puerta de salida número . . .

to show your boarding pass

mostrar el billete de embarque

Seats numbered . . . board first/next.

Los números . . . embarcarán primero/a continuación.

Please board from the front/ rear of the aircraft.

Por favor, embarquen desde la parte delantera/trasera del avión.

Excuse me, could I get to my seat, please?

¿Perdone, me da paso ir a mi asiento, por favor?

The flight

El vuelo

The crew

La tripulación

the captain	el piloto
the steward	el azafato/el oficial de vuelo
the flight attendant	la azafata

Safety

La seguridad

to fasten your seatbelt	abrocharse los cinturones
to keep your seatbelt fastened	dejar el cinturón abrochado
to remain seated	permanecer sentado(a)
to call the stewardess	llamar a la azafata
to undo your seatbelt	desabrocharse el cinturón
to extinguish cigarettes	apagar los cigarrillos
to put on a life jacket	ponerse el chaleco salvavidas
to fasten the strap	apretar la correa
to inflate	inflar
a whistle	un silbato
to blow	soplar o tocar
oxygen masks	las máscaras de oxígeno
an emergency	una emergencia
emergency lighting	las luces de emergencia
escape routes	las rutas de evacuación del aparato/avión

The take off

El despegue

the runway	la pista de salida
to taxi	esperar turno
to accelerate	acelerar
to take off/to lift off	despegar/elevarse
to climb	subir
My ears hurt.	Me duelen los oídos.
Do you want a candy?	¿Quiere un dulce/caramelo?
the altitude	la altura
the speed	la velocidad
to look out of the window	mirar a través de la ventana
to get a good view	tener una vista buena
the clouds	las nubes
turbulence	turbulencias

The descent

El descenso

the touch down	el primer contacto con tierra
to land	aterrizar

a good landing

un buen aterrizaje

to remain in your seats until the plane has stopped

permanecer sentado(a) hasta que el avión este parado

to disembark

desembarcar

Baggage claim

La recogida del equipaje

to collect your luggage

recoger el equipaje

a carousel

un carrusel

Can you see your suitcase?

¿Ves tu maleta?

There's mine.

Ahí va la mía.

How many cases do you have?

¿Cuántas maletas tienes?

Is that everything?

¿Es eso todo?

a cart

un carrito/carrillo para equipaje

to push

empujar

to steer

dirigir

to brake

parar

Customs

Las puertas de control/aduana

to go through customs

atravesar las puertas de control/ de aduana

the green/red channel

la salida verde/roja

to have nothing to declare

no tener nada que declarar

to have something to declare

tener algo que declarar

Have you anything to declare?

¿Tiene algo que declarar?

to have your baggage searched

registrar tu equipaje

Traveling by ferry

Viajando en un barco de pasajeros

The parts of the ferry
The ramp

Partes del barco de pasajeros
La rampa

to line up

hacer cola

to wait

esperar

to drive up the ramp

subir la rampa con el coche

to drive down

bajar la rampa con el coche

to embark

embarcar

to disembark

desembarcar

The vehicle deck

El nivel para vehículos

to follow the car in front

seguir al coche de enfrente

to go right up to the bumper

llegar hasta el parachoques

to park

aparcar/estacionar

to lock the car	echar la llave al coche/cerrar el coche con llave
to take important things with you	llevarse las cosas de valor
to leave the car	dejar el coche
to remember where the car is parked	recordar donde se dejó el coche

The passenger decks — *El nivel de pasajeros*

the restaurant	el restaurante
the bar	el bar
the restrooms	los servicios/los baños
the lounge	el comedor
the shops/stores	las tiendas
the movie theater	el cine
the telephone	el teléfono
to stay inside	estar dentro (quedarse dentro)
to go outside for some air	salir para tomar el aire fresco

The sleeping area — *Los camarotes*

to sit up all night	quedarse en los asientos toda la noche
to have a cabin booked	tener un camarote reservado
a sleeping berth	una litera

A rough crossing — *Una travesía con la mar revuelta*

to go by ferry	ir en barco de pasajeros
Do you feel seasick?	¿Sientes náuseas?
I feel dreadful.	Estoy fatal.
I am going to be sick.	Voy a ponerme malo(a).
Would you like to take a tablet?	¿Quieres una pastilla?
I can't walk straight.	No puedo mantener el equilibrio.
Hold on to the handrail.	Sujétate a la barandilla.
Would you like to go outside for some fresh air?	¿Quieres salir para tomar el aire fresco?
I feel cold.	Tengo frío.
Can we go back inside now?	¿Por qué no volvemos adentro?
I got wet by the spray.	Estoy empapado por culpa del oleaje.

Safety equipment — *El equipo de rescate*

a life belt	un flotador
a life jacket	un chaleco salvavidas
the safety drill	el ejercicio de evacuación/ el simulacro
a siren	una sirena/una alarma

Traveling by car
Types of cars

a sedan
a station wagon
a hatchback
a minivan
a sports utility vehicle
a recreational vehicle
a sportscar
a convertible

a four-wheel drive
a two-door car
a four-door car
an automatic
a rental car
a racing car

The parts of the car
The roof

a roof rack
to load
to unload
to lift up
to tie
to secure

The doors

to lock
to unlock
central locking
to open
to shut
the driver's door
the passengers' doors
the front/rear doors

The trunk

to open
to shut
to put something in the trunk

Viajando en coche
Tipos de coche

un turismo
un coche familiar
un tres o cinco puertas
una camionieta cubierta/vagoneta
un coche utilitario deportivo
un vehículo de recreo
un deportivo
un coche descapotable/un
 convertible
un todo terreno
un coche de dos puertas
un coche de cuatro puertas
un coche de cambio automático
un coche de alquiler
un coche de carreras

Partes del coche
El techo

un portaequipaje/una parrilla
cargar
descargar
levantar
atar
asegurar

Las puertas

cerrar con llave
quitar la llave
cierre centralizado
abrir
cerrar
la puerta del conductor
las puertas para pasajeros
las puertas delanteras/traseras

El maletero/el portaequipaje

abrir
cerrar
poner algo en el maletero/el
 portaequipaje

| to get something out of the trunk | sacar algo del maletero/del portaequipaje |

The seats
Los asientos

to adjust the seat	ajustar el asiento
to alter the height	cambiar la altura
to move the seat backward/forward	mover el asiento hacia atrás/adelante
to fold the seat forward	echar el asiento hacia adelante
to put the seat back	poner el asiento en su posición
the headrest	el soporte para la cabeza
the ashtray	el cenicero

The seatbelts
Los cinturones de seguridad

to fasten	abrochar
to unfasten	desabrochar
Fasten your seatbelt, please.	Ponte el cinturón, por favor.
How do you fasten the seatbelt?	¿Cómo se pone el cinturón?
Can you help me fasten the seatbelt?	¿Puedes ayudarme a ponerme el cinturón?
I think the seatbelt is stuck under the seat.	Creo que el cinturón está atrapado debajo del asiento.

The windows
Las ventanillas

to open	abrir
May I open the window a little?	¿Puedo abrir la ventanilla un poco?
to shut	cerrar
Could you shut the window now, please?	¿Puedes cerrar la ventanilla ahora?
automatic windows	ventanillas automáticas
Press this button to open/close the windows.	Presiona este botón para abrir/cerrar las ventanillas.
the sunroof	la ventanilla del techo/el techo corredizo

The main controls
Los controles principales

the ignition	el arranque
to start the car	arrancar el coche
the gears	las marchas/velocidades/cambios
the gearshift/the reverse gear	la palanca/la marcha atrás
to reverse	echar la marcha atrás
the clutch	el embrague
the brakes	los frenos
to brake/to put the handbrake on	frenar/poner el freno de mano

to take the handbrake off	quitar el freno de mano
the accelerator	el acelerador
to accelerate	acelerar
the steering wheel	el volante
to steer	conducir
to turn	dar vuelta

The headlights — *Las luces/los faros*

to turn on	encender
to turn off	apagar
to flash your lights	lanzar una ráfaga
full beam	las luces largas
to lower	cambiar luces
low-beam headlights	las luces cortas/luces de cruce
sidelights	las luces de estacionamiento
fog lights	los antinieblas
the indicators/turn signals	los indicadores/los intermitentes
to indicate right/left	el indicador de la derecha/de la izquierda
to turn on the hazard lights	poner las luces de emergencia
the horn	la bocina/el claxon
to honk the horn	tocar la bovina/el claxon

The windshield — *El parabrisas*

dirty	sucio(a)
to clean the windshield	limpiar el parabrisas
windshield wipers	los limpiaparabrisas/los limpia
to turn on	poner
to turn off	quitar
the rear windshield heater	la calefactor de la ventanilla trasera
climate control	el control de la calefacción
to get fogged up	ponerse empañado
to wipe	limpiar
a duster	un trapo

Car rental — *Alquiler de automóvil/coche*

a collision damage waiver	un renunciante a daños de colisión
credit/debit card details	los detalles de tarjeta de crédito/débito
date due back	la fecha de retorno
check out date	la fecha de préstamo
a deposit	un depósito

driver's license number	el número de la licencia de manejar
employer	el empleador
employer's address	la dirección del empleador
excess miles	las millas de exceso
insurance details	los detalles de seguro
an insurance policy	una póliza de seguro
the mileage	la distancia en millas
the rental rate	la tarifa de alquiler
to rent a car	alquilar un coche
a security deposit	un depósito de garantía
third-party insurance	el seguro contra tercera persona
the vehicle license plate	la licencia del vehículo
the vehicle model	el modelo del vehículo

Insurance form — *El formulario para póliza de seguros*

Have you had any accidents in the past 24 months?	¿Ha tenido usted algún accidente en los últimos 24 meses?
Have you been convicted of any motoring offense in the past 5 years?	¿Ha tenido un fallo condenatorio por alguna ofensa de conducción en los últimos 5 años?
I agree to cover the rental vehicle under my own fully comprehensive motor insurance policy.	Acepto cubrir el vehículo alquilado bajo mi propia póliza comprensiva de seguro de automóvil.
collision damage liability	la responsabilidad civil contra daños de colisión
the excess	el exceso

Problems — *Las problemas*

an accident report form	un formulario de informe sobre accidentes
a breakdown	una avería
a collision	una colisión/un choque
a dent	una abolladura
a diagram of the accident scene	un diagrama de la escena del accidente
an independent witness	un testigo independiente
a parking fine	una multa de estacionamiento
a scratch	una rayadura
a substitute/replacement vehicle	un vehículo de reemplazo/sustituto

Basic car maintenance — *El mantenimiento básico del coche*
To need some gas — *Necesitar gasolina*

| to put in gas | echar gasolina |

to fill it up	llenarlo
to undo the gas cap	quitar el tapón del tanque
self-serve	auto-servicio
unleaded	sin plomo
leaded	con plomo
diesel	diesel
regular/super/premium	normal/super/extra super

Oil and water   *El aceite y el agua*

to check the oil/the water	comprobar el aceite/el agua
Where is the dipstick?	¿Dónde esta la barra para medir el nivel?
It needs more oil/water.	Necesita más aceite/agua.
to pour the oil/water in	echar aceite/agua

Tires   *Los neumáticos*

to check the tire pressure	comprobar la presión de los neumáticos
The tires look a little flat.	Los neumáticos están un poco flojos.
to pump up	inflar
to have a puncture	tener un pinchazo/pinchar
to change the tire	cambiar la rueda
to fit the spare tire	poner la rueda de recambio

Learning to drive   *Aprendiendo a conducir*
Driving lessons   *Las lecciones de conducir*

I am taking driving lessons.	Estoy tomando lecciones de conducir.
My sister/brother is learning to drive.	Mi hermana/hermano está aprendiendo a conducir.
I have had six lessons.	He tenido seis lecciones/clases.
My parents are teaching me.	Mis padres me están enseñando.
I am taking lessons at a driving school.	Voy a clases en una escuela de manejo.
a dual-control car	un coche de autoescuela con controles dobles
a driving instructor	un profesor de escuela de manejo

The driving test   *El test de conducir*

I am about to take my driving test.	Voy a examinarme de conducir.
I passed my test . . .	He pasado mi test/examen . . .
at the first attempt	a la primera
at the second/third attempt	a la segunda/a la tercera
I failed my test.	Fallé/no pasé.

Learning how . . .

to do a hill start
to reverse
to park
to make a U-turn
to do an emergency stop
to pass

Remember . . .

to look over your shoulder
to look in your rear-view mirror
to look both ways
to indicate

Problems on the road

to break down
to have an accident
to have a puncture
to be delayed
long lines
road construction
a detour
to run out of gas

Types of roads

an expressway
a two-lane highway
a circular route

a main road
a minor road

Junctions

a four-way stop
a traffic circle
Give way to the right.

a crossroads
the traffic lights
a pedestrian crossing
an elevated crossing

Aprendiendo a . . .

arrancar en rampa
conducir marcha atrás
aparcar/estacionar
hacer la "U"
hacer una frenada de emergencia
adelantar

Recordar . . .

mirar sobre el hombro
mirar el retrovisor
mirar a ambos lados
poner los intermitentes

Las problemas en la carretera

tener una avería
tener un accidente
pinchar
retrasarse
las filas largas
las obras de camino
una desviación
quedarse sin gasolina

Tipos de carreteras

una autopista
una carretera de doble calzada
una carratera de circunvalación/
      periférico

una carretera
una calzada

Las intersecciones/cruces

una parada cuádruple
una óvalo
Ceda el pase a los que vienen por la
      derecha.

un cruce
el semáforo
un paso de peatones
un paso elevado

Traveling by bicycle and motorcycle	*Viajando en bicicleta y motocicleta*
Types of bicycles	*Tipos de bicicletas*
a motorcycle	una motocicleta
a bicycle	una bicicleta
a mountain bike	una bicicleta de montaña
a BMX	una BMX
a tricycle	un triciclo
a tandem	un tandem
Parts of the bike	*Partes de la bicicleta*
The handlebars	*El manillar/el manubrio*
drop handlebars	manillar/manubrio de carreras hacía abajo
raised handlebars	manillar/manubrio de carreras hacía arriba
straight handlebars	manillar/manubrio de paseo
The brakes	*Los frenos*
front/back	delanteros/traseros
to apply	pulsar/apretar/accionar
to brake	frenar
to slow down	reducir la velocidad
The gears	*Las marchas/la velocidades*
a gear lever	una palanca del cambio
to change gear	cambiar marchas
to go up a gear	subir de plato
to go down a gear	bajar de plato
low/middle/top gear	el plato pequeño/mediano/grande
three/six/twelve gears	de tres/seis/doce platos
fifteen/eighteen/twenty-one speed	quince/dieciocho/veintiuna velocidades
The frame	*El cuadro/marco*
a kickstand	une pie de apoyo
The chain	*La cadena*
the chainguard	el guardabarros
to adjust the tension	ajustar la tensión
too loose	demasiado floja
The pedals	*Los pedales*
to pedal	pedalear

to backpedal	pedalear hacia atrás
to freewheel	dejar rodar

The seat / *El asiento*

to raise	levantar
to lower	bajar
too high	demasiado alto
too low	demasiado bajo
the height adjustment	el ajustador de altura
a clamp nut	una abrazadera
to screw	atornillar
to unscrew	destornillar
a release lever	un nivelador
to pull	sacar
to push	meter

The wheels / *Las ruedas*

a mudguard	un guardabarros
the spokes	los radios

The tires / *Los neumáticos/las llantas*

Your tires are flat.	Los neumáticos están flojos.
Do you have a pump?	¿Tiene una bomba de inflar?
to unscrew/replace the tire cap	destornillar/volver a poner el tapón de la válvula
to pump up/to inflate	hinchar/inflar
the tire pressure	la presión de las ruedas
I think I have a puncture.	Creo que he pinchado.
a puncture repair kit	una caja de herramientas para arreglar pinchazos

The lights / *Las luces*

a dynamo	una dínamo
to turn on	encender
to turn off	apagar
a headlamp	un faro delantero
a rear lamp	un faro de atrás
a bulb	una bombilla
to replace	cambiar
The bulb has gone out.	La bombilla se ha fundido.
a battery	una batería
a reflector	un reflector

Equipment

a bicycle lock	un candado de bicicleta
a key	una llave
to lock	cerrar
to unlock	abrir
a padlock	un candado
to padlock	poner un candado
a crash helmet	un casco
a fluorescent strip	un par de bandas fluorescentes
cycling shorts	unos pantalones de ciclismo
gloves	los guantes
sunglasses	las gafas de sol
a pump	una bomba de inflar
a basket	una cesta
a water bottle	una botella de agua
a child seat	un asiento para niños
a seat belt	un cinturón de seguridad

El equipo

Motorcycles

the carburetor	el carburador
the gas tank	el tanque de gasolina
the gearbox	la caja de cambios/velocidades
the gearshift lever	la palanca de cambio de velocidades
the headlight	el faro
to kick start	arrancar
the kick starter	el pedal de arranque
the motorcycle stand	el soporte lateral
the rear light	la luz trasera
seat/saddle	el asiento/la montura
a sidecar	un cochecito lateral/un sidecar
the speedometer	el velocímetro
the throttle twist grip check	el acelerador
to wear a helmet	usar un casco
the windshield	el parabrisas

Las motocicletas

Useful verbs

to accelerate	acelerar
to borrow	pedir prestado(a)
to brake	frenar
to fall off	caerse
to get off	bajarse

Verbos útiles

to lend	prestar
to lock	cerrar con llave
to lose your balance	perder el equilibrio
to mount	montar
to pedal	pedalear
to push	empujar
to rent	alquilar
to ride	montar
to signal	señalar/indicar
to steer	dirigir/conducir
to wobble	tambalearse

24

Medical Care
La Atención Médica

Accidents

Telephoning emergency services

In Mexico City

Police—080
Ambulance—080
Fire department—080

In Spain

Police—091 (national)
Police—092 (local)
Ambulance—006
Fire department—006

Calling out for help

Help!
Come quickly!
Fire!
Bomb scare!
Everybody out!
Call . . .
the fire department
an ambulance
the police
a doctor

There has been an accident.

a traffic accident
a pile-up

Los accidentes

Llamando a los servicios de emergencias

En la Cuidad de México

La Policía—080
Ambulancia—080
Los Bomberos—080

En España

La Policía—091 (nacional)
La Policía—092 (local)
Ambulancias—006 (nacional y local)
Los Bomberos—006 (nacional y local)

Pidiendo ayuda

¡Socorro!
¡Venga pronto/deprisa!
¡Fuego!
¡Hay una bomba! ¡Amenaza de bomba!
¡Todo el mundo fuera de aquí!
Llame . . .
a los bomberos
a una ambulancia
a la policía
al doctor

Ha habido un accidente.

un accidente de tráfico
un accidente múltiple

Warn other traffic. · Avise al resto de los conductores.
a warning triangle · una señal de emergencia/un triángulo
hazard lights · luces de peligro

Someone has been run over. · ***Alguien ha sido atropellado.***

They are injured. · Hay heridos.
They are conscious/unconscious. · Están conscientes/inconscientes.
a broken bone · un hueso roto
He/she is bleeding. · Él/élla está sangrando.
to give mouth-to-mouth resuscitation · hacer la respiración boca a boca
to administer first aid · dar primeros auxilios

Fire · *El fuego*

Press the fire alarm button! · ¡Presiona la alarma contra incendios!
That's the fire bell. · Ésa es la alarma de incendios.
an alarm · una alarma
to go off · dispararse
a smoke detector · un detector de humo
a fire door · una salida de incendios
a fire exit · una salida de incendios
a fire blanket · una manta para protegerse del fuego
a fire extinguisher · un extintor de incendios
smoke · el humo
flames · las llamas
to be on fire · estar ardiendo
to burn · quemarse
to put out · apagar
water · agua (*f*)
sand · arena (*f*)

A bomb scare · *Una amenaza de bomba*

to clear the area · evacuar el área
to evacuate the building · evacuar el edificio
to call the bomb squad · llamar a la brigada antiexplosivos
a scent dog · un perro entrenado/un perro rastrero
to rope off the area · acordonar el área
to detonate · detonar
to explode · explotar
to go off · volar por los aires
a false alarm · una falsa alarma
a suspicious package · un paquete sospechoso
an abandoned package · un paquete abandonado

to report a package to the police	denunciar/avisar de la presencia de un paquete a la policía

Illness
Medications

an adhesive bandage	un espadarapo/una venda adhesiva
antibiotics	los antibióticos
beta-blockers	los betabloqueadores
birth control pill	el píldora para el control de la natalidad
eyedrops	las gotas para los ojos
insulin	la insulina
painkillers	los calmantes/los analgésicos
prescription medicine	la medicina con receta
sleeping pill	el somnífero
suppositories	los supositorios
I've run out of my supply of prescription medicine.	Se me acabó mi suministro de medicinas con receta.
What is the equivalent proprietary/generic drug?	¿Cuál es el equivalente de la droga en producto no de marca?

Initial symptoms

to feel out of sorts	sentirse indispuesto
to feel sick	sentirse mal
to look sick	tener mal aspecto
to be taken ill	ponerse mal

General symptoms

I am hot/cold.	Siento calor/frío.
I feel hot and cold.	Siento escalofríos.
I feel shivery.	Estoy temblando.
I feel faint.	Me siento flojo(a).
I am thirsty.	Tengo sed.
I am not hungry.	No tengo hambre.
I have no appetite.	He perdido el apetito.
I couldn't eat a thing.	No pude comer nada.
I have a slight/a high temperature.	Tengo una poca/mucha fiebre.

I have a headache.   *Tengo dolor de cabeza.*

I have a migraine.	Tengo una jaqueca/migraña.
The light hurts my head.	La luz me hace daño.

Do you have any painkillers?	¿Tiene tranquilizantes/aspirinas/ analgésicos?

Fainting

Desmayándose

I feel dizzy.	Estoy mareado(a).
I think I am going to faint.	Creo que me voy a desmayar.
Put your head between your knees.	Pon tu cabeza entre las piernas.
Can I lie down, please?	¿Quiero tumbarme, por favor?
to pass out	desmayarse

Stomach upsets

El dolor de estómago

I have indigestion.	Tengo una indigestión.
I have heartburn.	Tengo acidez de estómago.
I feel sick.	Me siento mal.
I am going to be sick.	Voy a vomitar.
I have been sick.	He vomitado.
My stomach hurts.	Me duele el estómago.
I have diarrhea.	Tengo diarrea.
I think it's food poisoning.	Algo me ha sentado mal.
Could I have a drink of water, please?	¿Puedo beber algo de agua, por favor?
Could I have a bowl by my bed, please?	¿Puedes dejar un cuenco junto a mi cama, por favor?

My throat is very sore.

Me duele mucho la garganta.

I have tonsillitis.	Tengo amigdalitis.
My throat is dry.	Tengo la garganta seca.
It hurts to swallow.	Me duele cuando trago algo.
My glands are swollen.	Me duelen los ganglios.
to gargle	Hacer gárgaras.
to have a hot drink	Beber algo caliente.
Have you any throat lozenges?	¿Tienes pastillas para la garganta?
I like lemon/honey/menthol/ eucalyptus/black currant ones.	Me gustan las de limón/miel/mentol/ eucalipto/moras.

I've caught a cold.

He cogido un resfriado./Me he refriado.

to sneeze	estornudar
Bless you!	¡Salud!
to blow your nose	sonarse la nariz
a handkerchief	un pañuelo
paper handkerchiefs	un pañuelo de papel
to find it difficult to breathe	no poder respirar bien
a decongestant	un remedio para la congestión
a cold remedy	un remedio para el resfriado

I have a bad cough.   *Tengo mucha tos.*

a tickly cough   una tos molesta/una tos cosquillosa
a dry cough   una tos sec
a spasm of coughing   un espasmos de tos
to take cough medicine   tomar jarabe para la tos
to need antibiotics   necesitar antibióticos

Asthma   *El asma*

to suffer from asthma   sufrir asma (*f*)
to be asthmatic   ser asmático(a)
to wheeze   resollar
to cough a lot   toser mucho
to control one's asthma   controlar el asma
to be allergic to . . .   ser alérgico(a) a . . .
dust   el polvo
animals   los animales
chest infections   las infecciones respiratorias
to use an inhaler   usar un inhalador
to inhale   inhalar
steroids   los esteroides
a nebulizer   un nebulizador

Conditions   *Las condiciones de salud*

an allergy   una alergia
to be allergic to   ser alérgico(a) a
angina   la angina
arthritis   la artritis
bronchitis   la bronquitis
chicken pox   las varicelas
a circulatory disorder   un desorden circulatiorio
diphtheria   la difteria
flatulence   la flatulencia
a heart murmur   un murmullo al corazón
heartburn   la acidez
hemorrhage   la hemorragia
hemorrhoids   las hemorroides
hepatitis A/B/C   la hepatitis A/B/C
a hernia   una hernia
a hip replacement   un reemplazo de la cadera
insomnia   la insomnia
jaundice   la ictericia

a kidney stone	un cálculo renal
lumbago	el lumbago
measles	la sarampión
a middle ear infection	una infección del oído medio
a migraine	una migraña/hemicraneal
a pacemaker	un guardapaso
Parkinson's disease	la enfermedad de Parkinson
polio	poliomielitis
rheumatism	el reumatismo
rheumatoid arthritis	la artritis reumatoidea
rubella	la rubéola
sciatica	la ciática
sinusitis	la sinusitis
tetanus	el tétano
tonsillitis	la amigdalitis
torn ligament	el ligamento desgarrado
a tumor	un tumor
an ulcer	una úlcera
a venereal disease	una enfermedad venérea
vertigo	el vértigo
whooping cough	la tos ferina/la tos convulsiva
I'm blood type O.	Tengo tipo de sangre O.
I've had this condition for ten years.	He tenido esta aflicción desde hace diez años.
It has improved/deteriorated recently.	Ha mejorado/empeorado recientemente.
It restricts my mobility.	Restringe mi movilidad.
I have to avoid alcohol.	Tengo que evitar el alcohol.
I have to keep out of the sunlight.	Tengo que guardarme del sol.

Skin problems
Sunburn

Problemas de piel
La quemadura

to be burnt	quemarse
to be sore	estar adolorido(a)
to peel	pelarse
to apply after-sun lotion	poner loción para después del sol
calamine	la calamina
to rub on	restregar/poner

A rash

Un sarpullido

an allergy	una alergia
to be allergic to	tener alergia a

nettle rash	un sarpullido de ortiga
prickly heat	la fiebre miliar
to itch	picar
to scratch	rascarse
to feel sore	sentir dolor
antihistamine cream	la crema antihistamínica

Splinters
Las astillas

I have a splinter in my foot/hand.	Tengo una astilla en el pie/la mano.
to get it out	sacarla
a needle	una aguja
tweezers	un par de pinzas
disinfectant	desinfectante

Minor injuries
Las heridas superficiales

a pimple	una mancha
acne	acne (*f*)
a scratch	un arañazo
a graze	un rasguño
a cut	un corte

Serious cuts
Los cortes graves

to need stitches	necesita puntos
butterfly stitches	los puntos cruzados
local anesthetic	la anestesia local
a bandage	una venda
an elastic bandage	una venda elástica
a sticking plaster	una tirita
a blister	una ampolla

Stings
Las picaduras

a wasp/bee sting	una picadura de avispa/abeja
a mosquito bite	una picadura de mosquito/zancudo
I have been stung by something.	Me ha picado algo.
a jellyfish sting	una erupción debido a una medusa
insect repellent	un repelente de insectos
antihistamine cream	la crema antihistamínica/las píldoras antihistamínicas

Digestive problems
Problemas de desarreglos digestivos

to have cystitis	tener cistitis
to have diarrhea	tener diarrea
to be constipated	estar estreñido(a)

a laxative	un laxativo
to eat more roughage	comer sólido
to drink more water	beber más agua

Menstrual problems

Problemas con la regla

to have menstrual pains	tener dolores de la regla
to take painkillers	tomar tranquilizantes
My period is . . .	La regla se me está . . .
late	retrasando
heavy	fuerte
painful	Me duele el vientre mucho por la regla.
prolonged	Se está alargando mucho la regla.

Injuries

Las heridas

I hurt here.	Me duele aquí.
I have bruised my . . .	Me he hecho un cardenal/ un moretón en . . .
I have cut my . . .	Me he cortado . . .
I have sprained my . . .	Me he torcido . . .
I have broken my . . .	Me he roto . . .
I have dislocated my . . .	Me he dislocado . . .
I have burnt my . . .	Me he quemado . . .
I can't move my . . .	No puedo mover . . .

Parts of the body

Partes del cuerpo

The skin

La piel

dry	seca
sore	adolorida
burnt	quemada
cracked	agrietada
wrinkled	arrugada
soft/hard	suave/áspera

The hair

El pelo

straight	liso
wavy	ondulado
curly	rizado
blonde	rubio
auburn	castaño rojizo
brown	moreno
red	pelirrojo

black	negro
gray	canoso
white	cano
short	corto
long	largo
to wear it up	recogérselo
to wear it loose	llevarlo suelto
shoulder length	por los hombros
balding	clareando
to be bald	quedarse calvo(a)
dandruff	con caspa
greasy	graso
dry	seco
dyed	teñido
streaked	teñido en mechones
permed	con permanente

The beard — *La barba*

clean shaven	lampiño
to grow a beard	dejarse la barba
to shave *(See pages 31–32.)*	afeitarse
a moustache	un bigote
sideburns	patillas
a chin	una barbilla

The head — *La cabeza*

the brain	el cerebro
the skull	el cráneo
the scalp	el cuero cabelludo
the face	la cara
the cheeks	las mejillas
the cheekbones	los pómulos
to blush	ponerse rojo/enrojecer

The nose — *La nariz*

a nostril	un agujero de la nariz
to blow the nose	sonarse las narices

The ears — *Las orejas*

the earlobe	el lóbulo del oído
the outer ear	la oreja
the middle ear	el oído medio

the eardrum	el tambor
earwax	la cerilla
an ear infection	una infección de oido
to be unable to hear properly	no poder oír bien
to be deaf	estar sordo(a)
a hearing aid	un audífono

The eyes — *Los ojos*

an eye	un ojo
the eyebrows	las cejas
the eyelid	los párpados
an eyelash	una pestaña
the pupil	la pupila
the iris	el iris

The eyesight — *La vista*

to wear glasses	llevar gafas/anteojos
to wear contact lenses	llevar lentillas de contacto
to be near/farsighted	ser corto(a) de vista/no ver de lejos
to have good eyesight	tener buena vista
to have an eye test	hacerse un chequeo de ojos/revisarse los ojos
to wear sunglasses	llevar gafas/anteojos de sol
to be partially sighted	tener visión parcial
to be blind	ser ciego
a white cane	un bastón guía
a guide dog	un perro guía

The mouth — *La boca*

the lips	los labios
the tongue	la lengua
the jaw	la mandíbula
the throat	la garganta
the tonsils	las amígdalas

The teeth — *Los dientes*

a molar	un molar
a canine	un canino
an incisor	un incisor
a wisdom tooth	una muela del juicio
the gums	la encías
to clean one's teeth	limpiarse/cepillarse los dientes

a toothbrush	un cepillos de dientes
to brush	cepillarse
toothpaste	pasta dentífrica
to squeeze the tube	apretar el tubo
to floss	pasar el hilo de seda
to use mouthwash	usar licor dentífrico
to gargle	hacer gárgaras

The body — *El cuerpo*

the neck	el cuello
the shoulder	el hombro
the back	la espalda
the spine	la espina dorsal
the bottom	el trasero
the chest	el pecho
a rib	una costilla
the rib cage	la caja torácica
the waist	la cintura
the hip	las caderas
the stomach	el estómago
the abdomen	el abdomen

The arms — *Los brazos*

the upper arm	el parte de arriba del brazo
the forearm	el antebrazo
the elbow	el codo
the funny bone	el hueso del codo
the wrist	la muñeca

The hands — *Las manos*

the palm	la palma
the back of the hand	el dorso de la mano
the knuckles	los nudillos
the fingers	los dedos
the thumbs	los dedos gordos/los pulgares
left	izquierdo(a)
right	derecho(a)
a fingernail	una uña
a cuticle	una cutícula
a manicure	una manicura
to manicure	hacer la manicura
an emery board	una lima de esmeril

a nail file	una lima
nail polish	un esmalte
nail polish remover	un quitaesmaltes

The legs

Las piernas

the thigh	el muslo
the knee	la rodilla
the calf	la pantorrilla
the shin	la espinilla
the ankle	el tobillo

The feet

El pie

a foot	un pie
the heel	el talón
the sole	la planta del pie
the toes	los dedos del pie
the big toe	el pulgar
the little toe	el meñique
a toenail	una uña
to cut the toenails	cortarse las uñas
nail scissors	unos alicates
nail clippers	un cortauñas
hard skin	los cayos
bunions	las durezas
a pumice stone	una piedra pómez

The main internal organs

Los principales órganos internos

the lungs	los pulmones
the heart	el corazón
the liver	el hígado
the kidney	el riñón
the intestines	los intestinos
the bowel	el vientre
the bladder	la vejiga
the digestive system	el sistema digestivo

The circulation

La circulación

the blood	la sangre
to be anemic	estar anémico(a)
an artery	una arteria
a vein	una vena
to bleed	sangrar

to hemorrhage	tener una hemorragia
to bruise	hacerse un moretón
to clot	coagularse
to form a scar	formarse una cicatriz (cicatrizar)

The central nervous system
El sistema central nervioso

the cerebellum	el cerebelo
the spinal chord	la médula espinal
the nerves	los nervios

Muscles and bones
Los músculos y los huesos

The main muscles
Los músculos principales

the biceps	los bíceps
the triceps	los tríceps
the pectorals	los pectorales
the hamstring	el tendón de la corva
the Achilles tendon	el tendón de Aguiles

The main bones
Los huesos principales

the skeleton	el esqueleto
the skull	el cráneo
the collarbone	la clavícula
the spine	la espina dorsal
the vertebrae	las vertebras
the coccyx	el coxis
the shoulder blade	el omóplato
the ribs	las costillas
the hip bone	el hueso de la cadera
the thigh bone	el fémur
the shin bone	la tibia
the kneecap	la rótula

Male/female characteristics
Rasgos masculinos y femeninos

the penis	el pene
the testicles	los testículos
a broken voice	una voz de gallito
the breasts	los pechos
the nipples	los pezones
the womb	el vientre
the vagina	la vagina

Pregnancy
El embarazo

to do a pregnancy test	hacerse una prueba de embarazo

positive	positivo
negative	negativo
to be pregnant	estar embarazada
to be three months pregnant	estar embarazada de tres meses
to be at full term	haber cumplido
to go into labor	ir de parto/romper aguas
to have a baby	tener un bebé
the embryo	el embrión
the fetus	el feto

The five senses / *Los cinco sentidos*

Touch / *El tacto*

to touch	palpar/sentir
hot	calor/caliente
cold	frío(a)
rough	áspero(a)
smooth	suave
painful	doloroso(a)

Taste / *El gusto*

to taste	gustar/probar
bitter	amargo(a)
sweet	dulce
sour	agrio(a)
savory/salty	salado(a)

Smell / *El olfato*

to smell	oler
pleasant	agradable
unpleasant	desagradable
to stink	apestar/oler mal

Hearing / *El oído*

to hear	oír/escuchar
loud	alto(a)
noisy	ruidoso(a)
quiet	tranquilo(a)

Sight / *La vista*

to see	ver/mirar
to focus	enfocar
blurred	turbio(a)
clear	claro(a)

The doctor

Getting treatment

Shall I call . . . ?	¿Llamo a . . . ?
Can I make an appointment	¿Podría darme cita/hora
to see . . . ?	para ver a . . . ?
the doctor	el doctor
the nurse	la enfermera
the dentist	el dentista
the hospital	el hospital

Medical insurance

a health insurance plan	un plan de seguro médico
an insurance card	una tarjeta del seguro
innoculations	las vacunas
a passport-size photograph	una fotogafía del tamaño de la de pasaporte
I'm allergic to penicillin.	Soy alérgico a la penicilina.
I have diabetes.	Tengo diabetes.

Payment

Do you require payment in cash?	¿Requiere pago en efectivo?
I need a receipt for this payment to obtain reimbursement from my insurance company.	Necesito un recibo por este pago para que me lo reembolse mi compañía de seguros.
Please fill out this claim form.	Por favor, ¿podría usted rellenar este formulario de reclamación?
I have a health insurance policy.	Tengo póliza de seguro médico.
I'm covered by my own health insurance policy.	Estoy asegurado con mi propia póliza de seguro médico.
I am covered by the health insurance policy of the school/college.	Me cubre la póliza de seguro médico del colegio/de la universidad.

The doctor's office

the waiting room	la sala de espera
to sit down	sentarse
to wait	esperar
to read a magazine	leer una revista
I have an appointment to see . . .	Tengo una cita para ver a . . .

The consultation

I am going . . .	Voy a . . .
to take your blood pressure	Tomarte la presión sanguínea

to take your pulse	tomarte el pulso
to take a blood sample	tomar una muestra de sangre
to do a urine test	hacerte un test de orina
to listen to your heart/chest	ocultarte el corazón/el pecho
to look down your throat	mirarte la garganta
to look in your ear	mirarte en el oído
to test your reflexes	comprobar los reflejos

Could you . . .   *Podría . . .*

roll up your sleeve	súbase las mangas
undo your jacket	quítese la chaqueta
lift up your shirt	levante la camisa
take off your clothes	quítese la ropa
take everything off except your undergarments	quítese todo salvo la ropa interior
put this gown on	póngase esta bata
climb on the bed	súbase a la cama
lie down	tiéndase
put this blanket over you	póngase esta manta encima
open your mouth wide	abra la boca
do a urine/stool sample	hacer una muestra de orina/de feces

Saying where you hurt   *Diciendo dónde duele*

Where does it hurt?	¿Dónde le duele?
Show me where it hurts.	Muéstreme dónde le duele.
Does it hurt . . . ?	¿Le duele aquí . . . ?
badly	muchísimo
much	mucho
when I touch it	cuando presiono
when you move it	cuando se mueve
Can you move your . . . ?	¿Puede mover . . . ?

(See pages 308–313 for parts of the body.)

The doctor's instructions   *Las indicaciones del doctor*

You should stay in bed.	Debes guardar cama.
You should not go to work/school/travel.	No debes ir al trabajo/al colegio/de viaje.
I would like to do further tests.	Me gustaría hacer más pruebas.
You need an X-ray.	Necesito hacer rayos X.
You need a scan.	Necesita un scan.
I will make an appointment at the hospital for you.	Le voy a arreglar una cita para que vaya al hospital.

I would like a second opinion.	Me gustaría tener una segunda opinión.
It is nothing serious.	No es nada grave.
You will be better soon.	Se pondrá bien pronto.
Are you allergic to anything?	¿Tiene alguna alergia a algo?

The treatment — *El tratamiento*

a prescription	una receta
Take it to the pharmacy.	Llévela a la farmacia.
to get the prescription made up	hacer una prescripción
antibiotics	los antibióticos
penicillin	la penicilina
a tablet	una pastilla
a capsule	una cápsula
medicine	la medicina
a cough drop	un jarabe para la tos
a five-milliliter spoon	una cucharadita de cinco mililitros
the dosage	una dosis
to swallow	tragar
to take	tomar
Shake the bottle before use.	Agitar la botella antes de usar.
three times a day	tres veces al día
before/after meals	antes/después de la comidas
Take with food.	Tómese con las comidas.
Take on an empty stomach.	Tómese en ayunas.
Do not drink alcohol.	No beba alcohol.
Do not mix with other tablets.	No tome otros medicamentos.
Do not take if pregnant.	No tome esto en caso de embarazo.
a suppository	un supositorio
an inhaler	un inhalador
antihistamine cream	una crema antihistamínica
antiseptic cream	una crema antiséptica
ointment	el ungüento
to rub on	restregar
aspirin	la aspirina
acetaminophen	el acetaminófen
ibuprofen	el ibuprofen

Going to the hospital — *Yendo al hospital*

an ambulance	una ambulancia
a stretcher	una camilla

the outpatient department	la sección de pacientes externos/ no hospitalizados
casualty	la sección de emergencias
the information desk	el mostrador de información

Being admitted   *Ser ingresado*

Can you fill out this form, please?	Por favor ¿podría rellenar esta ficha?
Can I get your particulars and medical history, please?	¿Puede darme sus datos?
Surname	Apellido
First name	Nombre
Age	Edad
Date of birth	Fecha de nacimiento
Place of birth	Lugar de nacimiento
Nationality	Nacionalidad
Address	Dirección
Telephone number	Número de teléfono
Next of kin	Pareja/familiar cercano
Medical history	Historial médico
Details of previous operations	Detalles sobre previas operaciones
Serious illnesses	Enfermedades
Allergies	Alergias
Have you ever had any of the following illnesses?	¿Ha tenido alguna de estas enfermedades?

The fracture clinic   *La clínica de fracturas*

to be assessed/examined	ser examinado(a)
to have an X-ray	hacer una prueba de rayos X
to have one's arm in a sling	poner un brazo en cabestrillo
to be bandaged up	vendar
to be given a plaster cast	poner una escayola
to have a splint	poner tablillas
to walk with crutches	andar con muletas
to hop	saltar
to lean on someone	apoyarse en alguien
to use a wheelchair	usar una silla de ruedas
to push	empujar
to steer	dirigir

Physiotherapy   *La fisioterapia*

a physiotherapist	un fisioterapeuta
to do exercises	hacer ejercicios

to increase mobility	aumentar la movilidad
to use an ice pack	usar una bolsa de hielo
to use a bag of frozen peas	usar una bolsa de guisantes congelados
to wrap in a towel	envolver en una toalla
to reduce the swelling	reducir la hinchazón
to reduce the inflammation	reducir la inflamación
to use a heat compress	usar una compresa caliente
to have an ultrasound treatment	tratar con ultrasonidos
to do exercises every hour	hacer ejercicios cada hora
three times a day	tres veces al día
to push	empujar
to pull	tirar
to squeeze	apretar
to lift	levantar
a weight	una pesa/un peso
to raise	elevar
to lower	bajar
to massage	masajear/dar un masaje

Operations — *Las operaciones*

to have nothing to eat or drink	ayunar
to sign a consent form	firmar una declaración de consentimiento
to put on an operating gown	ponerse una bata de operación
to be given a pre-med	dar premedicación
to feel drowsy	sentirse adormilado
to have a local anesthetic	administrar anestesia local
to be numb	estar adormecido(a)
an injection	una inyección
to be given gas and air	poner oxígeno
a mask	una máscara
to dull the pain	calmar el dolor
to cover your nose and mouth	cubrir la nariz y la boca
to breathe in	respirar
to have a general anesthetic	administrar una anestesia general
to come around	recuperar la consciencia
to have a sip of water	tomar un trago de agua
to have your pulse checked	tomársele el pulso
to have your temperature taken	tomar la temperatura
to listen to your heart	auscultar el ritmo cardíaco

to call the nurse	llamar a la enfermera
Can I get you anything?	¿Quiere algo?
Is anything wrong?	¿Está todo bien?
to ask for a bedpan	pedir una cuña/chata
to ask for a drink	pedir una bebida
visiting hours	las horas de visita
to have a visitor	tener una visita
to be given flowers	recibir flores
to receive get well cards	recibir cartas de ánimo

Dental treatment
The dentist

to make an appointment	concertar una cita
to sit in the waiting room	esperar sentado(a) en la sala de esperar
to go into the treatment room	ir dentro de la sala de consulta
the dentist's chair	la silla del dentista
My tooth hurts.	Me duele un diente.
My filling has come out.	La tapadura se ha salido.
My tooth was knocked out.	Me he roto un diente.

Dental treatment

to have a look	echar un vistazo
to put a bib on	poner un babero/una pechera
Open your mouth wide.	Abra la boca completamente.
Does that hurt?	¿Duele?
Which tooth hurts?	¿Qué diente le duele?
to be given a local anesthetic	dar anestesia local
an injection	una inyección
Is it numb now?	¿Está dormido ahora?
to drill a tooth	limar un diente
to extract a tooth	sacar un diente
a laser beam	un rayo láser
to put a filling in	poner una tapadura
to bite one's teeth together gently	morder despacio
to polish the teeth	limpiar los dientes
to wash	limpiar
to rinse the mouth out	enjuagar la boca
to spit	escupir
to dribble	babear

El tratamiento dental
El dentista

El tratamiento dental

a tissue	un pañuelo
to dry one's mouth	secarse la boca
to find it difficult to talk/to drink	encontrar difícil hablar/beber
Don't eat anything for a couple of hours.	No coma nada en las siguientes dos horas.

The optician

El oculista/el medico del ojo

My glasses have broken.	Se me han roto las gafas/las anteojos.
Could you fix them for me?	¿Tienen arreglo?
I have lost a contact lens.	He perdido una lentilla.
Can I get a replacement?	¿Me puede proporcionar otra?
I can't see very clearly.	No veo muy bien.
I have double vision.	Veo doble.
I keep getting headaches.	Tengo dolores de cabeza muy menudo.
Could I get my eyes tested, please?	¿Podría hacerme un test de visión?
A screw has come out of my glasses.	He perdido uno de los tornillos de mis gafas/anteojos.
Can you fix my glasses for me?	¿Puede arreglarme las gafas/ los anteojos?
Will you have to send them away somewhere?	¿Tiene que enviarlas a alguna parte?
How long will it take to repair them?	¿Cuánto va a tardar el arreglo?
I am going back to the U.S./ Canada in five days.	Vuelvo a los Estados Unidos/Canadá dentro de cinco días.
Will they be ready by then?	¿Van a estar listas para entonces?

Vision tests

Un test de vista

Do sit down.	Siéntase por favor.
Look over there.	Mire hacia aquí.
Look at the writing.	Mire las letras.
Read as much as you can.	Lea hasta que no pueda ver con claridad.
Can you read the next row down?	¿Puede ver la siguiente fila de abajo?
Take your glasses off.	Quítese las gafas/los anteojos.
I am going to try different lenses.	Voy a probar con lentillas distintas.
Does it look clearer like this or like this?	¿Cómo ve mejor con éste o éste otro?
Clearer with this lens or without it?	¿Cómo ve mejor, con o sin las lentillas?
I am going to look in your eye with a flashlight.	Voy a mirarle los ojos con una literna.

Look up/down/left/right/
    straight ahead.

Mire arriba/abajo/a la izquierda/
    a la derecha/derecho/al frente.

You can put your glasses on again now.

Ya se puede poner las gafas/
    los anteojos.

Preventive medicine
Relaxation

La medicina preventiva
La relajación

to avoid stress	evitar el estrés
to practice relaxation	practicar la relajación
to relieve tension	eliminar la tensión
to do breathing exercises	hacer ejercicios respiratorios
to meditate	meditar
to practice meditation	practicar la meditación

Exercise

El ejercicio

to get enough exercise	hacer suficiente ejercicio
to walk more	caminar más
to keep fit	estar en forma
to go to fitness classes	ir a clases de forma física
to go jogging	hacer jogging
to go swimming	ir a nadar
aerobic/anaerobic	aeróbicos/anaerobico(a)
to warm up	hacer calentamientos
to stretch	estirar los músculos
warm-up exercises	ejercicios preparatorios
weight lifting	levantar pesas
to get out of breath	quedarse sín aliento
to work up a sweat	sudar mucho
to exercise three times a week	hacer ejercicio tres veces por semana
to exercise for at least twenty minutes	hacer ejercicio por lo menos veinte minutos

Sleep

Dormir

to get a good night's sleep	dormir bien
to need eight hours' sleep	necesitar ocho horas de sueño
to sleep in	quedarse dormido hasta tarde
to get up early	levantarse temprano
to go to bed late	ir a la cama tarde
to dream	soñar
to have nightmares	tener pesadillas
to suffer from insomnia	sufrir de insomnio

to take sleeping pills	tomar pastillas para dormir

Diet

La dieta

to eat a balanced diet	tener una dieta equilibrada
to eat sensibly	comer bien
vitamins/minerals	las vitaminas/los minerales
carbohydrates	los carbohidratos
protein	las proteínas
fibrous foods	los alimentos ricos en fibra
vegetarian	vegetariano(a)
vegan	vegetariano(a) estricto(a)
to drink too much caffeine	beber demasiada cafeína
to count calories	contar las calorías
to cut down	reducir
to have small portions	tomar porciones pequeñas
to have a little of everything	comer un poco de todo
a calorie-controlled diet	una dieta de consumo de calorías limitadas
a strict diet	una dieta estricta
a diabetic diet	una dieta para diabéticos
to binge	sobrepasarse
anorexia nervosa	la anorexia nerviosa
bulimia	la bulimia
to lose weight	perder peso
to gain weight	poner peso
to lower one's cholesterol level	bajar el nivel de colesterol
to be a desirable weight	estar en un peso ideal
to be a little overweight	estar un poco gordo
to be underweight	estar demasiado delgado
to be obese	estar obeso

Alcohol consumption

El consumo de alcohol

to drink sensibly	beber con moderación
a unit of alcohol	una unidad de alcohol
to be a social drinker	beber sociablemente
to drink too much	beber demasiado
to get drunk	emborracharse
to have a hangover	tener resaca
to be dehydrated	estar deshidratado(a)
to be an alcoholic	ser un alcohólico

Smoking

Fumar

cigarettes	los cigarros/los cigarrillos

cigars	los puros
a pipe	una pipa
tobacco	el tabaco
nicotine	la nicotina
tar content	el alquitrán
How many do you smoke a day?	¿Cuánto fuma al día?
to try to cut down	intentar reducir
to be addicted	ser adicto
to inhale	inhalar
lung cancer	cáncer del pulmón

Drugs

Las drogas

soft/hard drugs	las drogas blandas/duras
stimulants	los estimulantes
cannabis	el canabis/los porros
to smoke	fumar
ecstasy/an E	el éxtasis
a tablet	una pastilla
an injection	una inyección
a pusher	un camello
illegal	ilegal
I think he/she has taken some drugs.	Creo que ha tomado drogas.
Do you know what he took?	¿Qué ha tomado éste?
to be unconscious	estar inconsciente
I think we should get help.	Creo que lo mejor es buscar ayuda.

Alternative therapies

Las terapias alternativas

Aromatherapy

La terapia de aromas

essential oils	los aceites esenciales
a drop	una gota
to blend	mezclar
a carrier oil	un aceite base
to massage	dar un masaje
a massage	un masaje
to inhale	inhalar
an essential oil burner	un quemador de aceite perfumado
to put in the bath	poner en el baño
a compress	una compresa

Herbalism

an herbalist
an herb
to gather
to store
an infusion
a decoction
a tincture
a compress

Homeopathy

a homeopath
a remedy
the potency
the dose

Chiropractic and osteopathy

a chiropractor
an osteopath
to manipulate
the joints

El herbolario

un herborista
una hierba
reunir
almacenar
una infusion
un ungüento hervido
una tintura
una compresa

La homeopatía

un homeópata
un remedio
la fuerza
una dosis

La quiropráctica y la osteopatía

un quiropráctica
un osteópata
manipular/tocar con la manos
las articulaciones

25

Safety, Crime, and Money
La Seguridad, la Delincuencia, y el Dinero

Safety

I need a safe place for my valuables.

I'd like to put my valuables in a safety deposit box.

Is it safe to leave my rental car parked on the street?

to wear a money belt

Personal safety

Is it safe to go there?

Is it safe to walk there at night?

Here is my itinerary for the next week.

I don't feel safe. Could you accompany me, please?

the neighborhood

the local crime rate

Theft

I've been robbed.

Someone has taken my . . .

bag

wallet

purse

money

La seguridad

Necesito un lugar seguro para mis objetos valiosos.

Quisiera poner mis objetos valiosos en una caja de seguridad.

¿Puedo dejar mi coche de alquiler estacionado en la calle con seguridad?

llevar una faltriquera

La seguridad personal

¿Se puede ir allí con seguridad?

¿Se puede caminar con seguridad por allí en la noche?

Aquí tiene mi itinerario para la próxima semana.

No me siento seguro/segura. ¿Me puede acompañar por favor?

el barrio

la tasa de delincuencia local

El robo

Me han robado.

Alguien me ha quitado mi . . .

bolsa (*f*)

cartera (*f*)

monedero (*m*)

dinero (*m*)

credit card	tarjeta (*f*) de crédito
watch	reloj (*m*)
jewelry	joyas (*f*)
a thief	un ladrón
a pickpocket	un ladronzuelo (carterista)
a car thief/a joyrider	un ladrón de coches
to break into	forzar
to steal	robar
to snatch	tirar
to mug	asaltar
to steal from the till/cash register	robar de la caja registradora
to shoplift	robar en una tienda
a shoplifter	un ladrón de tiendas

Serious crime   *La delincuencia grave*

to rob a bank	robar un banco
a hijacking	un secuestro
to hijack	secuestrar en un avión
a kidnapping	un secuestro
to kidnap	secuestrar
to demand a ransom	pedir/exigir un rescate
to take a hostage	tomar un rehén
terrorism	el terrorismo
to hold up	retener
a hold-up	un atraco
a murder	un asesino
to murder	asesinar
to kick	dar una patada
to stab	apuñalar
to thump	dar golpes
to blackjack	aporrear
to knock someone out	derribar a álguien/asaltar a álguien
to strangle	estrangular
to suffocate	asfixiar
rape	la violación
to rape	violar
to be raped	ser violado(a)
a rapist	violador(a)

Helping the police   *Ayudando a la policía*

a witness	un testigo

to witness	ser testigo
to say what happened	decir lo que sucedió
to recognize	reconocer
to identify	identificar
a suspect	un sospechoso
to be cautioned	leer los derechos
to be taken into custody	ser puesto bajo custodia
to be arrested	ser arrestado(a)
to be let out on bail	dejar salir tras pagar una fianza
to be innocent	ser inocente
to be guilty	ser culpable

Legal problems   *Problemas judiciales*

I'd like to speak to an English-speaking lawyer.	Quisiera hablar con un abogado que hable inglés.
I'd like to call my family lawyer in the U.S.	Quisiera llamar al abogado de mi familia en los Estados Unidos (EEUU).

Losing or damaging possessions

Perdiendo o dañando bienes

I've lost my . . .   *He perdido . . .*

backpack	mi mochila (*f*)
bag	mi cartera (*f*)/mi bolsa (*f*)
briefcase	mi cartera (*f*)
bus pass	mi pase (*f*) para el autobús
camera	mi cámara (*f*) de fotos
checkbook	mi chequera (*f*)
check card	mi tarjeta (*f*) de crédito bancario
contact lens	mis lentes (*f*) de contacto
credit cards	mis tarjetas (*f*) de crédito
date book	mi agenda (*f*)
foreign currency	mi dinero extranjero
glasses	mis gafas (*f*)/anteojos (*m*)
handbag	mi bolsa (*f*)
identity card	mi carnet (*m*) de identidad
key/keyring	mi llave (*f*)/mi llavero (*m*)
money	mi dinero (*m*)
passport	mi pasaporte (*m*)
purse	mi billetera (*f*)
rail pass	mi pase (*m*) de tren

shoulder bag	mi mochila (*f*)
suitcase	mi maleta (*f*)
ticket	mi entrada (*f*)/boleto (*m*)
traveler's checks	mis cheques (*m*) de viaje/viajeros
wallet	mi billetera (*f*)/mi cartera (*f*) de bolsillo
watch	mi reloj (*m*)
I need a written confirmation of my loss of passport.	Necesito una confirmación por escrito de la pérdida de mi pasaporte.

I've broken my . . .   *He roto . . .*

camera	mi cámara (*f*) de fotos
contact lens	mis lentes (*f*) de contacto
glasses	mis gafas (*f*)/anteojos (*f*)
watch	mi reloj (*m*)
I'm sorry but I have broken your . . .	Lo siento pero he roto tu . . .
I will pay for it.	Pagaré lo que vale.
My parents will get you another.	Mis padres te darán otra.

Getting things to work   *Haciendo que las cosas funcionen*

How does this work?	¿Cómo funciona esto?
Can you show me how to use this?	¿Cómo se usa ésto?
This isn't working properly.	Esto no funciona bien.
Is there something wrong with it?	¿Le pasa algo a ésto?
Am I doing something wrong with this?	¿Estoy haciendo algo mal con ésto?
Can I watch you use it?	¿Puedo ver cómo lo haces?
Can I try to use it now?	¿Puedo intentarlo ahora?
How did you do that?	¿Cómo lo has hecho?

I've torn my . . .   *Me he roto mi(s) . . .*

pants/skirt/coat/dress/shirt	pantalones/falda/abrigo/vestido/blusa
Could you mend it for me, please?	¿Puedes coserlo(a) por favor?
I've lost a button.	He perdido un botón.
My button has come off.	Se me ha caido un botón.
Could I sew it back on, please?	¿Puede darme aguja e hilo para coserlo?
Do you have a needle and thread I could use?	¿Me puede dar aguja e hilo para coserlo?
My zipper has broken.	La cremallera se ha roto.
Do you have a safety pin?	¿Me puedes dar un alfiler?

Filling out forms/personal information

Rellenando fichas información personal

Could you fill out this form, please?	¿Rellene esta ficha, por favor?
in block capitals	en letras mayúsculas y de molde
Please print clearly.	Por favor, rellene la ficha con claridad.
Please use a ballpoint pen.	Por favor, use bolígrafo.
Do you have a pen I could borrow, please?	¿Puedes prestarme un bolígrafo?
Please put one letter in each square.	Por favor, rellene cada cuadrito con un letra.
Please sign and date the form at the end.	Por favor, firme y ponga la fecha al final.

Personal details
Detalles personales

Title	Título
Surname/First names	Apellido/Nombre
Date of birth	Fecha de nacimiento
Place of birth	Lugar de nacimiento
Age	Edad
Gender/sex	Sexo
Marital status	Estado civil

Address
Domicilio

House name/number	Nombre del domicilio/número
Street	Calle
Town	Localidad
City	Ciudad
County/area	Condado/área
Country	País
Postal code	Código postal
Where are you staying at the moment?	¿Dónde se alojas?
Where do you live?	¿Dónde vive?

Telephone number
Número de teléfono

Country code	Código para el país
Area code	Prefijo
Work telephone number	Número del teléfono del trabajo
College telephone number	Número del teléfono de la universidad
Home telephone number	Número del teléfono en el domicilio habitual
Mobile telephone number	Número del teléfono móvil

Fax number	Número del fax
E-mail address	Dirección de correo electrónico

Money

El dinero

Useful words

Palabras útiles

an ATM	una ATM
a bank account	una cuenta bancaria
a bank card	una tarjeta de crédito bancario
a bank draft	un giro bancario/una letra bancaria
a bill	un factura/cuenta/nota de venta
a coin	una moneda
a cable transfer	una transferencia cablegráfica/ por cable
to cash a check	cambiar un cheque
a credit card	una tarjeta de crédito
a foreign currency draft	un giro de divisas extranjeras
an ID	la identificación
to be overdrawn	estar sobregirado/sobregirada
a PIN	un número de identificación personal
pocket money	el dinero de bolsillo
traveler's checks	los cheques viajeros
wired money order	el giro telegráfico/el cablegráfico
Insert your PIN.	Inserte su PIN.

At the bank

En el banco

Can you give me some change for this bill?	¿Puede darme suelto/monedas por este billete?
I'd like to cash a foreign currency draft.	Quisiera cambiar un giro de divisas extranjeras.
I'd like to arrange a cable transfer from my home bank.	Quisiera tramitar una transferencia cablegráfica de mi banco en mi país.
May I see two forms of identification, please?	¿Puedo ver dos documentos de identificación, por favor?
Here's my passport/international student's card.	Aquí tiene mi pasaporte/carta de estudiante internacional.
I'm staying at this address.	Paro en esta dirección.

Money questions

Preguntas sobre dinero

How much allowance/pay do you get?	¿Cuánto recibe usted de estipendio?
Do you have a student loan?	¿Tiene usted un préstamo estudiantil?

How much does accommodation/ tuition cost?	¿Cuánto cuesta el alojamiento/ la enseñanza?
Can you afford to pay for that?	¿Le alcanza para pagar por eso?
Let me pay for this.	Déjeme pagar por eso.
Shall we share the cost?	¿Compartimos el gasto?
That's too expensive for me— count me out.	Eso es muy caro para mí; paso.
Can you lend me some money until Friday?	¿Puede prestarme algún dinero hasta el viernes?

Making purchases

Haciendo compras

This is less/more expensive than in the U.S.	Esto cuesta menos/más que en los Estados Unidos (EEUU).
Do you think I should buy it?	¿Piensa que debo comprarlo?
It's too large/heavy for me to take back home.	Es muy grande/pesado para que me lo lleve a casa.
Are prices negotiable here?	¿Se regatean los precios aquí?
to haggle	regatear
I like it, but it's a bit more than I expected.	Me gusta, pero es más caro de lo que yo esperaba.
Can you give me a better price?	¿Puede darme un precio mejor?
Will I have to pay duty on this at customs?	¿Tendré que pagar impuestos en la aduana?
Do you accept credit cards/ traveler's checks?	¿Acepta tarjetas de crédito/ cheques viajeros?
Is there a discount for students?	¿Hay un descuento para estudiantes?
I have an international student ID card.	Tengo una tarjeta de estudiante internacional.
Can I have a receipt, please?	¿Me da un recibo, por favor?

Index